U0487202

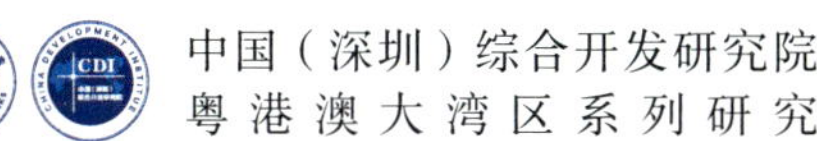

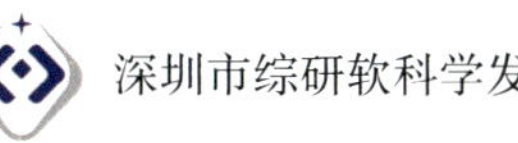

资助出版

新时代下的香港发展

HONG KONG'S DEVELOPMENT IN THE NEW ERA

郭万达　谢来风　郑天骋　等　著

“粤港澳大湾区系列研究”

编　委　会

目　录

多视角研究粤港澳大湾区的重要意义（总序）

中国（深圳）综合开发研究院院长　樊　纲

作为我国开放程度最高、经济活力最强的区域之一，粤港澳大湾区在国家发展大局中具有重要战略地位。粤港澳大湾区面积约5.6万平方公里、人口数量达7000多万、经济总量超过10万亿元，是目前中国最大的湾区。展望未来，2050年粤港澳大湾区人口将达到1.2亿~1.4亿，将成为世界上体量最大的湾区。从我国实际和未来发展趋势看，建设粤港澳大湾区的意义和价值，至少集中体现在以下三个方面：城市群发展、创新要素的整合，以及港澳与内地的融合发展。

一　大湾区与城市群发展

以城市群为主要特征的城市化，将是下一阶段中国经济增长的主要推动因素。粤港澳大湾区中的大城市、小城市互补性强，相互之间能够交融互动，形成合力，是一个典型的城市群。粤港澳大湾区是中国城市化进程中城市群发展的样本，值得进一步观察和研究。

（一）"城市化"，不是"城镇化"

一定意义上，"城市化"与"城镇化"并无差别，但作为战略，二者在指导思想和政策落脚点上有所不同。按照"城镇化"的指导思想，我国合理控制大城市规模，限制人口向大城市过度集中，优先发展中小城市和小城镇，以防止“大城市病”产生。这种指导思想与城市化的基本逻辑和现实进程有所背离。

城市化的本质是人的迁移，是人口在空间上的集聚，其基本效果是获得产业聚集和人口聚集所带来的规模效益。而人们在选择如何迁移、向何处迁移时，会进行趋利避害的理性选择，他们所考虑的主要因素包括就业机会、收入水平、生活条件、公共服务、社会交往等。

中国的城市化与西方国家的历史背景有所不同。西方国家的城市化进程较为缓慢，大都经历了一两百年的时间。在城市化初期和中期，欧美等西方国家也是大量人口流向大城市，小城镇人口流失，只是到了城市化后期，小城镇才迎来发展机会。与日、韩等后发国家类似，我国在短短几十年时间内进行了快速工业化，在一两代人的时间里人口集聚较多，而人口回流较少，城市化率较高，这是当前我们所处的发展阶段所决定的。

（二）城市群：城市化发展新阶段

中国城市化进程已经进入城市群发展的新阶段，城市群发展上升为国家战略。所谓城市群，就是通过综合交通、就业创业、公共服务等各种便利化措施和政策，使得一个区域的大、中、小城市互相补充，实现城市群的生活状态。就像美国纽约城市群，曼哈顿的金融精英住在康涅狄格州，每天通勤时间为一小时。伦敦、东京几乎都是这种生活状态。在粤港澳大湾区的深港、珠澳、广佛、深莞等城市之间也出现了这种状态。

城市群在一定程度上是城市发展空间和生存状态的裂变，一方面，单个城市不再局限于看得见的行政界线，而是通过发达的交通网络，与周边地区互联互通、相互交融；城市的要素资源整合不仅限于管辖区域，而是在城市内外乃至远在“飞地”展开，通过大区域、广覆盖的资源配置，生成可持续发展新动力。另一方面，城市不再单打独斗、各自发展。纽约、东京、伦敦都不是作为单个城市而存在，这些城市之所以具有很高的全球地位和较大的影响力，归根结底取决于其所依托的城市群的实力。在经济全球化出现一定程度的发展方向漂移、利益诉求多元的形势下，依托城市群发展城市，成为全球顶尖城市的首要选择；打造城市群，就是打造城市的国际综合竞争力，也是一个国家、区域提升竞争力和影响力的重要支撑。以城市群的方式加速城市化进程，将为城市提供巨大的发展机遇和空间。

（三）大湾区城市群具有集聚效应和市场规模效应

从发展的趋势来看，城市群会以更加集中的方式提供各种要素资源，从而集聚大量的产业和企业，形成更专业化的分工和完善的产业链，产生显著的集聚效应和规模效应，粤港澳大湾区城市群也不例外。

大湾区城市群将在公共服务方面集聚优质的教育、医疗等公共资源，拥有完善的基础设施配套体系，能够提供良好的生活条件和公共服务；具备更加公平的市场竞争环境和通畅的上升通道，能为年轻人提供更多实现梦想的机会；人口的集聚，更有利于城市的服务业和文化时尚产业的发展，使其成为潮流和时尚的前沿，对年轻人产生较强的吸引力。因此，大湾区城市群将承载更多的人口和经济活动。

大湾区城市群将形成巨大的一体化的消费市场。大湾区居民具有较高的人均可支配收入、强大的消费能力和意愿、多样化的消费需求，是消费经济的主力。大湾区城市群以城际交通为纽带，带动周边地区的发展，获取城市化所带来的市场集聚效应与规模效益。

二　大湾区与创新要素的整合

创新要素的整合与发展是大湾区的一个重要使命。大湾区是中国国际化水平最高的城市群，既有全球金融中心香港和世界旅游休闲中心澳门，也有综合性门户城市广州和国家创新型城市深圳。城市的多元性将促进创新要素的整合与发展，有利于大湾区国际科技创新中心和综合性国家科学中心建设。

（一）技术进步成为经济增长的要素

最近几十年，增长理论发生了很大变化。增长的要素已经由最初的劳动和资本，拓展到技术和制度。先是用技术进步解释计量模型中无法被劳动和资本所解释的“残值”，即“全要素生产率”。后来，随着制度经济学的发展和人们对现实中制度改进可提高效率的认识的深化，越来越多的理论把制度分析纳入对经济增长问题的分析中。

从技术和制度角度看，落后国家或发展中国家与发达国家之间的差异，主要是要素禀赋结构差异。落后国家可能劳动力数量不少，但教育水平较低，算下来“人力资本”并不多；落后国家收入低，资本积累的水平就低，也就是“没钱”。更重要的是科学技术水平和创新能力上的差别，以及市场机制配置资源的效率的差别。

落后国家之所以落后，是因为增长要素结构落后，优质要素较少。收入水平低、产业结构落后是表面现象，要素结构落后才是深层次的原因。要想有更好的、更高级的经济结构，需要努力发展和增长优质要素，改善要素结构，包括技术水平、体制效率、人力资本结构、资本积累水平等，只有这样才能够真正实现持久的经济增长。

（二）创新需要开放

落后国家或发展中国家的“追赶”主要经历四个阶段：第一阶段是纯粹依靠比较优势；第二阶段是比较优势和后发优势叠加，学习模仿，努力实现知识外溢；第三阶段是继续学习模仿和加大自主创新；第四阶段是作为后来者融入并维护开放的世界体系。

中国改革开放40多年，也经历了上述阶段。第一阶段是充分利用比较优势，即充足、廉价的劳动力优势。第二阶段是“比较优势 +后发优势”，即利用前人已经发展起来的技术，或借鉴别人已经取得的经验教训，以较低的成本，获得别人积累起来的各种知识，享受知识的“外溢效应”。中美贸易摩擦、美国对中国科技创新的打压，将倒逼我们进入第三阶段。在这个阶段，我们现在很多领域接近创新前沿，部分领域领先，应该加大自主创新，也有一定能力加大自主创新。只有加大自主创新，才能摆脱被“掐脖子”，突破技术封锁。但同时也要看到，我们在多数领域是落后的，还需要继续模仿、学习，不能什么都自主创新。

最重要的是，创新不是靠政府组织、政府补贴就能实现的，必须以市场化、法治化的方式，促进创新要素高效整合与发展，如建立以知识产权为核心的投资机制、激励机制等。此外，作为后来者，我国还需要维护一个开放的世界体系。在这个体系中，不可能由一个国家、一个企业做所有的工作，要合作、互利，互有专业分工、互通有无，在全球化体系中实现各国、各地区、各城市的更有效率的发展。

（三）大湾区创新与扩大中国产业链（包括制造业）

大湾区顺应创新成为全球经济发展的主流趋势，利用世界一流电子信息硬件配套能力，吸引全球高端科技要素资源在此汇聚，使其成为全球科技创新成果转化的首选地和全球高端科技的汇集地。在开放的环境中，注重以集聚海外创新资源为宗旨，以引进海外高科技项目和高端人才为目标，以全球选点建设海外创新中心为手段，汇集全球创新资源。

大湾区具备担当中国在第四次工业革命“弯道超车”的转型力量主体的实力，应该成为第四次工业革命的重要策源地之一。大湾区是科技原发、源头创新及集成、组合创新的集成平台和“中国硅谷”，应把握第四次工业革命尚处于孕育之中的战略机遇期，推动世界工厂高端制造跃升，扭转多产业关键技术、核心技术及关键元器件受制于发达国家的局面，紧跟世界科技前沿，融入世界创新网络，着力打造“全球科技产业创新中心”，使其成为全球创新网络的组织中枢。

大湾区是我国制造业门类最全、产业链最丰富、市场化最活跃的城市群。产业链发展跟制造业密切相关，我国大量的制造业，包括一般制造业、传统制造业，仍然有很多明显的短板。尽管中国产业在全球产业中最齐全，但是仍处于中低端，很多产品我们还没有，因此应该积极发展所有的制造业。

大湾区可依托现有产业集群，创造新产品、新需求、新业态，延伸产业链、丰富创新链、提升价值链，建设全球重要的高端制造业中心，推进产业布局全球化、创新平台国际化、科技成果产业化，加快推动向高端制造业转型升级，形成具有全球竞争力的产业新体系。

三　港澳与内地融合发展

港澳在粤港澳大湾区建设中具有重要的地位。大湾区由“一国两制”下三个不同的关税区组成，构成上的丰富性、复杂性、独特性在世界上无出其右，因此“建设粤港澳大湾区，既是新时代推动形成全面开放新格局的新尝试，也是推动‘一国两制’事业发展的新实践”，是支持港澳融入国家发展大局的重大战略和重要举措。

（一）大湾区建设的核心是改革开放

粤港澳大湾区在国家发展中的重要功能，突出表现为改革开放。国家面临进一步对外开放、构建全面对外开放新格局的问题，大湾区的建设过程，就是进一步开放的过程。改革开放40多年，对于今后怎样继续改革，大湾区具有率先探路的职责使命。大湾区有香港、澳门两个特别行政区，有不同的货币，不同的关税，还有前海、横琴、南沙三个自由贸易试验区（以下简称自贸试验区）片区，这些都是进一步改革开放的平台和杠杆。大湾区建设在促进中国更加开放、中国经济体制向着更加自由的市场经济迈进方面具有重要作用。

（二）建设大湾区的“三个意识”

一是“大都市群”意识。大湾区各区域、各城市应有全局意识、协同意识、一体意识，不宜各自为政，不应各自封锁，要融合发展，融入发展，分工协同，合作共赢。

二是港澳意识。建立大湾区的目的之一是更好地发挥港澳作用，促进港澳融入国家发展大局。要关注如何强化港澳在大湾区建设中的地位和功能，注重利用港澳的各种有利条件，协助港澳解决内部问题。

三是改革创新意识。要用改革的意识来发展大湾区，建立相应的制度安排，如通关、教育、医疗、社保等，逐步实现便利互融。

（三）建设大湾区的三大举措

一是推进大湾区要素跨境流动的便利化。包括人员往来、货物通关、资金融通、信息流动等方方面面。

二是形成“2+3”自由贸易区联盟。大湾区有香港和澳门两个自由港，有前海、南沙、横琴三个自贸试验区片区。如果这五个区域能够形成一个联盟，不仅能够促进自贸试验区的发展，而且还能促进整个地区的发展。直接在大湾区形成自贸区比较困难，但是可以用自贸试验区对接自由港，以此促进大湾区的发展。

三是明确制度框架。因为粤港澳之间暂时无法实现要素自由流动，因此需要一个制度框架，便于大家在管理上、规章制度上有章可循，以解决经济交往过程中的诸多问题，只有这样，才能使居民生活和经济发展真正融合，制度框架决定着一个区域各种经济行为的融合方式。

中国（深圳）综合开发研究院长期关注香港、澳门及粤港澳区域合作、粤港澳大湾区建设等问题，长期研究并重点关注经济和社会民生领域的发展及区域合作体制机制创新、制度建设等。基于对这一领域的研究积累，出版“粤港澳大湾区系列研究”丛书，希望能为这一领域的深入研究提供参考。

是为序。

2020 年 3 月

香港在国家战略中具有重要地位和功能（序）

张玉阁　郭万达

回顾过去，香港在国家改革开放进程中发挥了重要作用，做出了重要贡献；展望未来，在实现中华民族伟大复兴中国梦的新征程中，香港仍将在国家全面深化改革开放中发挥特殊作用，做出特殊贡献。

一　香港对国家对外开放做出了重要贡献

改革开放的 40 多年，是以经济发展为带动，逐步推进政治、社会、文化、生态全面发展的 40 多年，经济领域的改革开放在国家整体改革开放进程中占据重要位置。香港凭借发达的自由市场经济、与世界各国和地区经贸往来畅通的优势，在中国内地与国际之间扮演了“桥梁纽带”和“促进者”的重要角色。香港对国家对外开放的重要贡献，突出表现在以下几个方面。

第一，香港是外资“走进来”的主要通道和内资“走出去”的重要平台。改革开放初期，很多外资通过香港了解并进入内地，香港是外资进入内地的主要通道。如今，内地企业开始对外投资，香港则成为内资“走出去”的重要平台。

第二，香港是内地重要的贸易伙伴和连通全球贸易体系的纽带。香港与内地货物贸易“你中有我、我中有你”，共同拉动国家经济增长；香港是中国内地最大的贸易中转站，香港与内地的服务贸易额长期占内地服务贸易总额的半壁江山。

第三，香港协助和促进国家金融改革开放。香港是内地企业最重要的境外融资市场，是国家金融改革开放与人民币国际化的协助者和促进者。在推动内地金融市场有序开放、金融体系与世界接轨、人民币国际化方面发挥了重要作用。

第四，带动内地服务业快速提升。香港一流的专业服务业，在推动内地法律服务业逐步开放和会计服务业与国际接轨、带动内地物流业向高端化发展等方面发挥了重要作用。

二　香港对内地体制改革做出了重要贡献

按“以开放促改革”发展路径，对外开放将促进对内改革。如果说香港对国家对外开放贡献较大，那么香港对国家内部改革的贡献也不可小觑。综合来看，香港对内地管理体制改革的重要贡献突出表现在三个方面。

一是助推内地管理体制改革实现突破。诸如土地管理制度改革、就业和薪酬管理制度改革、建筑工程招投标管理制度改革、行政管理体制及政府机构改革、城市规划与城市更新制度的建立健全等。

二是助力内地提升社会管理和公共服务水平。香港为内地行业协会的发展、法定机构模式的探索、义工组织的建立、社工服务的开展、城市交通管理的优化、城市商业形态的提升等提供了重要借鉴，对内地人才培养和医疗水平提升也贡献良多。

三是协助内地培育市场主体和相关产业。香港现代企业制度具有明显的溢出效应。内地的资本市场建立、物业管理产业发展、法律服务业市场化、供应链产业提升、城市轨道交通运营管理模式创新等均与香港关系密切。

三　香港在国家改革开放进程中发挥了独特作用

我国改革开放获得成功的关键，是走了一条中国特色的渐进之路，即

“摸着石头过河”。“过河”作为目标确定而清晰，风险和不确定性在于怎么“过河”和能否“过河”。香港作为“过河”的“石头”，在国家改革开放中的独特作用主要表现在三个方面。

一是破冰开局作用。改革开放初期，在内地营商环境差、政策不完善、投资前景不清晰、外资犹豫观望的情况下，香港率先到内地投资，产生了巨大的示范效应，从而使全球资金纷至沓来。

二是引领带动作用。改革开放前20年，香港是珠三角区域名副其实的龙头城市，香港的资金、技术、设备、市场和管理方面的优势与内地低廉丰富的土地、劳动力和政策优势相结合，在珠三角快速工业化和城市化进程中发挥了重要作用。通过京港、沪港、闽港、桂港、川港及泛珠三角区域合作，香港带动了更大区域的发展。

三是中介桥梁作用。香港是境外公司地区总部集中地，是外资进入内地的重要渠道与中介平台。许多国际资本通过香港向内地投资（即把投资总部放在香港，负责运营管理，把生产环节放到内地）。香港以便利的交通、便捷的通信、自由的要素流动、良好的营商环境和法治环境以及发达的全球金融和国际商贸功能，成为内地企业“走出去”的首选地。

四　香港在国家未来发展中具有新功能和新作用

党的十九大的召开，标志着中国特色社会主义进入新时代。在此背景下，香港需要找准新定位、发挥新作用，为国家做出新贡献。

做好“国家所需”与“香港所能”大文章。香港对国家未来发展的独特作用主要表现在三个方面。一是国家全面开放战略所需与香港所能。包括“一带一路”建设、自由贸易港战略、重建国际政治经济秩序等方面的国家所需和香港所能。二是国家创新驱动发展战略所需和香港所能。包括聚焦全球高端创新要素资源、构建开放式创新网络和全球创新生态系统、强化知识产权保护等方面的国家所需和香港所能。三是国家金融开放战略所需和香港所能。包括在国家金融有序开放和有管制开放进程中，扮演国家金融开放通道和“测压器”角色，在人民币国际化、“一带一路”建设和“走出去”战略中发挥重要作用等。

香港在国家发展中具有三大新功能和新作用。一是发挥制度优势，引领自由贸易港发展，服务“一带一路”建设。配合国家参与全球治理，构建中国的全球化商业网络，促进“一带一路”建设的贸易畅通，为国家扩大对外开放进行风险评估和压力测试，带动广东自贸试验区发展。二是激活自身要素资源，建设国际创新科技中心，服务国家创新驱动发展战略。以香港国际创新科技中心建设为契机提升综合竞争力，带动粤港澳大湾区发展，深化粤港澳创新科技合作，打造全球技术交易中心。三是提升金融服务层级，打造中国的全球金融中心，服务国家金融开放战略。建设风险可控的离岸人民币中心、“一带一路”建设重要融资中心、内地企业“走出去”综合管控中心。

在有机衔接“国家所需”与“香港所能”的过程中，推进香港融入国家发展大局，解决香港深层次矛盾，实现香港长治久安。

当前，国际国内政治经济存在诸多不稳定、不确定因素。比如，新冠疫情对经济全球化和全球供应链造成了严重冲击。为防止疫情蔓延，世界各国采取了各种方式、程度不同的“封关”“封城”“封国”举措，导致人员、货物、资金、科技、信息等的国际流动和跨境流动受到限制，国家间经贸往来、文体交流受到极大影响。这种情况如长期持续，将动摇全球化根基、阻碍全球化进程。在疫情的冲击下，全球供应链出现断裂、失衡等问题。欧美等发达国家基于产业安全考虑，正在对本国供应链进行避险式调整，引发全球供应链重新洗牌。未来五年，全球经济的首要任务是“恢复”“修复”，乃至重建，即使重回经济全球化正轨，也会与以往有所不同。

比如，美国继续奉行对中国全面脱钩的遏制策略。疫情并没有改变美国遏制中国的策略。疫情期间，中美贸易摩擦并未消歇，中美科技“硬脱钩”仍在继续，美国继续动用政府力量在全世界打压华为等公司。在关乎我国核心利益的多个领域，美国频频插手，制造事端。“美国优先”等民粹主义和种族主义在疫情背景下进一步泛滥，对疫情政治化解读，对中国极尽所能污名化，为美国继续奉行遏制中国的策略制造了民意氛围。未来五年，虽然中美难以彻底全面脱钩，但关系趋于复杂，博弈趋于激化，我国未来发展战略将受到影响。

比如，香港将经历一段时间的震荡。2019 年 6 月发生的“修例风波”本质上是美国遏制中国策略的一部分。美国及其西方盟友加上“台独”幕后力量在其中扮演了策动者、培训者、组织者、资助者、领导者、保护者等诸多重要角色。在中美博弈的大背景下，涉港国家安全问题进一步凸显。2020 年 5 月 28 日，十三届全国人大三次会议以高票表决通过《全国人民代表大会关于建立健全香港特别行政区维护国家安全的法律制度和执行机制的决定》，对香港极端反对派和境外敌对势力形成强力震慑。

维护国家安全是提升香港在国家战略中的地位的前提和基础。建立健全香港特别行政区维护国家安全的法律制度和执行机制，是健全中央依照宪法和基本法对特别行政区行使全面管治权的制度的重要组成部分，是推进国家治理体系和治理能力现代化的重要措施。香港长期未能落实维护国家安全立法的宪制责任，国家安全漏洞导致香港政治不稳定，“一国两制”受到破坏，对国家安全构成严重威胁。中央对香港拥有全面管治权，对全面准确推进“一国两制”实践具有宪制责任。在国内外环境日益复杂、香港迟迟未能完成国家安全立法的情况下，由全国人大采取措施，弥补漏洞，非常必要，非常及时，非常有力。建立健全香港特别行政区维护国家安全的法律制度和执行机制，是中央依据宪法和基本法对香港行使全面管治权的重大举措，是解决香港 2014 年非法“占中”运动、2019 年“修例风波”严重荼毒香港社会民生、严重威胁国家安全、严重破坏“一国两制”问题的强有力武器。同时也要看到，香港反对派、极端本土势力一定不甘就范，必然勾结外部势力对抗中央政府。因此，维护国家安全、反击敌对势力的伟大斗争刚刚开始。在立法的同时，要做好各种准备。在精准打击极少数敌对势力的同时，要进一步争取民心，有效促进民心回归，为维护国家安全、促进香港融入国家发展大局提供良好基础。

展望未来，充分发挥香港在国家发展中的新作用，既面临机遇，也面临挑战。总体来看，机遇大于挑战，香港一定会化危为机，重回正轨，在服务国家战略中实现香港的繁荣稳定。

第一章
从国家战略看香港发展

分析香港现状，展望香港未来，离不开对香港历史的回溯。研究香港与国家改革开放这一问题，有必要对香港与国家关系的演进和变化进行全面系统的梳理。清政府被迫与英国签署不平等的《南京条约》，是香港发展的转捩点。自此之后，尽管香港与内地在政治、经济、社会民生等方面的联系从未彻底中断，但在行政管理体制、经济管理制度、法律法规体系乃至思维理念、文化传承、生活方式等方面，均走上了与内地有所不同乃至迥然有别之路：与内地地理上一体，制度上相异，是香港最为突出的特质。这一特质导致香港与内地相辅相成，形成密不可分的关系。

一 内地是香港的重要影响因素

香港历史是中国历史的一部分。以屯门为例，唐宋时期屯门是广州的外港、制盐中心和宗教中心（外商进出之地）；元代屯门作为抗元基地被打压，退居为船只停靠站；明代常年海禁压缩了中国沿海与外界的往来，外贸恢复后屯门已不复当年之勇；清初迁界令迫使居民内迁，香港及邻近地区地位一落千丈，迁界令废除后清政府只允许广州和澳门开展外贸，屯门失去广州外港地位，沦为海盗巢穴。屯门的历史几乎就是香港的历史。

内地是香港的最大影响因素。内地的任何变化，均对香港产生重要影响，内地为香港的发展提供机会，内地因素促成了香港两次重要的经济转型。与内地在经济制度上的不同成为香港的优势，而这种制度优势在比较之下得以彰显并发挥作用。内地因素影响香港人口变化进而影响香港社会建设。内地因素促成二战后香港经济起飞。

内地改革开放催生香港国际金融中心。20 世纪 60 年代初期，香港工业发展受工业用地短缺和地价高昂困扰，同时又受国际贸易保护主义的打击，到 70 年代中期又面临与韩国和中国台湾地区竞争的压力，于是港英政府于 1977 年成立“经济多元化咨询委员会”，探讨政府在经济各环节（尤其是工业）中应扮演何种角色，该委员会于 1979 年完成报告书，共提出 47 条建议。其时正逢内地改革开放，于是此后的发展是，香港工业大量转移到内地尤其是珠三角，香港转型为服务业为主的城市，并逐渐发展为国际金融中心。

内地改革开放不仅承接了香港制造业，还帮助香港在地区金融中心的竞争中击败了新加坡。1978 年内地改革开放，吸引大量的跨国公司、银行来香港发展，使香港超越新加坡，成为国际金融中心。内地在香港经济的重大结构性变化中也发挥了重要作用，内地的开放广度，为香港经济带来了急剧的结构性变化。香港转口贸易不断跃升，香港与内地制造业形成“前店后厂”模式，专业及工商业支援服务业得以发展，多元化的金融业使香港成为亚太金融中心。

二　香港与内地发展历程的比较

（一）1842 ~1945年：香港和上海、广州

香港被割让之后，英国在香港逐渐建立起一套以贸易为核心的自由经济制度及配套法律制度。但在 1842 年到 1945 年的 100 多年里，香港自由港的内涵和功能并未得到应有的深化和拓展，香港经济制度优势的辐射和发挥并不理想。亦即不同于内地的制度优势，并没有转化为推动香港跨越式发展的竞争优势。

在香港成为自由港的同时，广州、厦门、福州、宁波、上海五处也被迫开放为通商口岸。这些口岸均与香港构成竞争关系，除鸦片外，香港较少具有茶叶、陶瓷、丝绸等其他贸易的优势。香港成为远东贸易运输的重要枢纽和中国对外交通的南方门户，以及亚洲重要转口港地位的确立，用了整整 100 年的时间。同时，香港似乎被简单抽象为一种经济功能，并没

有被视作一个自足的城市。从经济地理和社会认知上看，上海处于交通方便的长江口，位于最繁盛的江南地区，享有“东方巴黎”“远东第一大城市”的美誉，香港在这一时期完全被上海遮蔽。

不仅如此，广州也映衬出香港的缺失。在1949年以前，广州城市规模和经济发展一直领先于香港。对当时的内地居民来说，香港只是一个赚钱的地方，并非一个具有较强归属感的城市，在“省（省城广州）港”竞争中广州一直处于上风。

由此可见，香港并未因制度优势而风生水起，发展也大大逊色于内地的上海和广州，当香港还是一片荒野的时候，广州已经是国际贸易城市；五口通商，上海成为盛极一时的国际商埠。所谓香港不如内地，是指第二次世界大战结束以前香港在城市发展竞争中处于下风。

（二）1945~1980年：香港跻身“亚洲四小龙”

香港的跨越式发展始于第二次世界大战结束之后。1946~1949年，大批内地人赴港，香港人口和劳动力数量大幅增长；1949年新中国成立，内地尤其是上海企业家携设备、资金、技术等进入香港，为香港制造业发展奠定了基础；中央政府对香港政策使香港得以维持现状；1951年联合国对中华人民共和国实施禁运政策，香港开始从转口贸易向加工贸易转型。在内外部因素交互影响和因缘际会下，香港成为劳动力、资金、设备、技术等生产要素的聚集之地，加上香港百年发展积累的国际网络资源、战后欧美旺盛的市场需求及产业转移，香港制造业得以快速发展，带动香港经济在20世纪70年代开始起飞，创造了“香港奇迹”，跻身“亚洲四小龙”，从单一转口港转型为制造业占重要地位的轻工业城市，一时风光无两。

在内地改革开放之前，香港在国家政治外交、对外经贸往来等方面具有特殊功能，发挥了特殊作用。在政治外交上，我国利用香港，维持了与英国的关系，使英国碍于其自身利益，对美国为首的西方国家的反华行为并非言听计从，从而一定程度上瓦解了英美关系，为我国争得了外交空间。在对外经贸往来上，在西方国家围堵中国的大格局下，香港一直扮演着内地通向西方国家的窗口角色，在抵制和应对西方国家对中华人民共和国的禁运上发挥了重要作用。

香港经济的成功转型，再加上内地对香港国际窗口功能的倚重，香港经济在 1945 ~ 1980 年实现了跨越式发展，一举成为重要的国际城市之一。

（三）1980 ~2000年：香港发展的机遇与空间

改革开放后最初的 20 年，香港发展迎来了最好机遇、最大空间。在此期间，西方国家对中国内地比较陌生，通常会通过香港了解并试探性进入内地，香港因此成为西方国家进入内地的重要平台和中介。香港的这一功能，上海、广州等城市难以替代。此外，20 世纪 70 年代末，香港加工贸易制造业面临成本上升的威胁而难以为继，解决办法要么是就地转型，要么是向外转移。内地改革开放为香港制造业转移提供了广阔空间，内地则是香港加工贸易制造业转移的最重要的目的地，香港与广东珠三角形成“前店后厂”的产业链条，香港制造业的寿命得以延长。借助内地改革开放，香港经济实现了第二次转型，到 20 世纪 90 年代末，香港从轻工业城市转型为国际金融中心、国际贸易中心和国际航运中心。

从名义 GDP 增长率来看，内地改革开放后的前 20 年，香港和内地名义 GDP 的增长具有同步性。特别是 1980 ~ 1990 年，香港与内地名义 GDP 年均增长率分别为 15.4% 和 17.0%，同步性非常之高。1991 ~ 2000 年香港与内地名义 GDP 年均增长率分别为 8.4% 和 16.4%，虽有所弱化，但总体上仍然保持同步。如果以香港回归为节点，1980 ~ 1996 年香港与内地名义 GDP 年均增长率分别为 14.4% 和 18.8%，具有相当高的同步性。大体上以 2001 年中国加入世界贸易组织（WTO）为界，此前的 20 年，是香港发展的机遇时代。尽管中国实行了改革开放，但由于发展基础较差、起步较晚，与香港存在较大的发展时序之别，从而为香港创造了巨大的红利空间，香港因此得以高速发展。

（四）2000年至今：香港发展的竞争和挑战

中国加入 WTO 后，香港发展进入竞争时代。此前香港一骑绝尘，领先优势明显；此后追赶者日益迫近，香港领先优势弱化。在此期间，香港频受外部环境变化冲击，内部深层次矛盾加剧，进入问题多发阶段。1997 年受亚洲金融风暴的冲击，2000 年受全球互联网经济泡沫破裂的影响，2003 年 SARS 疫情导致百业萧条，2008 年受全球金融海啸引发的全球经济衰退的影响，2014 年全球经济衰退导致香港经济社会发展速度放缓，2019 年因反对修改《逃犯条例》出现社会抗议运动，等等。

总体而言，尽管香港仍是中国对外开放的重要窗口，但在国家中的地位和功能随着全面开放格局的形成而有所弱化，引发香港地位边缘化、功能被替代化的隐忧。尽管服务业比重已经超过 90%，但服务业的知识技术创新和应用不活跃，发展水平和质量有待提升，高比例服务业压抑了其他产业创新，进一步加剧了经济金融化和高风险的情形。在社会领域，人口老化、劳动力素质不高和结构失调、贫穷蔓延、收入和贫富差距拉大、楼价租金高企等积重难返。内部产业协调、经济与社会互动、内外部资源整合等方面，也存在诸多迫切需要解决却难以解决的矛盾和问题。

在中国日益融入全球经济的大背景下，内地经济及上海、广州等城市发展快速，香港面临与其他城市的激烈竞争。内地城市中，北京、上海、深圳 GDP 已经超过香港。跨国公司区域总部进入“北上广”力度不亚于香港，“北上广”国际化程度也不逊于香港，而一河之隔的深圳，凭借其科技创新成就和发展潜力，不仅成为国家创新驱动发展战略的先行者、探路者，也是全球科技创新中的一道亮丽风景。在周边城市和竞争对手快速发展之时，香港面临更激烈的竞争和更大的挑战。

三 香港“一国两制”实践进入新时代

党的十九大报告就全面建设社会主义现代化国家进行了部署。具体分为两个发展阶段：第一阶段从2020年到2035年，在全面建成小康社会的基础上，再奋斗15年，基本实现社会主义现代化。第二阶段从2035年到21世纪中叶，在基本实现现代化的基础上，再奋斗15年，建成富强民主文明和谐美丽的社会主义现代化强国。为实现伟大目标，党的十九大报告提出了新时代中国特色社会主义思想和基本方略，“坚持‘一国两制’和推进祖国统一”成为14条基本方略之一。此后，党的十九届四中全会通过《中共中央关于坚持和完善中国特色社会主义制度、推进国家治理体系和治理能力现代化若干重大问题的决定》，其中“坚持和完善‘一国两制’制度体系，推进祖国和平统一”成为国家治理体系和治理能力现代化的重要组成部分，标志着香港“一国两制”实践进入新时代。

（一）“一国两制”的构想和实践

当1997年成为国家必须收回香港的一个时间点，“一个国家，两种制度”这个基于解决台湾问题的设想，被首先运用于香港。“一个国家，两种制度”简称“一国两制”，“就是在中华人民共和国内，十亿人口的大陆实行社会主义制度，香港、台湾实行资本主义制度。”① 邓小平指出，“我国政府在一九九七年恢复行使对香港的主权后，香港现行的社会、经济制

① 邓小平：《一个国家，两种制度》，载《邓小平文选》（第三卷），人民出版社，1993，第58页。

度不变，法律基本不变，生活方式不变，香港自由港的地位和国际贸易、金融中心的地位也不变，香港可以继续同其他国家和地区保持和发展经济关系”。① 这里的“不变”，主要是指香港的资本主义制度不变，就是允许一国之下存在两种截然不同的制度。

“一国两制”是“变”与“不变”的辩证统一。香港回归是“变”（中国收回香港就是最大的“变”），保持香港原有制度是“不变”，“不变”是“变”得以顺利推进的前提条件；香港完善自身制度（香港资本主义制度下的所有方式并非完美无缺），构建与国家和中央的关系是“变”，国家主体实行社会主义制度是“不变”，“不变”对“变”提出了期望和要求。在更高层次上，国家主体社会主义制度的“不变”是香港资本主义制度“不变”的充分必要保证，“要保持香港五十年繁荣和稳定，五十年以后也繁荣和稳定，就要保持中国共产党领导下的社会主义制度”。“中国要是改变了社会主义制度，改变了中国共产党领导下的具有中国特色的社会主义制度，香港会是怎样？香港的繁荣和稳定也会是吹的。”②

至于香港“一国两制”实践，正如习近平所说，回归20年来，“香港依托祖国、面向世界、益以新创，不断塑造自己的现代化风貌，‘一国两制’在香港的实践取得了举世公认的成功”③。回归的香港已经融入中华民族伟大复兴的壮阔征程，继续保持繁荣稳定，这充分证明“一国两制”是历史遗留的香港问题的最佳解决方案，也是香港回归后保持长期繁荣稳定的最佳制度安排。

---

① 邓小平：《一个国家，两种制度》，载《邓小平文选》第三卷，人民出版社，1993，第58页。

② 邓小平：《会见香港特别行政区基本法起草委员会委员时的讲话》（1987年4月16日），人民网，http：//www. people. com. cn/GB/34948/34951/36947/36950/2749343. html。

③ 《习近平在庆祝香港回归祖国二十周年大会暨香港特别行政区第五届政府就职典礼上的讲话》（2017年7月1日），中国共产党新闻网，http：//cpc. people. com. cn/n1/2017/0702/c64094－29376805. html。

（二）两阶段发展目标与“一国两制”

展望未来，国家两阶段发展目标对香港、对“一国两制”实践提出了新任务新要求。中华人民共和国成立以来特别是最近40年，香港对国家发展做出了巨大贡献。没有香港，改革开放的推进不会如此顺利，珠三角也不会成为国家对外开放的先行探路者、创新驱动模式的积极探索者和重要的经济增长极。随着中国国家政治经济地位的提升和影响力的扩大，香港除了继续服务国家发展战略外，还需要充分发挥国际战略功能和作用，成为国家参与全球治理的重要凭借和手段。而香港国际战略功能作用的发挥，本质上也是“长期打算，充分利用”的重要组成部分。毫无疑问，两阶段发展目标将对香港“一国两制”实践提出全面具体的高要求。

1. 两阶段发展与“五十年不变”

党的十九大报告提出的建设社会主义现代化强国的两个阶段分别是到2035年和2050年，届时香港“一国两制”实践分别近40年和逾50年。亦即国家两阶段发展与“一国两制”“五十年不变”高度重合。这并非巧合，因为“五十年不变”并非随意的承诺，而是基于国家发展战略目标提出的。

邓小平曾经系统讲到国家发展目标与“五十年不变”的关系。“中国现在制定了一个宏伟的目标，就是国民生产总值在两个十年内，即到本世纪末翻两番，达到小康水平。就是达到了这个目标，中国也不算富，还不是一个发达国家。所以这只能算是我们雄心壮志的第一个目标。中国要真正发达起来，接近而不是说超过发达国家，那还需要三十年到五十年的时间。如果说在本世纪内我们需要实行开放政策，那末在下个世纪的前五十年内中国要接近发达国家的水平，也不能离开这个政策，离开了这个政策不行。保持香港的繁荣稳定是符合中国的切身利益的。所以我们讲‘五十年’，不是随随便便、感情冲动而讲的，是考虑到中国的现实和发展的需要。”①

党的十九大报告提到的两个阶段发展目标，实际上是邓小平“下个世纪的前五十年”发展目标的战略部署，是发展方向、目标、路径方面的具体化。未来30年，我国将首先建成“创新型国家”，继而成为“综合国力和国际影响力领先的国家”，这是中华民族复兴的步伐。迈向这一目标的过程以及这一目标的实现，都是香港发展的重要影响因素。香港发展取决于“五十年不变”的大框架下如何进行内部自我调整，取决于如何在国家发展中精准定位并全面深度融入，更取决于国家对香港的价值评估和充分利用。

2. 习近平与中央治港策略

中央治港策略，集中体现在习近平在2017年7月1日前后视察香港系列重要讲话（以下简称“讲话”）中。“讲话”既体现了国家“一国两制”大政方针的延续性和一致性，也体现了直面“一国两制”实践新形势新问题的创造性和针对性，堪称确保“一国两制”行稳致远的重大方略。

全面系统阐明“一国两制”内涵。针对香港“一国两制”实践，“讲话”明确阐述了“一国”和“两制”的关系：“‘一国’是根，根深才能叶茂；‘一国’是本，本固才能枝荣。”② 挑明了“一国两制”的历史文化传承：“‘一国两制’包含了中华文化中的和合理念，体现的一个重要精神就是求大同、存大异。”③ 强调中央贯彻“一国两制”方针坚定不移，不会变、不动摇；确保“一国两制”实践不走样、不变形。这就是说，“一国两制”符合国家发展利益，香港对国家具有重要价值。

① 邓小平：《中国是信守诺言的》（1984年12月19日），人民网，http：//cpc.people.com.cn/GB/33839/34943/34944/34947/2617867.html。

② 《习近平在庆祝香港回归祖国20周年大会暨香港特别行政区第五届政府就职典礼上的讲话》（2017年7月1日），人民网，http：//cpc.people.com.cn/n1/2017/0701/c64094-29376639.html。

③ 《习近平在庆祝香港回归祖国20周年大会暨香港特别行政区第五届政府就职典礼上的讲话》（2017年7月1日），人民网，http：//cpc.people.com.cn/n1/2017/0701/c64094-29376639.html。

“讲话”指出，“作为直辖于中央政府的一个特别行政区，香港从回归之日起，重新纳入国家治理体系。中央政府依照宪法和香港特别行政区基本法对香港实行管治，与之相应的特别行政区制度和体制得以确立”[①]。“回归完成了香港宪制秩序的巨大转变，中华人民共和国宪法和香港特别行政区基本法共同构成香港特别行政区的宪制基础。”[②]“中华人民共和国宪法和香港特别行政区基本法确立的特别行政区制度有效运作，民主政制依法推进，政府效能、法治水平等多项指标均比回归前大幅提升”[③]。香港纳入国家治理体系，那么治理香港并非单一孤立的行为，而是国家治理能力现代化的重要组成部分，与国家整体发展战略密切相关。

发展是解决香港各种问题的金钥匙。“讲话”针对香港存在的问题坦率而直接地提出了建议：“香港虽有不错的家底，但在全球经济格局深度调整、国际竞争日趋激烈的背景下，也面临很大的挑战，经不起折腾，经不起内耗。”[④] 香港需要“始终聚焦发展这个第一要务。发展是永恒的主题，是香港的立身之本，也是解决香港各种问题的金钥匙”[⑤]，在发展中发现问题、在发展中解决问题，是中国改革开放进程中获得的成功经验，也是中国对世界的智慧贡献。放弃了发展，也就失去了解决问题的机遇。香港尤其如此。

① 《习近平在庆祝香港回归祖国20周年大会暨香港特别行政区第五届政府就职典礼上的讲话》（2017年7月1日），人民网，http://cpc.people.com.cn/n1/2017/0701/c64094-29376639.html。

② 《习近平在庆祝香港回归祖国20周年大会暨香港特别行政区第五届政府就职典礼上的讲话》（2017年7月1日），人民网，http://cpc.people.com.cn/n1/2017/0701/c64094-29376639.html。

③ 《习近平在香港特别行政区政府欢迎晚宴上的致辞》（2017年7月1日），人民网，http://cpc.people.com.cn/n1/2017/0701/c64094-29376124.html。

④ 《习近平在庆祝香港回归祖国20周年大会暨香港特别行政区第五届政府就职典礼上的讲话》（2017年7月1日），人民网，http://cpc.people.com.cn/n1/2017/0701/c64094-29376639.html。

⑤ 《习近平在庆祝香港回归祖国20周年大会暨香港特别行政区第五届政府就职典礼上的讲话》（2017年7月1日），人民网，http://cpc.people.com.cn/n1/2017/0701/c64094-29376639.html。

“讲话”立场观点鲜明，阐述充分明了，唯物辩证法和历史辩证法的理论精华随处可见。“讲话”在延续邓小平当初设计“一国两制”基本理念和态度的基础上，更有所创新和发展，更具现实性和针对性，是确保“一国两制”方针不会变、不动摇，“一国两制”实践不走样、不变形的重要指导思想和理论基础。

3. 新时代香港“一国两制”实践的特点

香港“一国两制”实践进入新时代，未来30年将呈现如下特点。

与国家发展同频共振。两阶段发展与“五十年不变”高度重合，而且这种重合又是基于国家总体发展的战略统筹，表明“一国两制”实践并非香港一己之事，而是国家事务，需要配合国家发展，满足国家战略需要，融入国家发展大局，与国家发展节奏和目标同频共振。

面临更加开放的背景。党的十九大报告指出，“开放带来进步，封闭必然落后。中国开放的大门不会关闭，只会越开越大”。香港要适应和习惯在国家进一步开放背景下的发展，因为国家不会为了香港发展的“亮眼”而改变开放的发展趋势；香港要学习和把握如何融入国家对外开放战略，发挥特殊优势和作用。

身处平等竞争的环境。党的十九大报告指出，“赋予自由贸易试验区更大改革自主权，探索建设自由贸易港”。香港是百年自由港，或将迎来新的竞争对手。“一带一路”建设对内地企业和城市是新挑战新机遇，香港也并不具有明显领先优势，双方几乎处于同一竞争起点，而且香港还面临来自国际城市的竞争和挑战。在“实行高水平的贸易和投资自由化便利化政策”背景下，香港需要积极应对随之而来的挑战。

参与构建人类命运共同体。党的十九大报告指出，“世界正处于大发展大变革大调整时期，和平与发展仍然是时代主题。世界多极化、经济全球化、社会信息化、文化多样化深入发展，全球治理体系和国际秩序变革加速推进，各国相互联系和依存日益加深，国际力量对比更趋平衡，和平发展大势不可逆转”。国家将推动构建人类命运共同体，香港将更多参与，发挥特殊作用。

四　香港是国家战略的重要组成部分

改革开放40多年后的今天，内地经济高度国际化，已经迈进全球化世界，为了重拾昔日的全球性角色，国家开放的雄心和胆略都超越了历史。在更高层次上，香港需要融入国家发展大局，与国家发展同频共振，成为国家发展的见证者、参与者、贡献者和受益者。“共担民族复兴的历史责任、共享祖国繁荣富强的伟大荣光。”就此而言，香港是国家战略的重要组成部分，过去和现在如此，将来也如此。

基于国家发展和目标需求，香港在国家战略中的独特功能和价值主要体现在以下三个方面。

（一）国家金融开放战略的重要支点

对国家而言，充分利用香港国际金融中心的功能，对推进国家金融开放战略，对内建设社会主义现代化国家、对外参与全球治理至关重要。未来30年，香港作为国际金融中心，毫无疑问是国家金融开放战略的重要支点，其重要意义和价值体现在以下几个方面。

香港是“一带一路”建设的重要支撑。“一带一路”建设不仅本身需要解决各种问题，应对各种挑战，也面临来自外部、传统经济全球化的挤压排斥，需要更强有力的支撑。香港国际金融中心是“一带一路”建设支撑体系的重要组成部分。

香港是掌控人民币国际化的重要手段。当前及今后相当一段时期，人民币国际化之路都是漫长而充满挑战的，香港要能够在应对人民币国际化潜在风险和挑战方面有所作为。香港作为国际金融中心有利于把握人民币国际化的主动权和主导权，化解外部压力，避免人民币在国际化过程中陷于被动、被迫境地。

香港是中国经济和影响力“走出去”的平台。随着国家经济的崛起、国家参与全球治理程度的提升，中国经济和影响力必然“走出去”。“走出去”需要中介跳板，需要抢抓机遇，需要规避风险。香港凭借其国际金融中心及其配套领域的要素资源优势，将成为中国“走出去”的运营管理中心和风险控制中心。

（二）国家提升对外开放层级的重要平台

香港自由贸易港的优势，主要有如下几个方面。一是贸易自由。除对烟、酒、化妆品等少数商品征收进口税或消费税外，对其他商品免征关税。二是投资和经营自由。除对金融、土地一级市场等管制行业及公共事业进行有限管制和监督外，允许资本自由进入各类领域，不干涉其依法经营活动，政府以服务为主、行政干预为辅，依靠市场调节及行业自我管理。三是资本市场自由，对银行牌照、外汇、黄金进出口几乎没有限制，股票市场面向全球投资者，全球企业、全球资本在香港可以自由集聚、流动。四是简单低税制。五是出入境自由。

凭借这些优势，香港逐步建立了一个庞大的国际商业网络。香港贸易和航运物流业最新的变化是，自 2006 年起，离岸贸易货值高于转口货值，占香港贸易总值的比重超过 60%。与此同时，境外公司设在香港的地区总部、地区办事处和当地办事处数量持续增长，表明香港仍是重要的国际贸易中心和物流枢纽。就贸易形态的改变及后果而言，香港正在以贸易航运为中介，利用贸易物流的优势，以香港为中心进行全球范围内的产业链整合，香港企业正在向全球生产组织者、管理者的角色转型，并带动香港强化和提升全球生产组织协调中心和管理控制中心的功能。之所以能够如此，是因为香港拥有高度发达的全球商业网络，这是香港的独特价值和核心竞争力所在。

进一步激活并充分发挥香港自由贸易港的制度优势，充分利用与自由贸易港制度相关的要素资源，香港将成为国家提升对外开放层级的重要平台。突出表现在以下几个方面。

香港是国家统筹对外开放的重要杠杆。作为自由贸易港，香港对外开放的程度和力度无人能及。对不便于参加的全球或区域贸易组织，香港可凭借自己的特殊性参与其中。充分利用香港高度开放的自由贸易港地位和制度，有利于维护国家发展利益，有利于参与全球治理。

以香港作为平台和中介，有利于构建中国的全球化商业网络。随着香港经济融入国家、与内地经济协同步伐的加快，香港长期形成的国际商业网络将出现越来越多中国国家元素和内地因素，这相当于借助香港的积累和平台功能，搭建中国的全球化商业网络。即在推进中国主导的“一带一路”建设的同时，以香港为中介，与世界诸多区域、跨国公司乃至重要行业和领域，建立密切关系。通过构建中国的全球化商业网络，逐步形成中国全球化生存状态，实现开放环境下的稳健发展。

香港为国家扩大对外开放提供了经验借鉴。“探索建设自由贸易港”，与邓小平所主张的“在内地还要造几个香港”异曲同工，表明国家将进一步扩大和深化对外开放。对外开放既有机遇，也有风险，因此在制定和实施对外开放政策之前，需要进行压力测试，发现潜在的风险并编制预案。香港长期处在开放的发展环境之中，遭遇过诸多开放性风险，也积累了应对风险的丰富经验。香港的这些经验和教训，将为国家防范和应对对外开放中的风险提供有益的借鉴。

（三）内地完善市场经济制度的重要参照

党的十九大报告“明确全面深化改革总目标是完善和发展中国特色社会主义制度、推进国家治理体系和治理能力现代化”，强调要“吸收人类文明有益成果，构建系统完备、科学规范、运行有效的制度体系”。具体到经济制度，主要任务是“加快完善社会主义市场经济体制。经济体制改革必须以完善产权制度和要素市场化配置为重点，实现产权有效激励、要素自由流动、价格反应灵活、竞争公平有序、企业优胜劣汰”。诸如“全面实施市场准入负面清单制度，清理废除妨碍统一市场和公平竞争的各种规定和做法，支持民营企业发展，激发各类市场主体活力。深化商事制度改革，打破行政性垄断，防止市场垄断，加快要素价格市场化改革，放宽服务业准入限制，完善市场监管体制”“完善促进消费的体制机制，增强消费对经济发展的基础性作用”“深化金融体制改革，增强金融服务实体经济能力，提高直接融资比重，促进多层次资本市场健康发展”“健全金融监管体系，守住不发生系统性金融风险的底线”等。上述部署，进一步明确了社会主义经济制度完善与发展的方向，也表明这将是一个较长的过程。在此进程中，香港市场经济制度建设的等特殊历程与路径、发展中积累的丰富经验和教训，可以为内地完善市场经济制度提供重要参照。

五　本书框架和主要内容

本书旨在梳理国家改革开放与香港发展关系的过去、现在和未来发展。基本框架和主要内容如下。

第一章为总论，重点论述国家战略与香港发展。基于未来“一国两制”实践的发展趋势和特点，提出香港是国家战略的重要组成部分，对香港的独特功能和价值进行论述。

第二章到第五章的主题是“香港与内地”。着重论述香港对国家改革开放的贡献。其中第二章重点分析香港对国家经济和产业领域对外开放的影响，如对外贸易的促进、外资外企的引进等；分析香港独特的窗口和桥梁功能对促进内地改革开放的特殊功能和作用。第三章重点分析香港如何促进中国特色社会主义市场经济体制、法治社会的建立和完善，如在政策法规体系创建、运营管理模式建立、市场主体培育、各级各类市场建设、法律法规制定实施等方面为内地提供的有益借鉴。第四章重点分析香港城市建设方面的成功经验对内地城市发展的影响。以深圳等城市为案例，分析香港对内地城市规划、城市管理、公共基础设施及服务、商业空间布局、商业样态等方面的影响。第五章重点分析香港在教育、医疗、扶贫安老、慈善、社工义工、NGO 组织、行业协会、法定机构等社会发展方面对内地的影响；重点分析香港对内地政府管理市场、服务企业及社会，打造服务型政府等方面的影响。

第六章到第八章的主题是“内地与香港”。着重论述香港长期存在的深层次矛盾和问题以及中央政府和内地的支持。其中第六章重点分析结构性因素和周期性因素对香港经济增长的影响，以及对中央实行内地旅客赴港旅游“自由行政策”、签署 CEPA 等予以支持。第七章重点分析香港的结构转型，即香港如何由单一金融中心向“金融服务中心 + 科技创新中心”转型，实现“金融 + 科技”均衡发展格局。第八章重点分析香港的社会发展问题，包括贫富差距问题尚未彻底解决、社会阶层流动趋于固化、个人发展空间狭窄以及中央和内地支持香港解决社会问题等。

第九章到第十一章的主题是“香港融入国家发展大局”。着重论述香港如何参与国家战略，实现与国家同步发展。其中第九章重点分析香港参与国家创新驱动发展战略、参与建设创新型国家；发展人民币离岸业务、成为人民币国际化的推手和防火墙；共建粤港澳大湾区优质生活圈（社会民生、公共服务、生态环保、同等待遇等）等重要领域的方式和路径。第十章重点分析粤港澳大湾区为香港带来的发展机遇，大湾区作为香港融入国家发展大局的重要平台及功能，香港在大湾区建设与发展中的功能、定位、作用；分析香港与内地如何进一步深化互利合作，香港如何通过积极参与实现与国家共赢发展。第十一章重点分析“一带一路”建设带给香港的发展机遇，“一带一路”建设对香港拓展服务空间的重大意义，香港在“一带一路”建设中的特殊功能作用，如何利用自身国际商业网络优势、贸易自由港优势、共建“一带一路”国家或地区人脉优势、法律制度及现代服务业优势服务国家“一带一路”建设并实现自身发展。

第十二章为结语。展望未来，香港的繁荣发展是中华民族伟大复兴的重要组成部分。实现中华民族伟大复兴，需要香港与祖国内地优势互补、共同发展，需要香港同胞与内地人民守望相助、携手共进。在国家推进“两个一百年”奋斗目标、贯彻新发展理念的新时代，在国家加快建设创新型国家、实施区域协调发展、加快完善社会主义市场经济体制、建立开放型经济新体制等方面，期望香港能够发挥新优势，做出新贡献。

第二章
香港推动内地对外开放

改革开放前，香港是内地联系世界的主要渠道，也是内地出口创汇的重要转口。改革开放初期，内地百废待兴、百业待举，香港是国家对外开放的重要窗口。资金方面，香港大规模投资内地，缓解了内地的资金缺口，对外资进入中国起到了良好的示范作用，同时香港成为内资“走出去”的重要平台，对改革开放起到了“强心剂”的作用。贸易方面，改革开放使香港的转口地位再次凸显，成为内地与全球贸易联系的重要纽带。内地与香港货物贸易与直接投资并存，香港成为内地服务贸易重要的伙伴。金融方面，改革开放初期香港凭借高度发达的自由经济体系，成为内地重要的金融集资中心；香港推动内地企业通过 H 股、红筹股上市，成为国家金融改革开放与资本市场对外开放的协助者和促进者。总体而言，国家改革开放前 20 年，香港在内地经济领域的改革中具有无可替代的特殊地位和独特优势。

一　香港是内地引进外资和对外投资的重要通道

改革开放之初，香港已是发达的国际城市，外国银行、投资基金、跨国公司地区总部在香港集聚，很多外资首先到达香港，再通过香港进入内地。改革开放初期的内地，百废待兴，内地面临资金、外汇以及技术方面的“缺口”①，香港大规模投资内地，可谓“雪中送炭”，对外资进入中国起到了良好的示范作用。香港资本和企业不断进入内地，提高了内地经济的吸收能力，使内地不断突破储蓄和外汇约束的“瓶颈”，对内地经济领域的改革开放起到了促进和示范作用。无论是对外投资还是引进外资，香港一直扮演着重要的通道角色。

① “两缺口”模式由著名经济学家钱纳里在《外援与经济发展》中提出，他们大多数认为发展中国家面临三种形式的约束：一是投资或储蓄约束；二是外汇或者贸易约束；三是吸收能力约束或者技术约束。

（一）香港是境外资本“引进来”的领跑者

改革开放以来，内地成为香港资金的主要流向地。尽管略有波折起伏，但香港对内地FDI比重保持高位，总量保持增长，是内地FDI最大的来源地，为国家经济发展提供了大量急需的资金。1978年以后，香港迅速成为内地最大的外来投资者，香港对内地直接投资总额总体持续增长，且增长速度逐步加快。

20世纪80年代香港对内地直接投资全面增长，但增速并不快。商务部数据显示，1978～1982年，内地实行改革开放，港澳对内地的直接投资总量较少，五年合计仅为6.27亿美元，占比35%，并且投资金额还有一定的波动，但港澳对内地的投资项目多达851个，占当时内地外资项目的92.5%。之后，香港对内地的投资金额不断增长，到1989年香港对内地的投资金额为20.37亿美元，占当年外商投资60.05%。该阶段的投资者以中小企业为主，集中于制造业。

1979年11月成立的广州白云小汽车出租公司是内地第一家与港商合作经营的出租车企业，率先推出“扬手即停，计程收费”服务。1980年5月10日，招商局与香港汉贸有限公司达成在蛇口工业区兴建别墅和公寓式住宅的协议。同年11月22日，碧涛苑别墅区正式破土动工，这是蛇口工业区第一个商品房住宅项目。1979年12月，第一家内地与香港合资企业中瑞机械有限公司成立，总部位于香港，分公司设在蛇口工业园区。1980年5月，香港罗氏美光集团在葵涌兴办的新南印刷厂（深圳中冠印刷有限公司），成为深圳市第一家港商独资企业。同年12月28日，由港澳著名企业家霍英东、何鸿燊等投资兴建的中山温泉宾馆正式开业，是第一家内地与港澳合作酒店。1982年，港商陈惠娟女士在蛇口投资开设了全国首家外币购物中心——蛇口购物中心。1983年，蛇口第一个港商独资企业——凯达玩具有限公司的生产车间建成落地。同年，由香港企业家霍英东先生与广东省政府投资合作兴建的“广州白天鹅宾馆”开业，是第一家内地与香港合作的五星级宾馆。1984 年，广东东莞流花湖虎门（太平）率先开通了至香港的直达客运航班。1985 年，深圳先进技术开发公司与荷兰飞利浦公司基于激光视唱系统技术合作，并签署了合作合同，这是国内首次引进光、机、电合一的技术。

20 世纪 90 年代是香港对外直接投资发展的黄金时代，无论是总量还是增长率，都以惊人的速度增长。1992 年邓小平发表“南方谈话”后，内地的政局更加稳定，香港对内地的直接投资出现爆发式增长。商务部的数据显示（见表 2－1），1992 年香港对内地的直接投资额达 75.07 亿美元，是 1991 年 24.05 亿美元的三倍，1993 年香港对内地的投资突破百亿（172.75 亿美元），占比为 62.78%。随着香港回归祖国的日期日益临近，香港对内地的直接投资更加火热，1997 年投资额已经达 206.32 亿美元，占比为 45.59%（见图 2－1），该阶段香港对内地的投资主要集中在投资控股、地产、基建及各项商业服务，其次是通信、运输及有关服务。

表 2－1　1979～1997 年香港在内地的直接投资

年份	项目数（个）		合同外资金额（亿美元）		实际使用外资金额（亿美元）	
	香港	占全国%	香港	占全国%	香港	占全国%
1979～1982	851	92.50	34.95	70.49	6.27	35.44
1983	482	75.55	6.42	33.49	4.73	51.64
1984	1865	86.10	21.72	72.65	7.48	52.71
1985	2631	85.62	41.34	65.28	9.56	48.88
1986	1155	77.10	17.73	53.25	13.29	59.22
1987	1721	77.07	19.47	52.49	15.88	68.64
1988	4562	76.74	34.67	65.44	20.68	64.74
1989	4072	70.46	31.60	56.42	20.37	60.04
1990	4751	65.32	38.33	58.12	18.80	53.91
1991	8502	65.51	72.15	60.24	24.05	55.09
1992	30781	63.12	400.44	68.89	75.07	68.20
1993	49134	58.89	739.39	66.35	172.75	62.78
1994	24622	51.78	469.71	56.81	196.65	58.24

续表

年份	项目数（个）		合同外资金额（亿美元）		实际使用外资金额（亿美元）	
	香港	占全国%	香港	占全国%	香港	占全国%
1995	17186	46.43	409.96	44.91	200.60	53.47
1996	10397	42.34	280.02	38.21	206.77	49.56
1997	8405	40.02	182.22	35.73	206.32	45.59

注：单位：亿美元，1986 年以前为港澳合计。
资料来源：商务部。

图 2-1　来自香港外来直接投资占内地全部外来直接投资的比重（1978～1997 年）

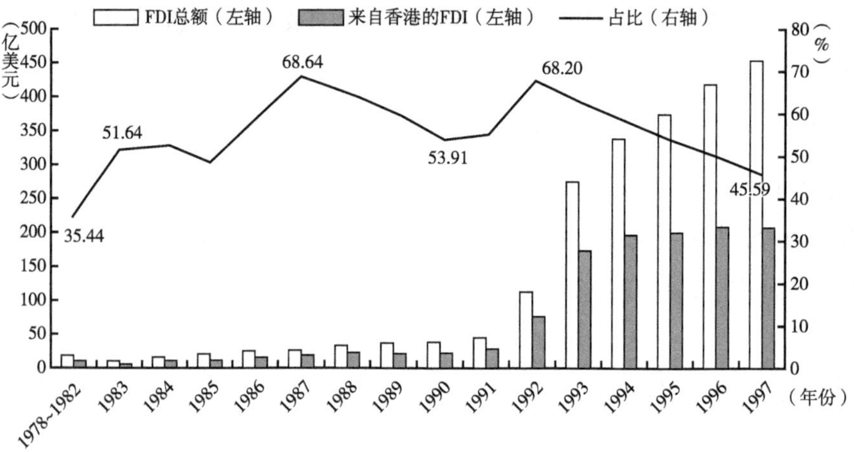

资料来源：国家商务部，其中 1978～1986 年资料来自《港澳经济年鉴》，港澳经济年鉴社，2008，第 642 页。1986 年以前（含 1986 年）资料为港澳合计，其原始资料为商务部。

香港在内地的投资主体由中小型企业趋向大型企业。1990 年底，深圳已经建立起 3200 多家三资企业，其中港资有 2500 家，珠三角地区为港澳厂商从事加工工作的约有 200 万人，有近 50 万人为港资工商业服务。[①] 1990 年开始，香港北海实业逐步参与兴建深圳黄田机场到皇岗口岸的铁路，九龙仓集团参与广州到惠东的公路建设，香港新鸿基参与北京东安市场的改建项目。[②] 在

① 深圳市史志办公室编《深圳改革开放实录》（第一辑），深圳报业集团出版社，2015，第 72 页。
② 陈广汉主编《港澳珠三角区域经济整合与制度创新》，社会科学文献出版社，2008，第 18 页。

香港对内地的投资项目中，中华电力有限公司参加的大亚湾核电站工程较为典型，其占核电站25%的股份，并购买了3.7%的发电量。[①] 截至1993年底，李嘉诚财团旗下对内地的投资已经超过1000亿港元。此外，香港在内地的投资还带来了一系列的连锁反应。比如在就业领域，改革开放初期有大量剩余劳动力，香港在内地的投资直接雇用的工人达500万人，包括产品运输、加工制造、进出口贸易等领域，对经济有明显的促进作用。

（二）香港是内地资本“走出去”的推动者

尽管改革开放之初内地对外直接投资（ODI）极少，但综合考虑香港的基本建设、特区政府经济政策、政治气候、在亚太地区的地理位置等因素，香港的确是内地资本“走出去”的首选之地。

改革开放初期，内地资本逐步进入香港。1980年成立的粤海集团，是广东省落实中央关于广东、福建可在对外开放中实行“特殊政策、灵活措施”精神而在境外创办的第一家“窗口公司”。率先开拓供港鲜活产品市场，开创内地居民“香港游”，复制香港模式开创国内第一个购物中心“天河城”，通过这扇窗口，粤海集团让广东走向世界，也把世界带进了广东，开创了改革开放的多项第一。

内地由于投资经验缺乏、产业发展落后，进入香港主要以贸易公司或少量初级加工业为主，投资规模很小。将1982年到1997年联合国贸易和发展会议（UNCTAD）的数据进行平均值统计，内地ODI流量年均只有14.02亿美元，相对FDI而言微乎其微。香港特区政府统计处数据显示，截至1996年底，内地在香港累计投资425亿美元，仅次于英国，居第2位。External Investments in Hong Kong's Non-manufacturing Sectors（1993 &

① 李伟迪：《论过渡时期国内因素对香港经济的影响》，《吉首大学学报》（社会科学版）1998年第2期。

1994）显示，1993 年内地对香港的非制造业部门的直接投资资产净值[①]为116.1 亿港元，占香港外来直接投资总额的 18%，仅次于英国的 29% 和日本的 21%。1994 年，内地对香港非制造业的投资存量为 924 亿港元，1997 年内地对香港非制造业的投资存量为 1389 亿港元，占比为 20.37%（见表 2－2），仅次于英国的 29%。但从有关研究看，内地对香港的 ODI 占内地 ODI 总量的比重在 30% 以上。

表 2－2　内地对香港的直接投资（ODI）（1994～1997 年）

单位：亿港元，%

年份	香港非制造业的外来直接投资	内地对香港非制造业的投资存量	占比
1994	4599	924	20.09
1995	4873	1046	21.47
1996	5759	1116	19.38
1997	6818	1389	20.37

资料来源：External Investments in Hong Kong's Non-manufacturing Sectors（1993 & 1994）、《1995 年香港非制造业的外来投资》、《1996 年香港非制造业的外来投资》、《1997 年香港非制造业的外来投资》。详见 https://www.censtatd.gov.hk/hkstat/sub/sp260_tc.jsp?productCode=B1040003。

1992 年以后，内地企业大举赴港，内地企业和在港中资企业对香港的投资逐渐扩展到其他行业。

一是进入香港建造业。1979 年，隶属于中国建筑集团有限公司的中国海外集团有限公司（以下简称“中国海外”）在香港成立。中国海外对香港基本建设贡献甚大，承接了大量的海港工程，包括香港国际机场客运大楼、香港迪斯尼乐园、港珠澳大桥等，填海造地 836 万平方米，建成公共屋宇 560 万平方米。1995 年的数据显示，内地与香港签订各类工程合约 257 份，合同涉及资金总额 272 亿港元，房地产及实业投资 76 项目，其中

① 资产净值为：一个企业固定资产和流动资产净值的总和，与外来直接投资存量相似，且资产净值包括由非外来直接投资者所提供的第三者借贷（银行贷款），反映外来直接投资的流入对整体经济的影响，外来直接投资存量显示直接的经济影响。

中国海外投入142亿港元，约占总投资300亿港元的一半。[①]

二是外贸领域业务规模快速扩大。1983年外贸部把在香港的总代理华润公司改组成华润（集团）有限公司，主要从事进出口贸易、零售、仓储、运输、广告等商业活动，华润营业额占香港商业总额的20%。在运输业中，1950年成立的交通部驻香港代表机构招商局，在1985年扩大为集团公司，已形成完整的航运体系，业务涉及造船、修船、码头、钢铁、食品、纺织、投资、旅游和建筑业。

三是在港中资企业旅游业迅速发展。香港旅游业的龙头是香港中旅集团（香港四大在港中资企业之一），1986年扩大为集团公司，从事旅游、货运、仓储、贸易等，旅游营业额占香港旅游业的50%。

四是进入香港钢铁、电子行业。1992年10月23日，首都钢铁公司联合长江实业、加怡集团收购香港东荣钢铁集团公司，首钢斥资2000万美元，拥有51%的股份。

五是进入香港航空、电讯领域。中国国际信托投资（香港集团）有限公司于1990年收购香港上市公司泰富发展40%的股权，易名中信泰富，此后中信泰富又收购了一批香港公司，如56%的港龙航空股份，12.5%的国泰航空股份，97.12%的恒昌企业股份和12%的香港电讯股份，中资企业开始介入航空电讯业。

二　香港是内地对外贸易的重要伙伴

自1978年以来，香港与内地之间的贸易往来日益频繁。香港是内地与全球贸易的纽带，是首先作为外界对内地的转口港而发展起来的，贸易在

① 李伟迪：《论过渡时期国内因素对香港经济的影响》，《吉首大学学报》（社会科学版）1998年第2期。本节以下部分的资料均来自此篇文献。

香港与内地的经济关系演化中功不可没。香港作为国际贸易中心，改革开放以来，内地与香港在贸易领域已经形成了“互助”“互补”“互动”的经贸关系。

（一）香港与内地的贸易推动国家对外开放

改革开放后，香港与内地货物贸易额步入快速增长轨道，无论是香港从内地进口的还是香港出口到内地的货物值，都大量增加，很大程度上推动了国家贸易的发展。

《对外经济贸易年鉴》和海关总署的统计数据显示，1979 年内地与香港的进出口贸易额为 35.4 亿美元，占内地进出口总额的 12.1%，1992 年内地与香港的进出口贸易额出现一个峰值（580.5 亿美元），占内地进出口额的 36.6%，1993 年有所下降，为 325.1 亿美元，当年日本成为中国香港的最大贸易伙伴，但内地仍是香港最大的转口市场和出口市场。1994～1997 年两地贸易额缓慢回升，1997 年内地与香港的贸易总额为 507.7 亿美元，占内地进出口总额的 15.6%（见表 2－3）。

表 2－3 1979～1997 年内地统计的内地与香港进出口贸易额

年份	进出口		出口到香港		从香港进口		顺差（亿美元）
	值（亿美元）	占比（%）	值（亿美元）	占比（%）	值（亿美元）	占比（%）	
1979	35.4	12.10	33.3	24.40	2.1	1.30	31.2
1981	61.9	15.30	51.7	24.70	10.2	5.20	41.5
1983	66.9	16.40	53.8	24.20	13.1	7.10	40.7
1985	108.9	18.10	57.5	22.20	51.5	15.00	6.0
1987	166.2	24.40	106.6	30.70	65.6	19.60	41.0
1989	222.3	26.90	142.7	32.80	79.7	20.40	63.0
1991	496.0	36.60	321.4	44.70	174.6	27.40	146.8
1993	325.1	16.60	220.5	24.00	104.6	10.10	115.9
1995	445.7	15.90	359.8	24.40	85.9	6.50	273.9
1997	507.7	15.60	467.8	23.90	69.9	4.90	367.9

资料来源：历年《对外经济贸易年鉴》。

自 1985 年以来，内地一直是香港最大的贸易伙伴，但内地与香港进出口双边贸易结构有所变化。根据香港特区政府统计处的数据，1978 年内地与香港货物贸易以香港从内地进口货物为主，进口额为 105.5 亿港元，占内地与香港货物贸易总额的比重高达 97.28%。此后，香港与内地的进出口贸易额不断增长。一方面，香港从内地进口的货物值增长速度有所放缓，1985 年香港从内地进口货物为 589.63 亿港元，占内地与香港货物贸易总额的 49.06%。另一方面，香港出口到内地的货物值逐渐增加，到 1985 年为 612.13 亿港元，占内地与香港货物贸易总额的 50.94%（见表 2-4）。1986~1997 年，香港从内地进口货物值略微高于香港出口到内地的货物值，二者占内地与香港货物贸易额比重大概为 11∶9。

表 2-4　1978~1997 年内地与香港进出口贸易额

年份	内地与香港贸易总额（亿港元）	香港出口到内地货物值（亿港元）	香港从内地进口货物值（亿港元）	进口所占比重（%）	出口所占比重（%）
1978	108.45	2.96	105.50	97.28	2.73
1979	170.48	19.18	151.30	88.75	11.25
1980	281.95	62.47	219.48	77.84	22.16
1981	404.78	109.68	295.10	72.90	27.10
1982	447.33	117.98	329.35	73.63	26.37
1983	612.27	184.06	428.21	69.94	30.06
1984	951.01	393.48	557.53	58.63	41.37
1985	1201.75	612.13	589.63	49.06	50.94
1986	1405.49	589.16	816.33	58.08	41.92
1987	2053.98	880.41	1173.57	57.14	42.86
1988	2885.72	1329.38	1556.34	53.93	46.07
1989	3434.40	1467.64	1966.76	57.27	42.73
1990	3945.11	1583.78	2361.34	59.85	40.15
1991	5010.78	2077.22	2933.56	58.54	41.46
1992	6284.12	2740.64	3543.48	56.39	43.61
1993	7400.89	3379.28	4021.61	54.34	45.66
1994	8547.21	3838.44	4708.76	55.09	44.91
1995	9870.79	4475.99	5394.80	54.65	45.35
1996	10498.15	4793.72	5704.42	54.34	45.66
1997	11161.17	5077.45	6083.72	54.51	45.49

资料来源：香港特区政府统计处。

1978 年至 1997 年，香港与内地进出口贸易结构以外发加工贸易为主。无论是香港从内地进口的货物值，还是香港出口到内地的货物值（包括原产地为香港的产品）均有不同程度的增长。出口方面，20 世纪 80 年代中期以前香港出口到内地的货品主要为塑料制品、纸制品、纺织制品及成衣、钟表、金属制品及电子产品等；20 世纪 90 年代中期以后，由于香港加工贸易制造业加快向内地转移，香港出口到内地的货品中，涉及外发加工贸易的比重下降，由 1991 年的 55.5% 下降到 1997 年的 48.6%；香港出口到内地的涉及外发加工贸易的港产品增长较慢，由 1991 年的 403.69 亿港元增长到 1997 年的 470.78 亿港元（见表 2-5）。进口方面，香港主要从内地进口农副土特产、机电产品等，且进口产品中的外发加工贸易的货值和比重均有增加，由 1991 年的 1973.84 亿港元（占比 67.6%）增加到 1997 年的 4911.42 亿港元（占比 81.20%）。

表 2-5　1991～1997 年涉及外发加工贸易的香港与内地进出口贸易额

单位：亿港元，%

年份	香港输往内地的整体出口货品:涉及外发加工贸易的价值	香港输往内地的整体出口货品:涉及外发加工贸易的比重	香港输往内地的港产出口货品:涉及外发加工贸易的价值	香港输往内地的港产出口货品:涉及外发加工贸易的比重	香港从内地进口的货品:涉及外发加工贸易的价值	香港从内地进口的货品:涉及外发加工贸易的比重
1991	1139.31	55.50	403.69	76.50	1973.84	67.60
1992	1416.39	52.40	442.71	74.30	2540.13	72.10
1993	1601.78	47.90	451.41	74.00	2952.03	73.80
1994	1811.79	47.70	419.59	71.40	3549.12	75.90
1995	2176.13	49.00	438.9	71.40	3995.67	74.40
1996	2223.24	46.90	430.89	72.80	4528.9	79.90
1997	2448.86	48.60	470.78	76.10	4911.42	81.20

资料来源：香港特区政府统计处。

（二）香港是世界与内地贸易的中转站

内地大量货物经香港转口至世界各地，大量其他国家货物经香港转口至内地。19 世纪末香港从事转口贸易的商户数量不断增加，香港成为华商的国际网络中心。改革开放后前 20 年，内地经香港转口货物值总量持续增长，增速趋稳。

香港供应到内地的转口贸易早于吸纳内地的转口贸易，但是吸纳内地的转口贸易值高于香港供应到内地的转口贸易值。香港特区政府统计处的数据显示，1978 年转口目的地为内地的贸易额仅为 2.14 亿港元，1990 年增加到 1109.08 亿港元，1997 年增加到 4438.78 亿港元。香港特区政府统计处数据显示，1982 年内地取代日本成为香港最大的转口货物来源地，1992 年香港转口销售来自内地的货物值为 4037.82 亿港元，1997 年增加到 7234.16 亿港元（见表 2－6）。转口货品主要为电动机械、仪器和用具（1565 亿港元，占总额的 13.3%），电信、录音及音响设备和仪器（1143 港元，占总额的 9.7%）。香港特区政府统计处的数据显示，转口货品的主要来源地为中国内地、日本和中国台湾，主要目的地则为中国内地、美国和日本。

表 2－6　1978～1997 年香港与内地转口贸易额

单位：亿港元

年份	香港转口货值：来源于内地	香港转口货值：目的地为内地
1978	/	2.14
1979	/	13.15
1980	/	46.42
1981	/	80.44
1982	/	79.92
1983	/	121.83
1984	/	280.64
1985	/	460.23

续表

年份	香港转口货值：来源于内地	香港转口货值：目的地为内地
1986	/	408.94
1987	/	601.70
1988	/	948.95
1989	/	1034.92
1990	/	1109.08
1991	/	1533.18
1992	4037.82	2121.05
1993	4740.07	2745.61
1994	5458.31	3228.35
1995	6363.92	3840.43
1996	6835.14	4177.52
1997	7234.16	4438.78

资料来源：香港特区政府统计处。

随着改革开放的推进，越来越多内地港口与世界各国建立经贸联系，香港转口港的地位面临挑战，香港也主动寻求转型之路。踏入20世纪90年代，与香港制造业相联系的一种新的贸易方式逐步为人们所重视，成为香港贸易进入新阶段的一个标志，那便是离岸贸易。香港贸易结构最显著的变化是离岸贸易超越转口贸易，成为香港国际贸易中心最重要的内容。香港作为货物转口港的角色正在逐步淡化，并不断发展成为离岸贸易的重要枢纽。自1996年起，香港特区政府统计处便开始以统计调查形式搜集资料，编制以离岸货值计算的进口数字，有助深入分析有形贸易差额和比对其他经济体系的贸易数字。香港特区政府统计处的数据显示，1997年，内地是香港最大的离岸贸易伙伴，香港与内地的出口和进口离岸贸易货值分别为5077亿港元和6030亿港元，占香港所有贸易伙伴的34.9%和38.0%（见表2-7），高于美国和日本，且离岸贸易的年增长率为11.4%，高于转口贸易的3.8%。

表 2-7　1996~1997 年香港与各大贸易伙伴的离岸贸易额

单位：亿港元

主要贸易伙伴	年份	香港整体出口	香港进口	
		离岸货值	到岸货值	离岸货值
总值	1996	13979	15356	15071
	1997	14559	16151	15855
中国内地	1996	4794	5704	5649
	1997	5077	6084	6030
美国	1996	2962	1211	1161
	1997	3164	1254	1209
日本	1996	915	2082	2050
	1997	884	2216	2175

注：不包括黄金及金币贸易。
资料来源：香港特区政府统计处：《一九九六至九八年以离岸货值计算的香港进口》，详见 https://www.statistics.gov.hk/pub/B79910FB1999XXXXB0100.pdf。

（三）香港是内地服务进出口的主要市场

服务业是香港最具国际竞争力的产业，尤其是面向出口的加工贸易的供应链的管理服务。改革开放初期，内地对外贸易主要以货物贸易为主，服务贸易体量较小。在相当长的时期里，香港是内地最大的服务贸易伙伴。香港特区政府统计处数据显示，1995 年香港与内地服务贸易总额为 1867.37 亿港元。1997 年，从内地输入香港的服务额为 1909.15 亿港元，香港输出到内地的服务贸易额为 404.30 亿港元（见表 2-8）。根据国家海关统计的数据，香港与内地服务贸易额长期占内地服务贸易总额的半壁江山。

从双边服务贸易内部结构来看，内地与香港两地的互补性很强，香港在运输、旅游、金融、专业服务上都具有很强的国际竞争力，资本密集型和技术密集型的服务所占比重很高。内地则在运输、旅游和建筑服务上具有一定的竞争力。

表2-8 1995~1997年香港与内地的服务贸易额

单位：亿港元

年份	香港从内地输入服务贸易额	香港向内地输出服务贸易额	香港与内地服务贸易总额
1995	1524.72	342.65	1867.37
1996	1739.85	364.21	2104.06
1997	1909.15	404.30	2313.45

资料来源：香港特区政府统计处。

三　香港是内地金融对外开放的协助者

随着两地贸易和投资迅速增长，以及两地居民频密往来，香港与内地的金融联系日益密切。改革开放前20年，香港凭借国际金融中心和“一国两制”的优势，通过设立金融机构、支持内地企业到香港上市等措施，有力促进了国家金融产业发展，成为国家金融改革开放的协助者和促进者。

香港是个开放市场，但与内地有一定的隔离，金融产品在香港的“先行先试”能预先测试风险。如一开始的B股、H股均具有试点性质，它是资本市场有序开放的重要渠道，促进了人民币的国际化。香港公平和国际化的营商环境、健全的司法和监管制度，加上完善的基础设施和大量金融专业人才，可以为人民币国际化提供优质“试验田”和“防火墙”，并且有助于推动金融创新，带动内地金融系统逐步迈向国际化。

（一）香港是内地重要的融资中心

内地金融业的改革开放是循序渐进的，从银行到保险再到证券逐步开放。香港的银行、证券、保险等金融机构首先进入内地，成为内地重要的金融集资中心，推动内地金融体系开放。优质的香港金融市场成为内地资金的首选地。世界各国的跨国公司通过在香港设立地区总部，作为向中国内地市场进军的据点。它们透过其在香港的金融商业机构，到内地投资经营贸易金融等业务，推动内地金融业的开放。

银行业方面，香港是连接内地与海外市场的桥梁。改革开放之初，内地金融开放带有“试点”特征。内地融资渠道较为单一，仅仅集中在少量的银行业。20 世纪 80 年代，内地逐步放宽对外资银行经营地域范围的限制。1979 年，第一家外资银行机构——日本输出入银行经批准在北京设立代表处，拉开了中国改革开放后外资银行进入中国金融市场的序幕。港资银行跟随港资企业在内地投资的步伐，率先将分支机构设立在沿海经济特区、发展加工贸易的城市。改革开放后，香港银行从 1982 年起重新在内地开设分支机构，当年香港持牌银行达 12 家，1982 年南洋商业银行在深圳经济特区开设中华人民共和国成立后内地第一家外资银行分行。1983 年允许外资银行和外资保险公司在经济特区以外开设分行或者分公司，香港的金融机构达到一个高峰期，香港有 200 多家持牌银行在内地开设分行或者代表处。1985 年 4 月 2 日国务院颁布《中华人民共和国经济特区外资银行、中外合资银行管理条例》，允许经济特区外资银行经营外国和港澳地区汇入汇款和外汇托收业务，之后又开放到上海以及沿海的 14 个城市 129 家营业性机构。1986 年，东亚银行在内地成立第一家中外合资财务公司——中国国际财务有限公司。① 仅次于香港汇丰银行集团的中银集团在 1994 年 5 月开始发行港元钞票。1995 年，另外 3 家国有商业银行，即中国人民建设银行（1996 年改名为中国建设银行）、中国农业银行及中国工商银行，也获发银行牌照在港经营。1996 年，外资银行经营人民币的试点工作在上海展开，从 1996 年 12 月起，内地逐步向外资银行以及港资银行开放人民币业务。香港特区政府统计处数据显示，截至 1996 年底，港资银行共在内地 16 个城市设立 25 家分行、56 家代表处，广东省成为港资银行开

① 陈丽君主编《内地金融发展与香港金融》，广东人民出版社，2001，第 258 页。

设分行数目最多的省份，其分行数目占在内地分行总数的一半以上。1997年香港回归，港资银行在内地分行有22家，香港汇丰银行集团、东亚银行及渣打银行则是在内地最具代表性的3家港资银行；与此同时，中资金融机构在香港已有403家。受1997年亚洲金融危机影响，港资银行在内地设立机构趋于谨慎。

香港银行对内地银行的负债和债权，在总体的负债和债权中具有显著地位。1994年以前，香港对内地银行的负债基本大于债权。1994年底，香港银行对内地的港元负债为994.1亿元，外币负债为1263.7亿港元，香港对内地银行的港元债权为476亿港元，外币债权1290.1亿港元。据中国人民银行统计，内地使用的银团贷款90%经由香港安排。这说明内地是香港最大的外部投资市场之一①。1995年，香港银行对内地所持债权为2240亿港元，首次超过负债2160亿港元，反映出内地经济形势的变化对外汇需求的影响（见表2-9）。据统计，香港金融体系对内地的经贷款总额到1996年底增加到3560亿港元。香港亦对内地大量吸收存款，开展同业拆借和发放大规模银团贷款。

表2-9 1984~1996年香港银行体系对内地的债权和负债情况

单位：亿港元

年份	对内地银行所负债务	对内地银行所持债权	对内地非银行机构所持债权
1984	230	100	20
1985	220	240	70
1986	270	300	120
1987	480	430	230
1988	590	610	390
1989	790	430	490
1990	1170	700	500
1991	1400	1040	470
1992	1510	1130	560

① 李伟迪：《论过渡时期国内因素对香港经济的影响》，《吉首大学学报》（社会科学版）1998年第2期。

续表

年份	对内地银行所负债务	对内地银行所持债权	对内地非银行机构所持债权
1993	1550	1390	560
1994	2260	1770	620
1995	2160	2240	650
1996	2860	2870	710

资料来源：1984 ~1988 年资料来源于特区政府金融科，转引自郑德良编著《现代香港经济》，中山大学出版社，1993，第 218 页。1989 ~1996 年资料来自香港 1997 年 8 月《金融管理局季报》。

中信公司曾分别于 1985 年和 1986 年在港发行港元债券，可谓内地企业在香港债券市场初试啼声。① 1993 年，财政部在香港发行了 2.5 亿美元 10 年期“中国龙”债券。1993 年，香港证券机构开始寻求与内地合作的机会，中国证券监督管理委员会（以下简称“中国证监会”）、上海证券交易所、深圳证券交易所、香港证券及期货事务监察委员会（以下简称“香港证监会”）和香港联合交易所签署《监管合作备忘录》，促进彼此证券行业的磋商和合作；1996 年实现经常项目下人民币自由兑换，1995 ~ 1997 年，中国建设银行、中国银行香港分行和中国投资银行在香港发债达 5 次，筹集资金达 75 亿港元和 3 亿美元。② 其中，中国建设银行发行的 12 亿港元的浮息票据，在联交所挂牌交易，被称为“H 债券市场”的开端。③ 1997 年，香港大福证券率先在北京设立办事处，继而在上海和深圳设立分支机构；香港拥有资本流动自由和货币自由兑换的交易市场，对后来内地成立创业板市场有重要影响。

香港保险市场相对成熟，已逐步发展成为全球最开放的保险中心之一。1997 年在香港经营注册的公司有 215 家，按照人口密度计算，香港保险业位居世界前列。香港保险业进入内地较晚，在这一时期与内地合作也

① 华如兴、钱卫东、吴栋：《香港的债券市场——现状与发展》，《清华大学学报》（哲学社会科学版）1997 年第 4 期。

② 陈丽君主编《内地金融发展与香港金融》，广东人民出版社，2001，第 225 页。

③ 刘志强、沙振林编著《九十年代香港金融改革与发展》，中国金融出版社，1997。

较少。1992 年，美国友邦保险公司首先进入中国保险市场，最先获准在上海设立分公司，接着日本东京海上日动火灾保险公司等也被允许在中国设立营业机构，香港民安保险有限公司在海口和深圳成立分公司。当然，港资保险企业与外资保险企业在内地从业均受到相应的限制。1995 年《中华人民共和国保险法》对外资保险公司进入中国内地保险市场的条件做出了规定。1996 年底香港中银集团附属机构民安保险公司获准在内地开设业务。随着外资保险公司的进入，中国的保险市场逐步形成多元化、多成分、多层次的特点。截至 1997 年，共有 15 个国家和地区的 106 家保险机构在内地设立了 189 家代表处。此外，内地的保险公司也在香港扩大规模，平安保险公司和太平洋保险公司在香港拥有 2 家控股保险公司。[①] 香港金融衍生品市场的不少产品都是以内地企业发行的证券为基础的。1997 年 9 月 12 日，香港联合交易所以红筹股指数为基础工具，推出红筹期货和红筹期权（包括中国电信、中信泰富等），其中红筹期权成交 1234 张。[②]

（二）促进内地资本市场的对外开放

改革开放前 20 年，香港是内地进入国际资本的“天然门户”[③]，也是内地资本市场走向成熟的学习样板。[④] 香港在筹集资金支持内地经济发展方面发挥了至关重要的作用，有力推进了内地经济体制改革和连续多年的经济高速增长。香港是全球资本市场，更是亚洲主要资本市场之一。

① 《中国金融年鉴》编辑部主编《中国金融年鉴（1998）》，中国金融年鉴杂志社，1998。

② 陈丽君主编《内地金融发展与香港金融》，广东人民出版社，2001，第 268 页。其中中国电信即“中国电信股份有限公司”（00728. HK），中信泰富即现在的“中国中信股份有限公司”（00267. HK）。

③ 林祖基主编《资本市场融资与运作：如何参与香港资本市场》，海天出版社，1998，第 23 页。

④ 林祖基主编《资本市场融资与运作：如何参与香港资本市场》，海天出版社，1998，第 33 页。

内地资本市场的对外开放大致经历了“对外发行股票”—“在内地发行与上市的外资股”—“在境外发行与上市的外资股”等发展阶段。香港资本市场是内地和香港企业上市的本土市场，其作用犹如一辆“国际列车”，把内地和香港企业载到全世界，同时也把国际投资者载到中国。①

由于香港的协助，内地的金融业开放取得显著成绩。1980 年 5 月，中国内地恢复了在国家货币基金组织和世界银行的合法席位，后来又加入国际清算银行、东亚及太平洋地区中央银行行长会议组织（EMEAP）等。② 1992 年内地设在港澳的金融机构约 360 个，到 1997 年中资金融机构在港澳共设立金融机构 564 个，其余金融机构分布在其他国际金融城市，如新加坡、卢森堡等。在港中资金融机构的贷款额度由 1987 年的 620 亿港元上升到 1997 年的 3920 亿港元（见表 2－10），高于美资和日资金融机构在香港的贷款额度的增长速度。

表 2－10　1987～1997 年香港中资和外资金融机构贷款情况比较

单位：亿港元

年份	中资机构	日资机构	美资机构	欧资机构
1987	620	840	420	690
1990	1020	1970	740	1300
1991	1360	2130	810	1440
1992	1670	2140	890	1590
1993	1860	2330	1020	1990
1994	2250	2920	1090	2280
1995	2670	2970	1190	2600
1996	3130	3030	1430	3090
1997	3920	3150	1700	3980

资料来源：1988～1996 年《香港经济年鉴》、《香港金融管理局 1998 年年报》。

① 李业广：《内地企业在香港上市十年回顾和展望》，《中国中小企业》2004 年第 1 期。
② 陈丽君主编《内地金融发展与香港金融》，广东人民出版社，2001，第 233 页。

内地企业可以运用多种方式到香港资本市场集资，内地企业已经构成了香港股市的一个很重要的组成部分。1988 年开始，内地通过发行外币优先股和人民币股向海外融资，深圳发展银行发行港币优先股 10 万股，由境内境外人士自由以港币认购。1989 年筹集资金 1713.58 股，后来因内地金融市场不完善而舍弃，但对内地股市的国家化是一次有益的探索。1990 年开始，内地探索境外人士用港币或者美元购买内地发行与上市的外资股（B 股），为中国证券向外资的开放拓展了重要的一步。1993 年，内地开始探索到国际股票市场发行与上市股票，由于香港最靠近内地，因此去香港联交所上市是最普遍的做法。内地企业开始在香港上市（即 H 股）或通过香港的窗口公司上市（红筹股），其中红筹股以大型国企和民营企业为主。上海石化、青岛啤酒厂、马鞍山钢铁公司、仪征化纤等 9 家内地特大国企在港交所上市，是内地发行最早的 H 股。香港交易所数据显示，1993 年在港上市的中资企业 H 股首次公开发行（IPO）募资金额就达 81.42 亿港元，中国石化上海石油化工股份有限公司于 1993 年在港上市。1997 年鞍钢股份有限公司、四川成渝高速公路股份有限公司、中航国际控股股份有限公司等企业纷纷赴港上市融资。北京控股于 1997 年 5 月在香港上市，正值世界瞩目的香港回归前夕，红筹股尤其被市场看好，当时有 110 万股民申请认购，集资 21 亿港元，超额认购高达 1276 倍，是香港自 1993 年来超额认购最高的上市招股活动。[①] 截至 1997 年 6 月 27 日（香港回归祖国前的最后交易日），在香港联交所上市的公司有 620 家，市值超过 42000 亿港元，其中有中资背景的红筹股公司超过 50 家，市值 4729.70 亿港元，占香港股市总值的 14.77%；在香港上市的中国内地 H 股公司达 32 家，总值 486.22 亿港元，占香港股市总值的 1.52%（见表 2－11）。1997 年 H 股与红筹股的交易额占香港股市总交易额的 25%（其中 H 股 7.84%，红筹股 17.76%）。如果再加上“中国概念股”，港股市值中超过 1/3 的部分与中

① 陈多主编《港澳经济年鉴（2004）》，港澳经济年鉴社，2004，第 220 页。

国内地因素有关，尚不能说中国内地企业和香港中资企业已经可以左右香港股市，但是它们的表现已经对香港股市构成主要影响，其中 2 家红筹股（中信泰富和粤海投资）成了最能代表香港股市表现的恒生指数 33 家成分股成员。[①] 此外，随着市场的发展和融资手段的多样化，上市公司还可以采取分拆、配股、供股、发行认股权证、股份回购和沽售等多种再融资方式。

表 2-11 1993~1997 年香港上市的中资 H 股和红筹股的市值数据

单位：亿港元，%

年份	H 股		红筹股		合计	
	市价总值	占总市值	市价总值	占总市值	市价总值	占总市值
1993	182.29	0.61	1241.30	4.17	1423.59	4.78
1994	199.81	0.96	842.79	4.04	1042.60	5.00
1995	164.64	0.70	1107.02	4.71	1271.66	5.41
1996	315.31	0.91	2633.31	7.58	2948.62	8.49
1997	486.22	1.52	4729.70	14.77	5215.92	16.29

资料来源：香港交易所。

20 世纪 90 年代，内地到海外投资基金兴起。1989 年的“香港新鸿基中国基金”使内地可以到香港融资，1991 年中国新技术创业投资公司与香港汇丰银行、渣打银行所属公司共同创立了“中国置业基金”。1993 年在香港设立的中国基金超过 30 个，投资对象以内地人民币特种股票为主。1994 年，中国越秀发展基金（由广州越秀集团与新加坡吉宝集团、香港第一东方集团有限公司成立）成立，以港币计价，主要投资珠三角地区，同期成立的还有投资内地的中国明星企业基金（由香港浩威证券亚洲有限公司与深圳合作建立的香港金麟融资有限公司成立）、中国食品工业基金（由香港金麟融资有限公司成立）和中银中国基金（由中银集团设立）。内地的改革开放使香港成为外商对内地投资的中转站，外国公司通过香港股

① 陈丽君主编《内地金融发展与香港金融》，广东人民出版社，2001，第 160 页。

票市场间接投资内地。离岸业务也成为内地利用香港及国际资本市场的有效途径。1989 年，深圳招商银行凭借毗邻香港的地理位置在国内率先开办离岸业务，1997 年底，香港占据深圳 5 家国内银行和 26 家外资银行的客户和资金量的 90% 以上。①

其次，内地公司纷纷成立香港子公司。华大基因作为全球化的企业，从创立之初，就在中国香港、欧洲等地大规模设立分支机构和联合实验室。此外，内地金融业的对外开放对巩固香港国际金融中心的地位起到了举足轻重的作用。内地金融业的对外开放，扩大了香港经济腹地，使更多的资金和金融机构进入香港。香港的中资财团逐渐壮大，中资为主导的香港制造业兴起。工业化使中资企业逐步发展壮大，奠定了 20 世纪 80 年代改革开放后中资在内地进一步积累与扩张的基础。

四　香港是内地服务业开放度的提升者

改革开放初期，内地的服务业发展水平较低，开放也比较滞后。根据历年《中国统计年鉴》计算得出，2000 年前服务业占 GDP 的比重约为 1/3 左右，远低于发达国家的 2/3 的比重。《中国统计年鉴》还显示，服务贸易的开放度也较低，1995 ~ 1997 年内地服务贸易的开放度分别为 6.1%、5.1%、5.9%，对外资的开放度还不到 1%。1997 年，外资在全国服务业的总投资中所占的比重仅为 2.7%，远远低于工业投资所占的比重 11.8%。而现代服务业是香港综合竞争力的重要组成部分，内地服务业发展在很大程度上借鉴了香港的经验。香港金融、会计、法律、酒店和旅游、贸易物流、设计、建筑地产等现代服务业发展水平达到世界一流水平。香港服务

① 林祖基主编《资本市场融资与运作：如何参与香港资本市场》，海天出版社，1998，第 36 页。

业从业者既了解国际市场运作模式，又熟悉内地情况，了解内地企业在转型升级、创建品牌、优化运营管理、拓展海外市场时的种种需要，能够全方位协助内地企业提升竞争力，促进内地整体服务业水平的提升。

（一）香港是内地服务业的“地区总部”

第一，香港促进内地法律服务业的对外开放。改革开放初期，内地法律服务业对外开放程度低，对港澳限制大。改革开放初期的 20 年，是我国社会主义法治社会建设取得重大进展的 20 年，也是律师制度从恢复、重建到改革、发展的 20 年。20 世纪 80 年代初，司法部在香港设立中国委托公证人制度，负责为香港居民办理回内地处理民事法律事务的公证文书。1992 年，内地律师事务所开始从国有制向合伙制、合作制等多种经营模式的律师事务所转变，探索市场化经营，解除律师行业的行政桎梏。同年，司法部、国家工商行政管理局联合发布《关于外国律师事务所在中国境内设立办事处的暂行规定》，允许外国律师事务所在中国境内设立办事处，作为对外开放法律服务业的试点，但是对从业范围、人员进行了非常严格的规定，外资律所进入中国的状况不理想。1985 年香港成为国际仲裁中心，香港在商业、金融、船务及建筑等方面的专长，能为仲裁提供经验丰富的各行各业专家，包括会计师、律师、建筑师、工程师、银行家等。20 世纪 90 年代以来，外国律师事务所（特别是美国的律师事务所）大多将香港作为其驻华办事处的“地区总部”。①

第二，香港促进内地旅游业的对外开放。内地改革开放以前，我国对旅行社采取坚决的保护政策，不准办独资旅行社，对合资旅行社审批条件也很苛刻，更不准外国人当导游。② 1978 年改革开放以来，内地对外承诺

① 陈东：《也论〈服务贸易总协定〉（GATS）框架下的法律服务对外开放——兼论中国的立法取向》，《东南学术》2001 年第 6 期。

② 郑德平、方安媛：《面对 WTO 的中国旅游业》，《中国地名》2002 年第 3 期。

外商可以在中国投资景区。中国旅游业率先与国际接轨并引进大量的外商投资、外国品牌、外籍人才。其中最典型的是20世纪80年代建成的北京建国饭店，是由北京国旅和美籍华人陈宣远合资建造，并委托香港半岛集团管理，开业仅四年，便一跃发展成为中国旅游业改革开放的标杆企业。从20世纪90年代开始，内地旅游业开始探索如何吸收模仿国外的先进技术、先进管理、先进模式等。① 1997年，国家旅游局与公安部联合发布了《中国公民自费出国旅游管理暂行办法》，标志着我国出境旅游时代的到来。香港凭借其特殊的政治经济文化环境和地缘优势，成为内地游客赴外旅游的首选目的地。

第三，香港推动内地会计服务业水平提升。改革开放初期的20年，香港会计服务业通过行业协会、会计师联合会等，与内地建立起密切合作关系。1988年内地注册会计师协会成立。香港会计师公会与内地注册会计师协会签署备忘录，每两年为内地举办一期培训班，内容包括投融资决策、股票期权、股利决策以及其他金融衍生工具的应用、西方先进的审计理论与实务等多个方面。香港会计师公会还通过组织各种参观、举办各种研讨会、选派有关人员赴港学习考察等方式，推动内地会计师事务所提升执业水平和管理能力。在香港会计师公会的密切配合下，内地注册会计师协会先后于1996年加入亚洲及太平洋地区会计师联合会，1997年成为亚太地区会计师联合会理事、国际会计师联合会正式成员。自1994年起，内地注册会计师资格考试对外开放，在香港设置考区，两地会计服务业交流合作日益密切。

（二）香港对珠三角的服务业影响显著

港资对广东服务业的投资在全国范围内产生了良好的辐射效应。珠三角作为改革开放的前沿地，是最早成立经济特区的区域，也是最先对外资

① 高天明：《中国旅游与对外开放》，《旅游研究》2016年第6期。

开放服务业的试点地区，还是港澳服务业最早进入的地区。具体表现在最早进入广州和深圳的资本市场，港资房企也较早进入珠三角地区。

首先，香港服务业的资本较早地进入广州和深圳两个城市。其资本进入的方式主要有两种：政府主导的直接进入和市场力量主导的间接进入。[①]港资进入珠三角的时间早于全国，例如酒店业是 1979 年进入，银行业是 1982 年进入，零售业是 1984 年进入。1996 年，广东省使用香港的投资额为 93.88 亿美元，占使用外资总额的 67.5%。[②]

其次，港资房地产企业较早进入珠三角地区。港资房地产企业第一轮进军内地要追溯到 20 世纪 90 年代初，1992 年起港资在内地掀起投资房地产的热潮，李嘉诚的长江实业与和记黄埔两大旗舰公司开始进军内地房地产市场，涉足的城市包括北京、天津、上海、重庆等城市。恒隆、太古地产、新鸿基、世茂集团等港资地产商纷纷加大内地土地储备。电视传媒业领域，香港电视在珠三角的渗透率较高，20 世纪 90 年代广东省政府对香港电视采取默认加管理的政策，把香港电视纳入有线电视的管理之中。[③]

① 陈广汉主编《港澳珠三角区域经济整合与制度创新》，社会科学文献出版社，2008，第 154 页。

② 广东省统计局主编《广东统计年鉴》，中国统计出版社，1997，第 442 页。

③ 陈广汉主编《港澳珠三角区域经济整合与制度创新》，社会科学文献出版社，2008，第 162 页。

第三章
香港促进内地体制机制改革

第二章

[illegible]

按“以开放促改革”的发展路径，对外开放的同时，也将促进对内改革。如果说香港对国家对外开放贡献较大，那么香港对内改革的贡献也不可小觑。改革开放初期，香港习以为常的做法对内地来说都是新鲜事物，进行简单的复制移植就是重要的创新。较之美、日等发达国家，香港是华人社会，较少文化语言障碍，学习借鉴更为顺畅方便，内地诸多体制机制创新，大都由香港推动。除内地的社会主义经济体制之外，还有香港独有的、成熟发达的市场经济体系，这都是内地体制机制创新的重要凭借。在内地尤其是深圳体制机制创新中，香港的制度被大胆借鉴，香港对内地体制机制改革和创新的影响无处不在。特别是改革开放初期，深圳经济特区不断诞生新的“全国第一”，不断突破已有的政策和体制机制，而深圳的做法大多来自对香港的借鉴。毗邻香港的最大好处之一，便是来自香港的资金、技术、管理理念等会同步冲击深圳人的思维，并转化为内在的制度创新动力。

一　助推内地体制机制改革实现突破

土地的流动性、劳动力报酬的市场化、市场与政府的合力关系等，是市场经济得以建立的基础。香港促进内地市场经济的重建与完善，突出表现为推动了内地土地管理制度改革、就业与薪酬管理制度改革、行政管理制度改革等重大领域的重大突破。

（一）土地管理制度改革

1987 年，深圳市政府发布《深圳经济特区土地管理体制改革方案》，提出土地所有权与使用权相分离，全面有偿使用土地。以公开竞投为主，竞投、招标和行政划拨相结合转让土地使用权，在全国率先建立国有土地有偿有期出让制度，开放土地市场。1987 年，深圳市政府举行国有土地使用权公开拍卖，这是新中国历史上国有土地拍卖“第一槌”，是对国有土地传统管理方式的重大改革和突破。

这一做法借鉴了香港的制度。当时港英政府的土地制度是所有权归国王，使用权可以有限出让，土地使用受到明确限制和严格管理。内地土地所有权归国家所有，不能转让、不能出卖。参照香港模式，深圳的做法实际上就是土地的所有权归国家所有，使用权可以按不同年期和具体用地条件，实行有偿使用或有偿出让。

作为首批土地使用权有偿出让试点城市的上海，也在土地批租方面走在全国前列。1988 年 3 月，上海市政府发布中国第一个根据国际惯例、面向海内外市场批租的地块——上海虹桥经济技术开发区第 26 号地块的招标公告。同年 7 月，经严格招投标公证程序，日本孙氏企业有限公司以 2805 万美元获得该地块 50 年使用权。该做法开创了新中国历史上以政府规章性文件为保障、通过国际招标成功转让土地使用权的先河，改变了土地“无偿、无限期、无流动”使用的单轨制行政划拨模式，拉开了中国土地使用制度根本性变革的序幕。

上海的创新同样建立在学习香港经验的基础上，为近距离考察香港土地批租制度运作细节，1986 年 8 月，上海市派出由 11 人组成的房地产、港口考察团赴香港抵近考察。考察团回沪后，就香港土地批租的特点、发展房地产业的做法、上海现存的问题、试行土地批租需要具备的条件及如何吸引外商来沪租地经营等提交了详细的方案。在酝酿和推进改革的过程中，上海市政府专门聘请了梁振英、简福饴、刘绍钧、罗康瑞等七位香港专业人士担任土地使用制度改革的咨询顾问。在香港专业人士的参与、指导、帮助下，上海市批租办先后编制了中英文版的《上海市土地使用权有偿转让办法》及相关配套细则、中英文版《国际招标》文件，并面向海内外发布。香港专业人士的深度参与，使上海市能够迅速吸收香港土地批租制度的合理部分为我所用，从一开始就能借鉴成熟市场经济体的操作规则和操作方式，开创了一条既符合国情又遵守国际惯例和市场规则的改革路径。

深圳和上海的改革探索直接触发了 1988 年的宪法修改。宪法第十条第四款修改为："任何组织或者个人不得侵占、买卖或者以其他形式非法转让土地。土地的使用权可以依照法律的规定转让。"1990 年，国务院发布《中华人民共和国城镇国有土地使用权出让和转让暂行条例》，搭建了土地使用权出让的制度框架。我国在制度层面正式确立了国有土地使用权出让规则，并最终形成今天的土地使用权格局。对于这一重大突破，香港功不可没。

（二）就业与薪酬管理制度改革

就业与薪酬管理制度，是市场经济基本的制度之一。缺乏合理的就业与薪酬管理制度，就无法充分发挥人才积极性，经济发展就缺乏动力。就业与薪酬管理制度的改革主要包含以下几个方面。一是人力资源管理改革。深圳蛇口工业区最早的人力资源管理方式为企业高级管理人员、政府部门主管任命，此次改革将过去上级主管部门直接委派改为聘任，一般任期为两年，取消职务终身制。聘书上写明职责、权利、待遇、解聘和续聘等内容，公开透明。这一改革试验为职业经理人市场的建立和公司治理模式转型奠定了基础。

二是确立劳动合同制。深圳率先打破人事制度的坚冰，吸引大量人才到深圳。在当时全国干部人事制度尚未走出计划经济体制的情况下，"停薪留职、档案暂存在人才交流中心、全员合同制"这些借鉴自香港的做法在深圳悄然兴起。20 世纪 80 年代初至 1992 年，深圳从内地引进技术干部约 25 万人，接收院校应届毕业生 8 万多人，为城市奠定了人力资源基础。

三是确立多元工资制度。蛇口工业区最早实行多元工资制度，按照十类工资区的标准支付基本工资以及 1 ~1. 5 倍的工业区补贴，这是内地工资体系走向现代制度的开始。

四是确立公务员聘任制度。2010 年，深圳借鉴香港经验，在全国率先公开招聘首批行政执法类公务员，新进公务员全部实行聘任制。聘任制公务员主要按照《中华人民共和国公务员法》和聘任合同进行管理。实行《中华人民共和国公务员法》有关录用、职务任免、职务升降、交流、辞退、申诉和工资福利等规定，其聘任年限、职位职责要求，工资、福利、保险待遇，违约责任以及聘任合同变更、解除、终止的条件由聘任合同规定。这一做法后来扩大到其他领域。

（三）行政管理制度改革

优化政府机构职能。香港特区政府行政层级少，部门精简，运作高效。多年来，深圳不断学习借鉴香港行政管理的经验，不断减少直接管理、微观干预和事前审批准入，强化间接管理、宏观调控和事中事后监管，突出发展战略、规划、政策、标准等职能，推进政府治理能力现代化。如率先启动商事登记制度改革，降低门槛，减少干预市场。2009 年，深圳启动“大部制”改革，按照“市场、服务、效率”三大取向，对政府机构和职能进行大幅度“退转减合”，共减少 15 个政府部门，精简幅度达到三分之一，这一行政管理架构持续至今并不断优化。特区政府各个局、署之间有纵向的统辖与监督关系，在政府行政决策和执行过程中，特别注意不同部门之间的协调。通过推行大部门制改革，深圳市政府大量职能和事项向社会组织转移或委托，行政效能提升，社会活力释放。在向香港学习借鉴的过程中，深圳的行政治理体系建设和治理能力现代化进程不断加快。同时，香港也对内地完善行政管理体制、转移政府职能、加强社会管理提供了经验借鉴。

建立廉洁政府。香港是全球廉政建设最有效的城市之一。根据透明国际组织的数据，自 1995 年透明国际首次公布清廉指数排行榜以来，香港一直位列全球最廉洁的 20 个经济体之中。廉洁已成为香港的核心竞争力之一，也成为内地开展政府监察制度的重要参考。成立于1974年的香港廉政公署（以下简称廉署），是专门打击贪污的独立执法机构。在运作上，廉署具有高度独立性，具体体现在：第一，机构独立。廉署是香港唯一的反贪污腐败部门，独立于政府体制以外，不受任何机关、机构和人士管辖牵制。第二，人士独立。廉署成员体系自成一派，区别于政府公务员体系。第三，财政独立。有最高行政长官从政府预算中直接拨款单项使用。在制度设计上，廉署重视制度的可操作性及配套措施制定，如设立24小时举报热线等，不受办公时间限制。廉署在香港影响力广、口碑良好，具有深厚的群众基础，对打击贪污等经济犯罪起着重要作用。

2014年，深圳前海地区学习借鉴香港的做法，成立廉政监督局，在全国首次建立统一的廉政监督体制和运行机制，集纪检、监察、检察、公安、审计等职能于一体，实现多头监督向一体化监督的转变。前海廉政监督局无论从机构命名还是制度设计上，都可看到香港廉署的影子。

探索政府公共关系管理。香港特区政府处理与公众、社会的关系的经验在全世界领先，如香港于1968年成立警察公共关系科，成为全世界最早拥有警方公共关系机构的地区。2003年武汉率先试水，成立了内地公安机关首个公共关系处。2010年7月，北京市公安局“公共关系领导小组办公室”正式揭牌，是全国第一个省级公安机关公共关系部门。2010年8月，深圳市公安局宣传处正式更名为警察公共关系处，在原有职能的基础上，增加了警察公共关系建设、舆情处置及构建警民和谐关系三项职能。

推动建筑工程招投标管理制度改革。香港的建筑市场面向世界开放，政府对建筑业中的本地企业和外来企业一视同仁，国际和本地大财团十分注重香港建筑市场的争夺。香港已经形成公开公平的招投标管理制度，法律完善，评审严格，合约至高无上，所有政府投资的工程必须通过招标投标选择承建商。深圳率先引入香港建筑工程招标管理制度，促进了内地招投标体制机制的形成与完善。

1981年，深圳率先将招标投标机制引入建设工程领域，改变过去行政分配工程项目的管理模式。1983 年，广东省建委推广工程招标的经验。1989 年，深圳市率先实行国内工程量清单计价。2014 年，深圳成为全国首个建设工程电子招标投标创新试点城市。通过学习借鉴香港的经验，深圳推动全国建筑市场建立了相对完善的招投标管理制度，推动国内招投标体制机制的创新与完善。

二　协助内地推动国有企业股份制改革

对内地特别是珠三角地区，香港的企业管理和现代企业制度具有明显的溢出效应。很多香港企业成为珠三角特别是深圳企业学习的标杆，而成功的深圳企业又成为内地其他城市企业的仿效对象。如以香港新鸿基为标杆的万科公司，以香港地铁为标杆的深圳地铁集团。此外，深圳证券交易所最初的设计实施方案来自香港新鸿基，招商银行、平安保险则有香港中资企业的基因。综合来看，香港为内地培育市场主体做出了重要而独特的贡献。其中最重要的是协助国有企业推进股份制改革，对建立和完善中国特色社会主义市场经济起到了十分关键的作用。

（一）国企改革需要借助香港外力推动

深化国有企业改革，激发国有企业活力，是改革开放以来国家一直强调的重要任务之一。党的十一届三中全会指出，我国经济管理体系存在权力过于集中的问题，应大胆下放，让地方和企业有更多的经营管理自主权。自此，国有企业改革迈开了初步探索的步伐。党的十四大指出，我国经济体制改革的目标是建立社会主义市场经济体制，并要求围绕社会主义市场经济体制的建立加快经济改革步伐。党的十六大后，国有企业改革纵深推进，我国的国有企业改革进入新阶段。

国有企业缺乏市场活力，很大程度上与其在传统经济时代依赖国家为融资平台、缺乏有效激励约束机制有关，使得国有企业仅具“企业”外观形式，实质上仍为国家行政机构的附属品。对国家过分依赖的结果，是国有企业在市场经济中处于劣势，缺乏核心竞争力。为此，内地股票市场发展之初，非市场化运作的国有企业进入股票市场融资时，政府甚至需要采取行政手段干预证券市场运作。国有企业不仅没有因进入证券市场而遭受市场化考验，而且一定程度上非市场化的国有企业依靠国家“护航”还能一路高歌。

改革开放后，国家对国有企业改革无论是改革方向还是改革方式都不明确，因此改革步伐缓慢。在“放权”与“监管”之间，一直无法把握平衡。国有企业改革需要吸收先进经济体市场的经验和教训，仅靠自身力量，很难打破原有国有企业运作的路径依赖。国有企业改革需要离开内地土壤进行，其中重大的契机就是香港。

香港在特定历史时期充当了国有企业改革的“盲杖”，对国有企业股份制改革以及国有企业治理模式优化发挥了重大作用。20 世纪 90 年代，对外经贸合作以及国有企业“走出去”需求日益增加，中资企业急迫需要更开放和国际化的融资市场。作为连接内地与世界的“窗口”，香港是不二选择。1991 年，香港联交所宣布成立“中国研究小组”，探索扩大香港在内地集资功能问题，对中资企业赴港上市做可行性研究。1992 年，时任国务院副总理朱镕基在北京接见港交所主席李业广时表示要选择 10 家左右国有企业到香港上市。[①]

为了做好第一批 9 家企业到香港发行股票和上市的工作，内地和香港有关部门成立内地与香港联络小组，就内地企业到香港发行股票和上市时可能出现的问题进行详细研究。磋商过程中，港方提出，内地现有公司法法规薄弱，无法对香港投资者的权益提供充分保障。但碍于双方无法修订

① 马庆泉主编《中国证券史：1978～1998》，中信出版社，2003，第 162 页。

内地公司法，因此联络小组提出通过公司章程向境外投资者提供更多的保护。为了确保把香港公司法中许多内容放进每一家到香港上市的内地公司章程中，以国家体改委名义发布了《到境外上市公司章程必备条款》。[①] 解除了国有企业到香港上市的制度掣肘，为国有企业打开了“走出去”的大门。

市场需求以及政策鼓励，促使香港迅速成为内地企业的融资市场、集资中心。1992 年，海虹集团成为国内首家通过在香港成立控股公司上市的案例；1993 年，青岛啤酒在香港上市，成为国内第一家同时上市 A 股和 H 股的企业。同年，国内第一批 9 家国有企业到香港上市；1994 年，又有 22 家国有企业在香港上市，首钢、中国航天、中国五矿、中国粮油、中国石化等大型国企名列其中。这类具有中资背景的企业群体，统称为“红筹股”（也称“中资概念股”），国有企业在香港买壳上市或直接招股上市的大门开启了。[②]

（二）赴港上市有效推动国企改革

尽管国有企业融资需求和“走出去”需求是登陆香港的初衷，但从结果看，国有企业赴港上市取得了推进国有企业改革的良好效果。

第一，通过国有企业股份制改革把国有大中型企业从政府机构附属物中彻底解放出来，确立了以市场化为核心的改革方向。“通过香港使国有企业民营化”、地方在香港设立“窗口公司”并上市从而实现与国际接轨，俨然成为当时的潮流，其中粤海集团[③]即是典型。

① 莫文光、杨瑞辉编著《中国证券市场透视》，上海财经大学出版社，1997，第 234 页。

② 盖叶文：《颇具潜力的香港资本市场》，《经济与管理研究》1994 年第 5 期。

③ 粤海企业集团有限公司，是 1980 年由广东省政府出资 500 万元在香港注册成立的公司，是广东省政府在香港的“窗口公司”。主要业务是做好广东对外经济、贸易机构的总代理，以香港为桥梁，推动广东省的出口产品开拓国际市场。1994 年，粤海集团从粤海投资中将“广南集团”分拆在香港上市，其后又将粤海制革、粤海啤酒、粤海建业等分拆上市，并在香港股市收购上市公司股权，成为全国众多“窗口公司”中最瞩目的企业集团。

第二，香港现代企业管理制度理念和模式注入国有企业之中，明确了以建立现代企业制度为国有企业深化改革的手段。在香港上市的中资企业发行、上市交易和持续性监管需遵从香港特区法律，通过与国外股东、董事的合作，切身观察国外企业治理结构及营业操作，在港上市的国有企业在经营管理、会计审核制度、业务评估等方面的能力都有提升。可以说，香港中资企业是第一批高起点的改革企业，而香港为内地企业迅速壮大、成为全球领先企业提供了发展土壤。

第三，完善我国国有企业股份制改革法律体系。香港中资企业因母公司注册地、主营业务、控股股东、董事会成员等均在内地，所以受国内国资委和证监会监管。内地国资委为监督国有资产运转，以制度手段确保国有资产保值增值，保障中资的绝对控制地位。如《股份有限公司国有股权管理办法》，明确国有企业进行股份制改组，要贯彻国家产业政策，要保证国家股或国有法人股的控股地位，为此香港中资国有企业上市均占50%以上股权比例，形成绝对控股支配地位。又如1999年财政部、外交部和国家外汇管理部联合发布《境外国有资产管理办法》，明确了企业在不动产抵押、筹集资金、对外担保方面的规定①，以避免国有资产流失风险。加上为规范国内国有企业出台的一系列法律法规②，初步构成了完善国有企业治理结构的法律体系。这些法律法规的初衷是监管在香港上市的国有企业，因法律在全国范围内适用而达到了促进内地国有企业公司治理模式转轨的良好结果。以香港中资企业为规范对象的法律法规，配合香港成熟资

① 《境外国有资产管理办法》（1999）第十六条规定："境外企业为解决自身资金需求；可自行决定在境外进行借款。但需以其不动产做抵押的，应报境内投资者备案。"第十八条规定："除国家允许经营担保业务的金融机构外，境外机构不得擅自对外提供担保。确需对外提供担保时，境内投资者应按照财政部境外投资财务管理的有关规定执行。"第十九条规定："境外企业发生的涉及减少国有资本金的损失，应及时报告境内投资单位和财政（国有资产管理）部门。"

② 如《公开发行股票公司信息披露实施细则》（1993）、《中华人民共和国公司法》（1993）、《关于规范国有企业改制工作的意见》、《企业国有产权转让管理暂行办法》、《国有企业清产核资办法》、《中央企业负责人经营业绩考核暂行办法》、《关于国有独资公司董事会建设的指导意见（试行）》、《国有控股上市公司（境外）实施股权激励试行办法》等。

本市场交易程序和规则，客观上推进了国内国有企业改革的步伐，提升了国有企业竞争力。

应当正视的是，时至今日，在港上市的内地国有企业仍有不少值得关注和重视的问题。个别企业并没能实现真正意义上的与国际惯例接轨，部分企业审核制度等与香港惯用的规则存在差距，也有企业存在盲目投资等行为；最值得关注的是，部分企业信息披露工作不到位，不利于投资者权益保障等。下一步，香港与内地在上市监管方面需继续深化合作，继续推动国有企业改革步伐。

三　协助内地发展资本市场及相关产业

资本市场是香港作为国际金融中心的重要标志之一。香港资本市场成熟的架构体系和管理制度，为内地建立适应自身实际情况又与世界接轨的多层次资本市场提供了借鉴。香港资本市场逐步成熟之际，内地资本市场才刚刚萌芽。在内地证券交易市场尚处于空白状态时，香港无论是技术还是理念都给内地提供了实质支持，引领内地资本市场从零起步并实现腾飞。

1990 年 12 月 1 日，新中国第一家证券交易所——深圳证券交易所试运作，深安达首先进入交易所，成为全国第一家集中交易的股票。此前的 1988 年，深圳选择香港新鸿基作为筹备发展资本市场、建立证券交易所的参谋和顾问。之所以选择新鸿基，一是地缘关系，香港同深圳来往方便，便于及时交流与流通；二是香港和内地文化习俗相通，经济交往频繁，金融方面可借鉴之处较多；三是语言相通，不用翻译；四是香港证券交易所采用国际标准，制度完善、规则明确。

1988 年 6 月至 9 月，新鸿基公司先后在深圳办了四期学习班，由新鸿基的高级主管包括常务董事亲自讲解资本市场的有关知识，介绍香港和国外一些资本市场发展的历史和现况。此外，深圳还邀请香港证券交易所专业人士和证券商共同讨论各国的法律法规及各国交易所管理和组织架构利弊。最后完成的《深圳证券交易所筹建资料汇编》主要参考了香港证券交易所的法律法规和章程，也借鉴了其他国家和地区的相关规则，成为筹建深圳证券交易所和上海证券交易所的行动纲领。一定意义上，如果没有香港，内地很难快速建立相应的资本市场，即使能够建立，也不可避免地会走弯路。

（一）香港证券市场的发展

香港证券市场是内地证券市场建立的模板。对香港证券市场发展历程的梳理，有助于我们理解境外成熟资本市场形成所需元素，为内地证券市场改革提供参考。

香港约在1870年出现证券市场，多为外国人或外籍富商进行股票买卖。1914年香港成立第一家证券交易所，名为“香港股票经纪协会”，1914年改名为“香港证券交易所”。1921年，香港证券经纪协会成立，成为香港第二家交易所。1947年，二者合并成为“香港证券交易所”（The Hong Kong Stock Exchange）。1969年，香港特区政府正式承认“远东交易所”[①] 合法地位，打破香港证券交易所垄断，使证券投资人数迅速增加，并于1971年超过香港证券交易所成为香港最大的证券交易所。此后，1971年成立了金银证券交易所，1972年成立九龙证券交易所，四个交易所共同运行。

鉴于交易所各自具有独立交易和运作程序，难以规范管理，1986年四家交易所联合成立香港交易所。[②] 其间，香港证券业在市场发展和立法管

① 远东交易所摒弃香港交易所伦敦市买卖手法，订立了适合华人商业社会的规则，为香港股市带来革命性转变，吸引有投资能力的普通市民参与股票投资。

② 黄育开：《亚洲证券市场投资实务》，秀威资讯科技股份有限公司，2004，第23页。

制方面均开始趋向现代化，《证券条例》（1974）、《香港公司收购及合并守则》（1975）、《证券（在证券交易所上市）规则》等一系列规范证券市场的法规陆续发布。到了八九十年代，香港成为国际金融中心以及亚太区最重要的资本市场。20 世纪 90 年代后，香港证券市场进行了一系列改革，如 1993 年推出自动对盘系统、1994 年推出股份卖空制度、1999 年推出创业板市场等。2000 年 3 月 6 日，由香港联交所、期交所和结算公司组成的香港交易及结算有限公司（香港新交所）正式成立，成为香港证券市场发展史上的里程碑。[①] 自此，香港证券市场体系架构和允许规则搭建完毕。

除交易规则外，香港证券市场监督机制也是表率。1987 年 1 月 2 日，当纽约股市出现有史以来最大跌幅消息传到香港后，香港联合交易所主席通知香港特区财政司，决定根据其特定权利宣布停市四日。随后，1988 年的《香港证券业的运作与监察》《证券业检讨委员会报告》尖锐地指出："我们发现，虽然整个证券业制度最初是以各交易所自行规管的原则为基础，并由一个'有正式权利、大公无私的机构协助交易所采自律行动，以抑制不诚实的交易手段'，但自行规管及市场自律的概念，在香港未能成功地推进。同样令人遗憾的，就是在这个情况下，负责市场监察的机构，亦不能实施有效的监管。"报告建议政府彻底检讨证券业法例，并将检讨任务作为机要事务处理。为了监督香港证券市场的运作，设香港证券及期货事务监察委员为（以下简称"香港证监会"），是独立于政府架构的自主法定组织。香港证券市场的运作必须受香港证监会制定的规章条例、行政程序的指引监督。

由此，健全的法律体系以及严格的监管制度，促使香港成为亚洲最重要的资本市场之一。

---

① 谢百三主编《证券市场的国际比较：从国际比较看中国证券市场的根本性缺陷及其矫正》（上），清华大学出版社，2003，第 372～382 页。

（二）内地资本市场萌芽与香港的贡献

香港证券业立法潮出现的时候，我国内地仍处于资本市场萌芽阶段（1978 年至 1992 年是我国资本市场萌芽阶段）。传统计划经济体制下，国有制占主导地位，国家控制着绝大部分的经济资源，可被视为我国唯一的财产主体。当时的企业没有独立法人资格，也没有独立的财产权。国家作为唯一投资主体，储蓄和投资转化并不需要经过资本市场运作，因而内地资本市场没有建立的必要，也因缺乏需求而没有建立的动力。

1978 年党的十一届三中全会提出实行改革开放，1984 年党的十二届三中全会提出发展有计划的商品经济，渐进式市场经济改革促进了多元财产主体的形成。一方面，国有企业实行放权让利、承包制等深化改革和制度创新的措施，特别是国有企业股份公司制的现代企业制度建设，使“体制内”企业逐步成为营利企业；另一方面，在市场化过程中成长的“体制外”企业，天然具备了独立主体资格。财产主体多元化是资本市场形成的前提，而财产主体对资金的多样化需求，是中国资本市场萌芽的动因。

内地资本市场开放从证券市场开始。1990 年，上海证券交易中心和深圳证券交易中心成立并开始营业，标志着内地资本市场的起步。但两家交易所成立时，国内还没有关于股票发行和交易管理的全国性法律法规。[①]证券市场运行之初，交易所最初管理和规范市场的准则，主要依据深圳、上海两地政府和交易所有关条例和规则进行，上市交易、清算交割和市场监管等方面均不成熟。而彼时的香港资本市场已经十分成熟，市场交易活跃，借道“取经”是理所当然之事。

首先，香港对深交所的成立与运营给予了极大帮助。1988 年深圳证券

---

① 内地《股票发行与交易管理暂行规定》于 1993 年 4 月发布；《公司法》于 1994 年 7 月实行。

交易所试运作以前，香港新鸿基公司成为筹备深圳证券交易所的参谋和顾问。1988 年 6 月到 9 月，为保证深圳证券交易所有效运作，新鸿基公司在深圳开办了四期学习班，组织专业证券从业人员和证券商讲解资本市场运作相关知识以及各国资本市场法律法规等。主要参考和借鉴香港证券交易所的制度规章编制的《深圳证券交易所筹建资料汇编》，为深圳证券交易所和上海证券交易所筹建提供了行动纲领和实施细则。

其次，香港对内地交易所的支持还体现在双方对证券市场监督合作方面。彼时内地与香港之间的监管合作十分紧密，1993 年 6 月 19 日，中国证监会、上海证券交易所、深圳证券交易所与香港证监会和香港联交所五方签订的关于证券市场的《监管合作备忘录》。《监管合作备忘录》约定五方每季度定期召开联络小组会议，设有信息披露工作小组专项负责研究 H 股公司信息披露的状况及在信息披露过程中存在的问题和困难。对于在香港上市的内地企业，两地监管部门要求企业必须在两个市场中同时发布披露信息。[①] 中国证监会与境外监管机构对国内企业在境外上市的监管合作框架，是建立在双方签订的监管合作备忘录之上的，这在中国证券市场国际化的过程中已成为不成文的规定。可以说，香港证券市场对标国际的完善制度，为内地证券市场快速建立提供了范本，这一范本使内地证券交易所得以高起点发展。

四　协助内地发展现代服务业及相关产业

香港是一个以先进服务业为主要产业的全球化城市，拥有一批国际化专业中介服务组织。在国有企业改革进程中，第一批进入内地的香港企业家就曾扮演重要角色。1992 年推进全面改革后，在以上海为龙头的长江三

---

① 莫文光、杨瑞辉编著《中国证券市场透视》，上海财经大学出版社，1997，第 235 页。

角洲地区经济崛起过程中，香港企业家首先进入该地区房地产与国际服务业市场，通过并购与合资方式参与国有企业重组过程，为国有企业股份制改革提供法律、会计、管理咨询与国际金融等专业服务。一些获得中央政府信任的香港跨界企业家被吸纳到中国大型企业的管制架构中。[①] 香港加入 WTO 以前，香港高端服务已经伴随香港企业家进入内地市场，而 CEPA 的签订则标志着香港高端服务机构正式踏入内地市场。当前，随着“一带一路”、自贸区建设等重大国家发展战略的推进，香港高端服务业在未来会持续发挥作用，引导我国中介服务组织向国际化、多元化发展。

（一）协助内地发展法律服务业

香港法律服务业是由一批通晓国际规则、善于处理国际法律事务的律师支撑起的。香港律师业发展经年，在诉讼、仲裁和调解等方面均具备较强的专业服务水准和丰富的执业经验。

香港法律服务业对内地的重大贡献之一，在于为内地律师事务所产权制度改革提供了样板。作为专业中介组织，国际惯例一般是以合伙制形式设立律师事务所，律师事务所参与市场竞争。但与国有企业相似，计划经济体制下的内地律师事务所由国家出资设立，由司法行政机关组建并隶属各级司法行政机关，实际上施行的是国家职能，性质上与行政机关无异，被称为“国办所”。

直至 1992 年，内地才启动允许香港律师在内地设立办事处的试点工作。1993 年 6 月，徐晓光等三位前深圳司法局成员申请成立“广东信达律师事务所”，并在 10 月得到批复。该律师事务所在行政和业务上受深圳司法局领导和管理，经济上独立核算、自负盈亏，律师不具备国家干

① 袁建伟：《网络构建、商业拓展与文化创新》，中华书局（香港）有限公司，2012，第 193 页。

部身份、不领取国家工资。1994 年，广东星辰律师事务所等 10 家律师事务所成立，成为中国第一批按照国际惯例实行合伙制的律师事务所。自始，以深圳为开端率先拉开了内地律师事务所市场化转变的序幕。2000 年，国务院《关于经济鉴证类社会中介机构与政府部门实行脱钩改制意见的通知》以及司法部《律师事务所社会法律咨询服务机构脱钩改制实施方案》落地，明确提出“突破用经济概念和所有制模式界定律师机构的束缚，突破用行政概念和行政级别界定律师机构和律师工作者的束缚”后，内地律师事务所才实现真正意义的独立，“国资所”陆续退出历史的舞台。

毋庸置疑，律师事务所产权改制首发于深圳与地缘关系有关。毗邻香港、文字语言相通等因素使深圳学习成本极低。尽管香港法律属于英美法系，但香港律师事务所运转模式、香港法治理念以及法律从业人员专业素养等，也会对内地产生潜移默化的影响。20 世纪 90 年代引入内地的多部香港律政题材电视剧，开启了内地人民认识英美法律的一扇窗，法庭辩论过程以及一些基本的法律观念进入普通民众视野。

2016 年 5 月发布的《关于发展涉外法律服务业的意见》明确，到 2020 年“建立一支通晓国际规则、具有世界眼光和国际视野的高素质涉外法律服务队伍，建设一批规模大、实力强、服务水平高的涉外法律服务机构”的重要目标，提出“坚持在 CEPA 及其补充协议框架下，实施内地对香港、澳门的各项开放措施，加快落实合伙联营律师事务所试点工作，进一步加强香港、澳门律师事务所与内地律师事务所的业务合作”。借香港之力，以联营律师事务所方式合作经营，是深化两地法律合作和发展我国国际化律师事务所的有效路径。

在香港大律师公会的积极推动下以及各机构的支持下，2014 年，广东省司法厅公布了《广东省司法厅关于香港特别行政区和澳门特别行政区律师事务所与内地律师事务所在广东省实行合伙联营试行办法》（粤司办〔2014〕218 号）（以下简称《办法》）。《办法》明确规定了“合伙联营律师事务所”的概念，并具化了申请设立联营律师事务所的条件、程序，提出了联营律师事务所应当遵循的规则，以及强化了对联营律师事务所的监督管理。2014 年 11 月 7 日，经广东省司法厅严格审查，林李黎律师事务所与广东华商律师事务所正式获批成立华商林李黎（前海）联营律师事务所（以下简称华商林李黎联营所）。林李黎律师事务所和华商律师事务所强强联合，内地与香港互通，第一次实现了内地和香港的法律事务跨区域和跨法域的合作，以更为便捷、高效的法律服务为内地、香港和全世界的客户创造法律价值。[①] 截至 2018 年 4 月，内地与港澳联营的律师事务所共有 10 家，其中 7 家在深圳前海。

粤港澳大湾区规划建设以来，内地进一步扩大法律专业人士就业空间，吸引港澳法律专业人士在大湾区集聚。《粤港澳大湾区发展规划纲要》提出加强法律事务合作，深化粤港澳合伙联营律师事务所试点，研究港澳律师在珠三角九市执业资质和业务范围问题。随后，《广东省推进粤港澳大湾区建设三年行动计划（2018—2020 年）》提出，广东自贸试验区允许具有港澳执业资格的金融、建筑、规划、专利代理等领域专业人才，经相关部门或机构备案后，按照规定范围为自贸试验区内企业提供专业服务，试点成熟后，在大湾区内复制推广。可以预料，未来香港法律专业人士在大湾区内执业就业将更为便利，就业范围将逐步扩大，为粤港澳大湾区优化提升法律服务业继续贡献香港力量。

（二）协助内地发展会计服务业

会计业对推动地区商务发展扮演着重要角色。香港会计师沿用国际标准会计准则，香港会计师协会与多个国家的特许会计师公会签订协议，其会员资格在全球多个地方获得承认。完善的监管架构、专业的会计人才和

① 林新强、Wang Min：《首家内地香港合伙联营律所诞生记》，《中国法律》2015 年第 4 期。

全球的资格认证，使香港会计服务业极具竞争力。一直以来，香港会计师公会对内地会计服务业务体系组建以及人才培养等方面都做出了重大贡献。

会计业是我国较早开放的服务业领域之一。中国加入 WTO 以前，香港会计师公会是内地会计服务业效仿的主要对象，内地注册会计师协会、行业管理方式、行业标准等系统工程均在香港会计师公会协助下得以建立并发展。1988 年，内地注册会计师协会正式成立。1989 年，香港会计师公会与内地注册会计师协会达成了意见备忘录，通过举办培训班、举办研讨会、选派人员赴港学习考察等方式，全面提升内地会计师事务所的执业水平和行业管理能力。在香港会计师公会的密切合作下，内地注册会计师协会先后于 1996 年 10 月加入亚洲及太平洋地区会计师联合会，1997 年 4 月 30 日成为亚太地区会计师联合会理事，同年 5 月 8 日，成为国际会计师联合会正式成员。同样，内地也积极与香港同行密切合作，积极支持其出任亚太地区会计师联合会理事，并积极协助其承办 2002 年的世界会计师大会。2017 年，《关于大力支持香港澳门特别行政区会计专业人士担任内地会计师事务所合伙人有关问题的通知》发布，符合《中华人民共和国注册会计师法》和有关规章制度对合伙人资格条件的规定，包括具有中国注册会计师资格、满足审计工作经验年限要求和未受行政处罚要求等条件的港澳会计专业人士可以申请担任内地合伙制会计师事务所合伙人。这标志着两地会计服务业合作进一步深化，既表明了内地进一步开放服务业市场的态度，也体现了内地对香港会计师专才的旺盛需求。

加入 WTO 以后，内地企业“走出去”和外国企业进入内地市场的数量增加，会计服务需求陡增，内地会计专才和执业者供不应求的情况某种程度上制约了企业发展。此时签订的《内地与香港关于建立更紧密经贸关系安排》（CEPA）可谓解了燃眉之急。尽管 CEPA 对香港会计服务业并非完全开放，但为两地紧密合作明确了新的发展方向。

培养一批会计专才，是当时内地最为迫切的需求。2006 年 10 月，内地注册会计师协会与香港会计师公会在北京签署备忘录，双方决定进一步加强合作，支持并资助内地注册会计师协会执业会员取得香港会计师专业资格，并提出到2016年合作培养1500名取得香港会计师专业资格的内地注册会计师。而后，双方在推动会计师资格互认上一直努力。目前，内地已经开通了香港居民到内地报名中国会计师考试的通道，也增设了内地与香港两地资格互认考试，对已通过当地注册会计师考试的人员在申请对方考试时，相互豁免“财务成本管理”和“审计”两个考试科目，降低获得对方会计师执业资格考试的难度。

香港协助内地会计及审计准则与国际准则等效接轨，是内地会计业与国际接轨的第一步。2007年12月中国审计准则委员会与香港会计师公会签署了内地审计准则与香港审计准则等效的联合声明，为顺应世界潮流和国际趋势，宣布内地企业会计、审计准则分别与香港财务报告准则、审计准则实现等效。这标志着内地近期颁布的会计及审计准则与国际准则等效接轨。2017年6月生效的《CEPA经济技术合作协议》，明确“进一步完善两地会计准则持续等效工作机制，共同在国际会计标准制定机构中发挥作用，促进高质量的国际相关准则的制定”。两地会计准则持续趋同，对内地企业“走出去”和“沪港通”“深港通”的有效运作提供了良好的会计环境，有利于降低企业到对方资本市场融资的报表编制成本。

时至今日，在“一带一路”等重要战略发展背景下，香港会计专才更需共享专业力量。2017年6月，财政部聘任39名香港会计专业人士任财政部会计咨询专家，望其发挥参谋咨询和桥梁纽带作用，为内地会计改革与发展建言献策，为促进内地与香港会计行业加快发展、共同发展、融合发展，实现中华民族伟大复兴的中国梦做出新的更大的贡献。①

---

① 《财政部关于聘任丁伟铨等39名香港会计专业人士担任会计咨询专家的通知》（财会函〔2016〕3号）。

（三）协助内地发展相关行业

改革开放以来，内地特别是深圳等珠三角地区相关行业的发展，与香港有着十分密切的关系。具体体现在如下几个方面。

1. 供应链产业

香港作为全球供应链重要节点，其发达的供应链管理制度对内地物流业转向现代供应链产业具有重要作用。香港利丰集团的供应链管理为典型的“香港风格的供应链管理”，具有“快捷、全球化和创业精神”。利丰集团负责统筹并严格管理整个生产流程，从事从产品设计、原材料采购、生产管理与控制，到物流、客户服务等一切客户支持工作。利丰集团设立的整套供应商守则，其遍布全球的供应商必须遵守。

深圳怡亚通供应链股份有限公司、深圳市创捷供应链有限公司等内地企业，纷纷对标利丰集团，从传统物流企业开始转型，从设计、采购、管理到服务整个链条进行全球化布局，是内地物流企业转型发展的示范企业。怡亚通于2004年在深圳上市，成为内地第一家上市供应链企业，目前已经发展成以生产型供应链服务、流通消费型供应链服务、全球采购中心及产品整合供应链服务、供应链金融服务为核心的全球整合型供应链服务平台。

2. 物业管理产业

1981年，深圳市物业管理公司成立，成为内地第一家物业管理企业。1998年，建设部发出通知，向全国推介中海物业管理（深圳）有限公司、万科物业管理公司的经验。深圳物业管理的实践，得益于对香港经验的学习借鉴。

借鉴香港的物业管理法律。1994年，深圳市人大通过《深圳经济特区住宅物业管理条例》，推行通过招投标确定物业管理单位的做法。这是内地第一部物业管理法规，其中物业的概念和条例中的许多内容，都来自香港。这个条例后来成为国家物业管理条例的立法蓝本。香港的物业管理基于比较完备的法律体系，物业管理的根本大法是《香港建筑物业管理条例》，此外还有《保安及护卫员条例》《噪音管制条例第 327 章》《空气管制条例第 435 章》《小额钱债审裁处条例第 338 章》等众多法规，明确规定了物业管理中业主、物业管理公司、租户各自的权利和义务，以及违例处罚等内容，法制健全，一切均有章可循。

学习香港物业管理的专业化。深圳的物业管理已经成为一个新型行业，物业管理面积覆盖率高达 95%。截至 2016 年，通过深圳市住建局认定的物业服务企业数量达 1904 家，物业管理专业化水平不断提高。万科物业借鉴以新鸿基为代表的“香港物管模式”，在客户服务意识、社区文化建设等方面提升管理服务水平，体现了规范、创新的专业理念。

3. 轨道交通运营管理

香港铁路有限公司是世界上为数不多的盈利的铁路公司。原因在于其独特的“地铁 + 物业”发展模式：特区政府将地铁沿线土地开发权按较低价格折成股份入股，成为铁路公司大股东。铁路公司通过地铁沿线土地开发实现沿线土地增值收益，弥补地铁运营亏损和投资新线建设，实现地铁物业开发、运营、建设的良性循环和滚动发展。

深圳地铁集团借鉴港铁“以地养铁”模式，并利用政策优势，积累了地铁沿线的优质地块资源，并陆续开发。此外，深圳地铁 4 号线（龙华线）由港铁公司负责运营。港铁实行“铁路 + 物业综合发展经营”模式，全面引入港铁物业管理、商业经营、社区服务理念，将香港先进的开发理念、精雕细琢的建筑细节、安全可靠的产品品质、优质的城市生活人居理念引进深圳，带动城市经济发展，提高城市生活居住品质。

第四章
香港推动内地城市化发展

香港对内地城市的经济发展起到了关键作用，是内地城市发展的参照和样板。1978 年，党的十一届三中全会确立了对内改革、对外开放的战略方针，拉开了改革开放的序幕。这一年，广东全省 GDP 为 185.85 亿元人民币[①]，而香港 GDP 高达 183.15 亿美元，[②] 香港成为广东城市乃至全国城市学习的榜样。巨大的经济差距和社会差距背后，反映的是当时香港在建立市场经济方面和完善法治社会方面对内地的优越性。

“全球城市”概念定义者和提出者萨斯基娅·萨森认为，香港完善的社会基建和制度是两个重要的优势，这两个优势使香港得以成为国际金融中心，并使香港成为全球重要的门户城市。香港和广东一脉相承，论港口，广东沿海城市的港口条件不输香港。论腹地，香港本身还得依托广东作为其腹地，广东省的腹地则可通达到全国。改革开放以后的广东城市应该如何发展？深圳又应该如何发展？作为当时华人城市最成功的案例，在内地特别是珠三角地区城市化进程中，香港成了广东城市乃至全国城市发展的参照和样板。

香港在早期内地改革开放中发挥了巨大的作用，给珠三角地区尤其是深圳带来了大量的资金流、人流、物质流和信息流，引领珠三角翻开了改革开放发展成就的第一页。资金流方面，改革开放以后大量的港资涌入了内地市场，尤其是一河之隔的深圳，新国际劳动分工带来了国际资本，并鼓舞着全中国的务工者南下，去资金充裕的广东发家致富。人流方面，上千万的移民进入广东尤其是深圳务工，迅速增加了深圳等城市的规模，广东成为最有经济活力的地区。物流方面，有了丰厚的投资和大量的廉价劳动力，广东省通过三来一补（即来料加工、来样加工、来件装配和补偿贸易）成为世界工厂，无数的物资通过香港运至世界各地。信息流方面，大量的资金流、人流和物质流，再加上深港两城位于国内市场和国际市场的交会处，使得深港地区成为区域信息中心。在此背景下，智慧的香港商人

① 数据来源：《新中国六十年统计资料汇编》，中国统计出版社，2010，第 820 页。
② 数据来源：世界银行，https：//data. worldbank. org/indicator/NY. GDP. MKTP. CD。

利用相通的语言文化、内地低廉的劳动力成本和广大的潜在市场，以及政府的激励机制和相对稳定的社会环境，进行空间产业转移，以实现空间修复（the Spatial Fix），完成资本循环（Circuit of Capital），获得更大的利润和剩余价值。

一　香港助推深圳快速工业化

20 世纪 50 年代，朝鲜战争爆发，其间美国对中国内地实行全面的经济封锁政策，迫于压力，英国和部分欧洲强国也对华实行了禁运政策。受此影响，作为中国内地最大的贸易中转方，香港转口贸易额度大幅下滑。在与内地的转运合作中断、经济受阻的情况下，港商不得不通过发展香港本地工业，实施经济改革。这也给香港后来的经济腾飞和结构调整打下了基础。20 世纪 60 年代起，亚洲的经济发展开始加速，到了 20 世纪 80 年代，日本的人均 GDP 与美国几乎持平，由中国香港、中国台湾、新加坡和韩国组成的“亚洲四小龙”经济持续高速发展。20 世纪 80 ~ 90 年代，香港的经济发展和内地改革开放起到了相互促进、相互推动的作用。以深圳为首的广东沿海城市聚集了大量香港商人的资金和内陆巨大的廉价劳动力市场。在港商出资、内地出力的背景下，广东省的经济开始腾飞，仅仅在 9 年时间里，广东就从 1980 年全国各省区市的 GDP 第 6 名，一举超过了江苏、上海、山东、辽宁和四川（包含当时尚未成为直辖市的重庆）这五个省市，成为全国经济体量最大的省份，并保持至今。

与此同时，香港的经济模式发生了巨大的改变，由于内地劳动力的成本远低于香港，港商逐渐将香港本地的劳动密集型产业转移到了广东珠三角地区。承接香港产业的珠三角地区发展迅速，农业占比迅速减少，工业占地日益增加。香港和深圳“前店后厂”的格局，既使深圳加快了城市工业发展的进程，依靠“三来一补”的加工贸易模式提供了大量的工作岗位，吸引了上千万人口并支撑起了深圳与日俱增的城市规模，也让香港成功完成了“腾笼换鸟”，腾出了劳动密集型企业，取而代之的是高端服务业。从20世纪80年代开始，香港的第三产业就已经取代第二产业，成为香港吸纳就业人数最多的产业，至1997年，香港的第三产业从业人员所占总就业人数的比重已经上升到了75.2%。

西班牙社会学家曼纽尔·卡斯特尔（Manuel Castells）曾经在20世纪90年代引用其本人提出的“流空间”（Space of Flows）理论，分析香港如何通过辐射珠三角实现经济结构“腾笼换鸟”并达到区域经济共赢的目的。卡斯特尔认为，在信息化经济时代，传统的地点空间（Space of Places）已经被流空间（Space of Flows）取代，意味着资本主义的空间再结构。他认为，香港是中国的经济转型与全球经济的联系的主要节点之一，20世纪90年代的香港经济结构调整，导致香港传统制造业规模急剧萎缩的同时大力发展第三产业，比如金融业，这使得香港成为全球商贸中心。然而，香港的制造业能力并没有实际性的衰退，只是调整了产业布局和空间位置。在20世纪80年代中期至90年代中期的10年里，香港的实业家在珠江三角洲的小城镇开启了人类历史上规模最大的工业化进程。香港企业家设立的加工工厂和合资企业极大一部分坐落在城乡接合部，其中，大量的技术人才、管理人才和相应的人力资源技术都由香港传授给了珠三角的城乡接合部，而这些加工工厂和合资工厂的制成品则通过香港和深圳的港口出口。由此可见，香港对于珠三角地区的辐射不仅仅局限于这1万个合资企业、1万个加工工厂以及所创造的600万个工作岗位，而且还为珠三角的工业化提供了大量的技术、管理人才，对整个珠三角的经济腾飞起到了难以替代的促进作用，成为珠三角地区城市发展的导师和样板。

在珠三角地区众多的城市中，深圳是受香港辐射最多、影响最大的城市。在香港成功转变其经济模式的过程中，深圳作为连接香港和内地的唯一窗口和桥梁，其城市的经济结构和规模也发生了巨大变化。1979年，深圳第一产业占比高达37%，第二产业占比仅为20%，说明深圳在开放元年依旧是一个以农业为主的乡镇，这和“深圳原本是一个小渔村”的印象相吻合。自 1979 年以后，深圳第二产业的绝对值大幅增长，而第一产业的绝对值虽然持续增长，但是增速远没有第二产业快，导致第一产业占比迅速回落。到了 1983 年，短短 5 年时间内，深圳的第一产业占比下降到 17%，不到 1979 年的一半，而第二产业已经达到了 43%，标志着深圳仅用了 4 年时间就从乡镇转型为一座正进行着城市化和工业化的城市。彼时的深圳得益于大量流入的港资和内地的廉价劳动力，依靠“三来一补”的加工贸易模式迅速发展其轻工业。此后，深圳的第一产业占比呈下降趋势，第二产业占比快速提高。到了 1993 年，深圳的第二产业占比首次超过 50%，达到了 55%，而第一产业占比仅为 2%。从 1993 年深圳的产业结构来看，仅仅用了 15 年时间，深圳的经济发展已经不再依托农业，而成为一座高城市化率的成熟工业城市。2000 年以后，传统的“三来一补”加工贸易模式已经不再适合深圳的城市发展，深圳参考 20 世纪 80 年代的香港为样板，逐渐转型经济结构。2004 年，深圳的第二产业占比达到历史巅峰的 62% 以后，城市的第二产业占比逐年下降，第三产业占比不断提升（见图 4－1）。

图 4－1　1979～2017 年深圳产业结构变化

资料来源：根据深圳统计局数据编制。

2008 年，深圳几乎已经没有农业，第一产业占比可忽略不计，同年深圳的第三产业占比达 51%，超过了第二产业的 49%，标志着深圳已经出现从工业城市转型为服务型城市的迹象。2017 年，第二产业占比回落到了 41%，而第三产业占比提高到了 59%，表明深圳已经由一座工业城市发展成了一座后工业化城市。

如同深圳的发展“导师”香港那样通过“流空间”的方式把工厂外迁到深圳乃至珠三角实现“腾笼换鸟”结构转型，深圳也通过“流空间”的方式把工厂外迁全国（比如富士康工厂的外迁现象），取而代之的是高端服务业如金融行业。深圳的飞速发展是人类城市发展史上的一个奇迹，可以发现，毗邻香港、吸收香港资金和技术并学习香港的发展模式，是深圳用了不到 40 年就实现城市跳跃式发展的重要因素。

二　香港助推上海浦东发展

“八十年代看深圳，九十年代看浦东。”这是早期梳理改革开放的总结性话语。正如上文提到的，在香港的经济辐射下，深圳乃至珠三角的经济发展取得了举世瞩目的成就，这为中央继续改革开放注入了底气，并坚定了开发开放上海浦东的决心。

要了解沪港双城的关系，需要先了解沪港双城的发展史和其城市基因。沪港两地皆由“小渔村”发展成国际大都市是它们的共同之处。宋朝时期，上海从默默无闻的“小渔村”成为一个商业港口，上海的简称“沪”本为捕鱼工具，南朝梁简文帝的《吴郡石像碑记》记载：“松江之下，号曰沪渎。”到了清朝，上海成为苏州的主要港口，1843 年 11 月 17 日，根据《南京条约》和《五口通商章程》的规定，上海正式开埠，中国的经贸中心从广州北移至了上海，不到百年，这个不知名的沿海县城便发展成了亚洲最主要的金融中心、中国第一大城市。同样是 1843 年，“小渔村”香港的重要宪制性文件《英皇制诰》和《皇室训令》颁布，璞鼎查就任香港总督，随后在香港设立了最高法院、行政局、立法局和定例局，以此保障地区的社会治安和居民的合法权益。1865 年，当今世界上最大的外资银行之一的汇丰银行（HSBC）在香港成立，同年在上海成立第二总部。汇丰银行全名香港上海汇丰银行（The Hongkong and Shanghai Banking Corporation Limited），字母 H 即香港的英文名 Hong Kong，字母 S 指代的是上海，从汇丰银行便可窥知沪港双城在开埠伊始，血液里便流淌着金融基因。

解放战争期间，上海通过汇款、购买股票、运货等方式输往香港的资金达数千亿元，上海的银行和百货公司等企业纷纷在香港成立办事处或建立工厂。以香港制造业的代表行业纺织工业为例，仅 1951 年，上海纺织家在香港的总投资就达到了两亿美元，上海企业家所开办的棉纺织企业占据了当时香港所有纺织工厂中 80% 的份额。① 资金南下，为上海和香港两城之间的长期连线创造了条件，也为日后香港在经济和文化上反哺上海埋下了伏笔。

20 世纪 80 年代是上海百多年城市发展史中的低谷期。城市拥挤、住房紧张、三废严重、交通阻塞、城市老化，市民尚未富裕城市却已经有了老龄化的特征，基础建设跟不上市民需求等多项问题让这个老工业基地举步维艰。在这段上海发展的困难时期，赶在上海浦东开发前，香港在 1980 年首播了脍炙人口的《上海滩》，并在 1985 年于内地播出，上海以其民国时期鱼龙混杂的“冒险家乐园”的形象再度红遍大江南北。同时，以“首善”邵逸夫、“世界毛纺大王”曹光彪和董建华为代表的港籍上海人以资助、捐款和建言献策的方式对上海的发展产生了显著的正面影响。1994 年正值浦东开发开放初期，在参与上海浦东投资的 48 个国家和地区中，香港

① 〔英〕黄绍伦：《移民企业家：香港的上海工业家》第三章“工业技术和资源”，张秀莉译，上海古籍出版社，2003，第 38 ~ 55 页。

以63.12亿美元的总投资和1335个项目荣登这两项指标排行榜的榜首，投资额第2~4位的依次是美国、日本和瑞士。[①] 至1997年5月底，香港在浦东共投资项目2028个，占浦东投资项目总数的44.4%，总投资额达83.84亿美元，占总数41.8%，协议吸收港资52.92亿美元，占协议外资总额的40.8%，均排名外资第一。[②] 由于浦东开发开放吸引了大量的外资，给上海这个中华人民共和国成立以后最大却正在老化的工业城市注入了活力，直接主导了这座“东方魔都”的再度崛起，迈向了建设成为国际化大都市的新征程。

正如之前所述，香港是深圳城市发展的参照和样本，在深圳的城市发展中起到了“导师”的作用。香港对于上海，尤其是浦东的发展起到了关键作用。而深圳和浦东又是中国经济腾飞最经典的缩影，可见香港对于中国经济发展的巨大推动作用。时至今日，以深港为主引擎的粤港澳大湾区和以上海为核心的长三角依旧是中国最具有国际竞争力的城市群体，并有望建设成为世界级城市群，是中国经济的晴雨表和发动机。

三　香港引领内地城市化发展

香港对内地城市的规划、管理、服务和商业形态等方面也产生了深远的影响。英国著名杂志《经济学人》曾做过统计，目前在全世界各国已经有大大小小5000个经济特区，并认为深圳是全世界所有经济特区里最为成功的。通过对深港发展历程的研究可以发现，没有香港就难有深圳奇迹。香港对深圳空间布局的影响，反映了深港之间彼此交融的关系。

① 《香港投资浦东资金总额及项目数榜首》，《技术与市场》1995年第2期。

② 《从香港对浦东投资看两地经济互动》，《浦东开发》1997年第7期。

（一）香港对于深圳空间布局的影响

了解一座城市的空间布局，必须要了解其扩张的历史。中国的大城市在空间布局方面具有市区和郊区的概念，传统意义上讲，越靠近市区基础设施配套越完善。以北京和上海为例，一个北京人会认为市区便是传统的城八区，而一个上海人则会认为市区便是传统的浦西老城区，再加上小部分的浦东新区。

“城市中心”（City Centre）这个名词为全世界通用，然而学界对于城市中心却并没有明确的界定。从上海的城市发展来看，为了方便航运和经贸发展，上海在开埠伊始，城市就沿黄浦江而建，并且从 1843 年的一个小城镇（一个点）发展成了 1949 年的大城市、1978 年的特大城市，直到 2013 年发展成为人口超过 2000 万的超大城市（一个面）。上海早年的发展以黄浦江西岸（浦西）为重，而在浦西又以苏州河南面最为繁华，所以上海的黄浦江以西、苏州河以南便是上海传统市中心。伦敦智库（Centre for Cities）认为，像伦敦这样的大城市，以中心半径 2 英里的范围为市中心；55 万人口以上城市规模，以城市中心半径 0.8 英里的范围为市中心；更小的城市半径 0.6 英里的范围为城市中心。这样以点画圆的方式同样符合上海的城市布局；以浦江以西、苏州河以南的“外滩—人民广场”区域为点向四周扩张，可发现对应所在区域的地价随着距离中心点渐远而递减。同样的城市发展逻辑和空间布局也符合北京市。

1843 年，北京作为城市，城市是由城墙围起来的，呈四方形状，而在日后的百年时间里，北京的城市规模也是由原先的老城作为一个点逐渐外扩。同样符合以点画圆的方式来分析北京的城市布局：即以“天安门—故宫”区域为点向四周扩张，所对应的区域地价也同样随着距离中心点渐远而递减。因此在北京，二环、三环、五环等名词成为判断北京地段好坏的通用标准。在上海也有内环、中环和外环等名词来给房子所在地段分三六九等。究其原因，像北京和上海这样的中国超大城市，市中心也是权力中心所在地，生活在市中心意味着能享受到更完善的教育、更发达的医疗、更加密集的地铁站点和交通设施，也意味着更昂贵的地价和房价等。

反观西方城市则截然不同，比如巴黎的房子并不以市中心为贵，无论以凯旋门还是埃菲尔铁塔为中心，不出几公里路就能发现成片的房价洼地。巴黎市中心北面的 18 区、19 区和 20 区被公认为贫民区，移民聚集、鱼龙混杂、治安差、犯罪率高，房价和物价都远不如巴黎郊野的普通地区。同样的情况也发生在马德里，假如以马德里市中心的太阳门广场为中心，也不用几千米就能发现大量的房价洼地。马德里市中心南面的乌塞拉区和巴列卡诺区都是市中心的穷人区，地价和房价均远低于许多城郊地区。可见，中国城市与西方城市在城市空间布局，以及对于市中心和郊区的认知存在比较大的差别。

深圳则是全球城市版图里比较特殊的一个城市，其城市扩张和空间布局和香港息息相关。1979 年，深圳还是宝安县的一个镇。因为深圳口岸通往香港知名度高，而宝安则鲜有人知。刚开发的深圳完全是一片处女地，并不像北京、上海双城那样在百年前便已经有了市中心概念。因此，深圳的发展并不像京沪那样，由一个固定市中心点向四周扩张（点到面），而是迅速地经历了“前店后厂”的飞地发展阶段，进入多中心（多个点）集体高速发展阶段。这期间，深圳一面填海造陆发展起了前海和蛇口深港合作区，一面进行对于关外的城市扩张。由深圳的空间拓展趋势来看，深圳的空间布局和城市建设是以香港为依托的。比如最初中央对深圳的顶层设计，沿着深圳靠近香港区域的 327.5 平方公里画出了“特区管理线”，关内紧靠香港，这显然是依附香港发展的空间布局。而实际上，深圳城市发展的确如同规划的那样，在深港边境深圳一侧，发展出了大片的工业区和商业区以吸引香港投资，由此可见深圳的城市空间布局和香港联系之紧密。通过对历年深圳城市规模的追踪能够得出如下结论：深圳的城市发展基本符合靠近香港的区域先发展、远离香港的区域后发展的先后顺序，城市规模先从罗湖区和蛇口扩展至福田区再至南山区，最终逐渐转向关外地区。

特殊的扩张模式使深圳的城市中心始终处于动态变化中，老市中心在失去原先地位以后不断探索破局模式，正因如此，深圳在“城市更新”方面走在了全国的前列。2009 年颁布的《深圳市城市更新办法》率先提出“城市更新”概念，这是一部系统规范旧城改造工作的政府规章。此后深圳又出台了《深圳市城市更新办法实施细则》《关于加强和改进城市更新实施工作的暂行措施》及相关配套文件，在历史用地处置、地价规范、旧工业区综合整治、小地块更新等方面进一步创新政策，多项制度在全国属于先行先试。

事实上，深圳在城市更新方面大量借鉴了香港的经验。香港的市区更新采用两种模式，即政府主导的市区重建和私人主导的重新发展。面临搬迁难题时，前者依据《收回土地条例》依法收回土地，但须限定于公共用途而征用；后者依据《土地（为重新发展而强制售卖）条例》协助私人重新发展，但须履行严格法定程序和步骤，并充分保障小业主的正当权益。香港为深圳对城市更新的立法提供了参考蓝本，而深圳对城市更新的探索辐射到了全国。在全国层面，探索以市场化方式推动棚户区改造，探索土地增值收益分配等方面，深圳提供了有益的经验。

（二）香港对于内地城市规划管理的影响

香港对内地尤其是深圳的城市规划、城市管理、基础设施建设及服务、商业形态和空间布局方面都有深远影响。香港不仅是内地城市规划的影响者，也是参与者。以深圳为例，香港前特首梁振英便是深圳发展的规划者：“1978 年我刚来时，深圳没有高楼大厦，没有高速路，第一个工作就是要把深圳原来的小渔村、小农村重新规划。”“我白天过来帮助做规划，晚上讲课，完工后就住在罗湖火车站旁边的华侨旅社。从完全义务的工作到社会化、市场化、收费、付费的专业服务再到 CEPA；从开始时会计师、测量师、建筑师、工程师等等，到其他专业；从必须是合作、合资经营形式，到现在可以独资办医院，这些都是香港与深圳、与内地在专业领域上的合作交流、相互配合发生新的变化。”①

梁振英是蛇口工业区和深圳的城市规划的直接参与者。作为一名专业测量师，梁振英与其他 20 多位香港专业人士一起，连续多年免费为深圳特区的开发者们讲授专业制度和理念，并介绍香港及西方经济法律制度的正反两面经验。改革开放初期对深圳的城市规划，离不开如同梁特首这样的香港专家们的贡献，这些香港专业人士对深圳的城市规划，较大程度地影响了深圳的顶层设计，并为深圳后来的高速发展奠定了基础。

主要由香港专家组成的“促进现代化专业人士协会”一开始给深圳规划的城市规模仅按照 30 万人口的城市来做，然而深圳的扩张速度远远超出了所有规划师们的预期。高速的城市化过程使深圳的城市规划和城市管理面临着巨大的挑战。于是，由深圳市规划局推动、深圳市政府主办了一个关注城市问题和城市化问题的平台即“深港城市 \ 建筑双城双年展”。从 2005 年在深圳初办到 2007 年香港加入，“深港城市 \ 建筑双城双年展”成为专门针对解决深港，尤其是深圳关于城市规划、城市管理、空间地理乃至社会生活等问题的智囊团。“深港城市 \ 建筑双城双年展”改善了南山区两个展馆之间的道路系统，重新设计了原先准备拆除的招商局蛇口工业区太子湾码头的大成面粉厂。又比如通过空间的改造以及建筑和艺术作品的介入使深圳市区著名的“城中村”南头古城再生。以南头村为代表的城中村规划，有利于改善深圳的城市空间分布，并且大幅提升城中村居民生活品质。②

---

① 郑小红：《内地首家香港独资医院深圳开业　梁振英忆深港合作》，中国新闻网，2013 年 3 月 21 日，http：//www. chinanews. com/ga/2013/03 – 21/4665855. shtml。

② 深港城市 \ 建筑双年展组织委员会、群岛工作室编《城市边缘：2013 深港城市 \ 建筑双城双年展（深圳）》，同济大学出版社，2014。

此外，香港在城市精细化管理方面具有内地城市无法比拟的优势，也自然成为内地城市的“老师”。早在改革开放以前，香港的城市建设曾经一度陷入车辆严重堵塞、道路管理混乱、交通事故频繁的境地。针对交通拥堵现象，香港特区政府设计了一系列规划和措施，疏通道路、完善交通管理，并对细分道路做出了详细土地用途图则和次区域发展策略和指引，有效缓解了道路拥堵的情况。如今，随着城市化进程的加快，全国各地私家车保有量逐年上升，越来越多的内地城市陷入了当初香港的“堵城”困境。如今许多内地城市走的路，是香港曾经走过的路，因此香港成为内地城市不可多得的参考资源。

香港不仅有管理“车流”的经验和资源，管理“人流”也是如此。2014 年底的跨年夜，上海外滩发生了大规模踩踏事件，造成 36 人死亡、49 人受伤的恶劣后果。[①] 事后，上海政协发布文章要求上海学习香港对城市公共安全的管理方式。作为“过来者”，香港在 1992 年底的跨年夜上发生过兰桂坊踩踏事故，造成 21 人死亡、63 人受伤。此后，香港催生出一整套安全防范体系。[②] “港府会对民众给予必要的风险告知和人群疏散培训演练；搞大型活动时，警方会进行人流量评估，执行必要的限流措施，并确保每片区域都有专人维护，还有医疗人员配备及民安队支援等。”[③] 在日常活动中，香港特区政府也会在大人流量地区执行严格的人流管理措施。上海政协通过对香港管理经验的学习，得出了上海在城市安全管理方面当学习香港的精细化管理的结论，并具体到每个地方、每个环节。

2015 年 12 月 20 日，深圳光明新区柳溪工业园发生滑坡灾害，造成 73

① 《上海公布调查报告 五大原因导致跨年夜踩踏事件》，人民网，2015 年 1 月 22 日，http：//politics. people. com. cn/n/2015/0122/c70731 –26427532. html。

② 《新闻周刊：本周视点 踩踏之后》，央视网，2015 年 1 月 11 日，http：//tv. cctv. com/2015/01/11/VIDE1420906314550566. shtml？ spm = C45404. PsT8PO9Uw6MK. 0. 0。

③ 屠海鸣：《关于吸取国外和香港经验，严密加强上海城市公共安全管理的建议》，上海政协网，2015 年 1 月 24 日，http：//shszx. eastday. com/node2/node5368/node5376/node5388/u1ai92630. html。

人死亡、4 人失踪，直接经济损失达人民币 8.8 亿余元的严重后果。而我们发现香港作为“过来者”，依旧有大量管理经验值得借鉴。1972 年 6 月 18 日香港九龙观塘区秀茂坪翠屏道木屋区及香港岛半山区宝珊道旭穌大厦先后发生山体滑坡，共造成 138 人丧生。1976 年 8 月 25 日，秀茂坪再度发生山体滑坡，造成 18 人遇难、3121 名香港居民受灾。为了应对此类灾难，专责斜坡监管的土力工程处于 1977 年 2 月宣告成立，处理建筑物在斜坡上的设计、建造和维修。斜坡被分为两类：人造斜坡和天然斜坡，而前者更是土力工程处规划和管理的重点。经过数十年对于大大小小各类斜坡的登记，如今的香港，所有的斜坡都有自己的编号，所有斜坡的样貌、位置图、背景数据、勘察记录及研究结果都被记录在册，一套完善的斜坡治理经验与安全系统运作了起来，背后再次体现了香港特区政府对城市安全的精细化管理成果，对于内地城市产生了深远的借鉴意义。①

综上可见，上海和深圳这样的内地一线城市依旧存在学习香港城市规划和城市管理的巨大空间，诸如踩踏事件和滑坡事件都是在造成了恶劣后果以后政府部门才考虑在城市的管理方面亡羊补牢。而那些城市规划和管理更加落后的内地其他城市，则有更广阔的需求和可操作空间来学习香港的规划和管理技巧，力争做到防患于未然。

（三）香港对内地商业形态和公共基础建设的影响

改革开放初期，在是否学习香港的服务、商业形态，如何学习香港的服务、商业形态等问题上存在争议。如深圳因为学习香港而面临着巨大的阻力和压力，被认为在向资产阶级学习。深圳城市发展的著名口号“时间就是金钱，效率就是生命”甚至上升到了关于中国国体争论的层面，引发了“姓社姓资”的路线之争，巨大的压力让口号提出者袁庚一度放弃了这

① 欧树军：《滑坡灾害：香港治理的历史经验》，《社会观察》2012 年第 7 期。

个励志的宣传标语。同样顶着巨大压力的还有前深圳市委书记厉有为，为了学习香港作为自由港的机制以发展生产力，组织人员研究深圳建设自贸区方案。根据厉书记回忆："方案设计好了后，有人给上面传了话，到中央领导那里，就变成了'厉有为要和香港合并'，于是我挨了一顿批，方案也就搞不成了。"① 赵启正也有同样感慨："浦东开发初期，我们去深圳考察，看到那里的饭店学习了香港的一些做法，比如服务员在桌子旁边站着服务。当时有的老同志想不通，觉得这是资产阶级的东西。这个思想解放过程非常不容易。"

现在回过头来看，这些当初让人谈虎色变的"资产阶级的东西"，帮助中国实现了经济腾飞。其实，对改革开放初期是否学习香港先进的服务和商业形态的争论，反映的是中国开放的决心。在中国经济高速增长的40年后，我们可以发现，发达国家和地区仍有许多先进经验值得我们学习，就像国家主席习近平在博鳌亚洲论坛2018年年会开幕式上指出，"中国开放的大门不会关闭，只会越开越大"。

改革开放以后的香港对比内地城市，最直观的差距就体现在公共基础建设上。20世纪80～90年代，是内地经济腾飞的初始阶段，百废待兴。而此时的香港作为"亚洲四小龙"，已经有了"东方之珠"的美誉。美丽的维多利亚港夜景，完善的公路、通信和机场等公共设施建设，不断成熟的地铁网络都让人感受到了内地城市和香港在公共基础建设上的差距之大。经过对香港优秀的城市建设的专研，在40年的学习和追赶下，如今内地一线城市比如深圳，也有了美丽的夜景，具备了完善的公路、通信、地铁网络和国际机场等。深圳对于香港的GDP总量也已经从1979年的不足2‰到2018年的GDP反超香港。尽管硬件水平已经迎头赶上，但对比香港，内地城市的软件依然有大量的学习和提高的空间，社会建设较香港仍

---

① 王全宝、毛艺霖：《"深圳应该继续解放思想推进改革"——专访前广东省委常委、深圳市委书记厉有为》，《中国新闻周刊》2015年第14期，第31～33页。

然落后。

香港对内地城市化的贡献，是全方位多层次的。从宏观来看，香港给中国带来了观念的转变，这是对于我国顶层设计的影响。从中观来看，深圳在承接香港产业转移、拍卖土地、引进外资银行、发行银行信用卡、建立义工队伍等方面都走在全国前列，这些都是学习香港，甚至直接从香港移植过来的，深圳因此受益匪浅。[①] 从微观来看，只要内地城市对某些领域有改革的动机，就一定可以从香港找到类似的做法和案例以供学习借鉴或复制模仿。时至今日，香港依然发挥着它的独特价值。

① 刘学强：《学习香港　发展罗湖　建设罗湖　服务香港——在香港因素与深圳罗湖发展研讨会上的讲话》，《特区经济》2007 年第 7 期。

第五章
香港助力内地提升公共服务效能

改革开放初期，内地市场经济建设处于酝酿和起步阶段，公共服务能力建设和效能提升等处于萌芽状态，香港公共服务能力建设方面的模式和做法，为内地提供了重要的借鉴。习近平总书记在会见香港澳门各界庆祝国家改革开放40周年访问团时指出，香港、澳门在城市建设和管理、公共服务等方面积累了比较丰富的经验，是内地学习借鉴的近水楼台。内地通过学习借鉴香港的经验，有力提升了公共服务效能。具体体现在公共服务的教育、医疗，社会组织的义工、社工，公益、行业协会以及服务型政府建设等方面。需要特别注意的是，在香港的这些领域对内地积极影响的过程中，大多数是“近水楼台先得月”的深圳率先取得“真经”，再以深圳为发散地辐射至内地其他城市，进而在更广阔的区域体现了香港对内地全方位的深远影响与巨大贡献。

一　加快内地完善行政管理服务体系

作为世界上最自由、开放的经济体之一，香港主要通过价值规律、供求关系以及竞争机制的自发调节来实现社会资源的有效配置，特区政府除了对部分公用事业进行直接控制、配置或立例管理外，对贸易、商业、工业、航运等重要部门较少干预，同时实行简便的低税制度。深圳在借鉴香港经济发展的各领域的经验时，在建区之初，便积极营造良好的市场营商环境，在土地拍卖、价格体制、股权激励、分配制度等方面大胆放权于市场，培育适应民营企业生长的土壤，催生了一批在各行业中处于领先地位的大型企业。在支持创新产业发展方面，大力加强产学研转化的效率，发挥市场的竞争优势。

（一）学习香港经验，加快内地政府机构职能优化

香港特区政府的行政体系分为3个层次，决策与执行职能相对分离、与

社会组织高度融合、高度法治化和专业化是香港特区政府运作的主要特点。行政层级少、部门精简、运作高效的经验多年来一直是深圳学习借鉴的榜样，深圳市政府大力减少对市场的微观干预，对企业放宽事前审批准入，强化战略、规划、政策、标准等职能，加强宏观调控和事中事后监管，稳步推进政府治理能力现代化。自 1980 年 8 月 26 日深圳经济特区成立以来，深圳先后进行了八轮行政管理体制改革。综观深圳这八次行政体制改革，都是建立大系统管理体系和大部制的过程，融汇了政企分开及转变政府职能的理念，2009 年进行“大部制”改革，政府部门共减少 15 个，精简幅度达三分之一。在推行大部门制改革的过程中，深圳市政府向社会组织转移了大量公共服务职能和事项，提高了行政效能，进一步释放了社会活力。在向香港学习借鉴的过程中，深圳的行政治理体系和治理能力现代化水平不断提高。

广东顺德的行政管理体制改革也借鉴了香港的经验。2009 年，顺德推出大部制改革，首创“党政联动”，党政机构整合优化，把政府职能分为政务管理、经济调节与市场监管、社会管理与公共服务三大类型，其中党政由原来的 41 个整合为 16 个，通过超常规的大监管、大文化、“大部门”的建立，顺德构建了大规划、大经济、大建设、大保障等的工作格局。在横向部门合并同类项的同时，纵向上推动管理层级扁平化，党政机构的一把手由分管的区委常委、副区长或者政务委员直接担任，管理层级从过去的“科股长—副局长—局长—副秘书长—副区长—区长”的层级架构，减少为“科股长—副局长—局长（副区长）—区长”的层级架构。此外，借鉴香港民主决策的做法，成立公共决策咨询委员会，是全国首个县域公共决策咨询机构，发挥了沟通政府与社会、连接知识与公权力的桥梁作用，进一步带动和扩大公众参与公共决策，为政府提供具有前瞻性、创造性、可操作性的意见和建议，成为区委、区政府进行科学决策、民主决策的重要“思想库”，有效提升了政府公信力。在借鉴香港经验的基础上，顺德的行政管理体制改革也对内地完善行政管理体制，转移、优化政府职能，减少层级等提供了经验借鉴。

（二）学习香港经验，推动内地加快法治政府建设

内地改革开放40多年，是一个逐步走向法治化的过程。随着改革开放的推进，法治在经济社会发展中的地位愈加重要。良好的法治环境是社会稳定的根基。内地在学习香港法治建设的基础上，进一步提高了法治水平。

在大胆学习和借鉴香港先进经验的基础上，深圳市人大及其常委会在建立经济特区以来一共通过法规200多项，为经济特区的繁荣发展奠定了坚实的法治之基。在取得特区立法权之初，国内的法律很少，很多领域都存在立法空白。而与深圳一河之隔的香港经过100多年的发展，已经建立了完备的法律体系，共有法例700多部，其中常用的600多部，涉及各行各业、方方面面。因此，在取得特区立法权之初，深圳制定的许多法规，都是以香港法规作为蓝本，学习借鉴甚至是“移植”过来的。例如，1979年，广东省起草《广东省经济特区条例》，香港爱国爱港人士深度参与其中，广东省接受香港人士的建议，将《广东省经济特区条例》提交全国人大以立法的方式固定下来。再如，《深圳经济特区欠薪保障条例》就移植借鉴了香港欠薪保障立法的规定，在内地率先设立“欠薪保障金制度”，有效地破解了欠薪难题，保障工人权益，并被全国多个省市借鉴。又如，《深圳经济特区住宅物业管理条例》，是内地第一部物业管理法规，物业管理的理念和具体的管理举措，都源自香港。该条例也成为后来国家物业管理条例的立法蓝本。

（三）学习香港经验，加快内地服务型政府建设

香港特区政府遵循“小政府、大社会、大市场”的执政理念，在公共服务领域，提供资金支持，制定法律政策，促进服务机构发展。政府全程

对公共服务机构进行监督，形成以公共服务为主体的多元竞争格局，提高了公共服务的效率、公正与专业化水平，政府积极构建与社会服务机构之间的伙伴关系，实现了政府、社会服务机构、市民三者的良性互动。政府对市场、民众的服务水平高、质量优，尤其是企业开办和注销程序高度便利，体现了其作为服务型政府的优势。多年来，“转变政府职能，建设服务型政府”的行政管理体制改革，是内地全面深化改革的重要目标导向。

深圳在服务型政府建设方面大量借鉴了香港的经验。经济特区创业时期，市委市政府扮演着“全能”的角色，大部分事务和权力都集中在政府手中，随着经济特区的发展，深圳开始逐步推进“服务型政府”建设，特别是2010年以来，深圳将以市场为取向作为改革重心，大力向市场、社会转移政府职能，以进一步发挥市场在资源配置中的决定性作用。近年来，深圳政府高度重视公共服务建设和民生改善工作，深入推进基本公共服务均等化，进一步加强社会建设，努力提高居民的生活质量，努力促进经济发展成果惠及全体人民，在改善民生和各项公共服务建设方面取得了积极进展。在对公众的服务水平、依法行政、政务公开、服务态度等方面不断提升水平，为企业发展营造了更优质的营商环境，为居民提供了更高效的公共服务。

二　加快内地提升公共服务水平

香港在公共服务机构运营、医疗、教育服务等方面具有领先优势和极强的综合竞争力，达到世界一流水平。在CEPA开放政策实施后，香港更多服务业提供者进入内地。他们既了解国际市场运作模式，又了解内地企业在转型升级、创建品牌、优化运营管理、拓展海外市场时的种种需要，学习香港先进做法，有助于促进内地公共服务水平提升。主要表现在以下几个方面。

推进事业单位改革是转变政府职能和管理方式、优化公共服务的重要路径。2006 年 7 月，深圳市政府发布《深圳市深化事业单位改革指导意见》《深圳市市属事业单位分类改革实施方案》《深圳市事业单位改革人员分流安置配套政策方案》《深圳市事业单位转企社会保险有关问题的实施办法》，拉开了深圳事业单位全面改革的序幕。深圳把事业单位分为三类，分别为监督管理类、经营服务类和公共服务类，并使其各归其位：凡属于行使行政管理职能和从事经营开发活动的，均从事业单位中予以剥离，前者纳入行政管理序列、回归政府，后者转制为企业、推向市场；保留由政府直接举办的提供公共服务的事业单位，并进行必要的组织结构调整，做到“养事不养人”。2007 年 10 月 26 日，深圳市委、市政府发布《事业单位机制体制改革创新七项改革方案》，启动第二轮事业单位改革。[①] 总体来看，深圳事业单位分类改革较为成功，为全国的事业单位改革发挥了示范作用，国务院后来出台的全国事业单位分类改革方案，基本是在深圳方案的基础上制定的。

（一）加快内地优化公共服务职能

从 20 世纪 80 年代开始，香港特区政府为增加政府运作的灵活度，同时处理一些不便于在政府体制内执行的任务和较商业化的服务，开始推行法定机构执行公共服务的模式。“机构法定、运作独立、治理规范、权责相应”是香港法定机构主要的特点，“一机构一规章”或“一机构一法规”是法定机构的设立依据，立法权威性高，治理也更规范、权责更明确，机构及其服务更具透明性，政府与法定机构之间也能充分实现“政事分开”。法定机构在人事管理、薪酬福利制度等机制运行方面有较大的灵活性和自主性。

① 深圳经济特区研究会：《深圳 28 年改革纵览》，海天出版社，2008。

2007年，深圳在借鉴香港法定机构运行的基础上，开始推行法定机构改革试点，2008年，深圳市第一家法定机构试点单位“深圳市城市规划发展研究中心”挂牌成立，实行法定机构的管理方式和运行机制。随后，广州、珠海、顺德等地陆续开展了法定机构试点工作，香港法定机构建设的做法和经验在内地其他城市也引起了广泛关注。2011年，深圳出台《深圳经济特区前海深港现代服务业合作区条例》，象征着真正意义的第一家法定机构正式成立，前海管理局法定机构运作模式初步建立，实行企业化管理但不以营利为目的，履行相应行政管理和公共服务职责，具体负责前海合作区的开发建设、运营管理、招商引资、制度创新、综合协调等工作，在实行企业化管理、市场化运作的基础上，实现政府、市场、社会良性互动，为内地其他城市探索法定机构起到了示范作用。

（二）加快内地提升医疗服务质量

医疗服务是香港的传统优势服务业，在全世界名列前茅。1991年12月至今，香港所有公立医院和诊所均由医管局负责监管，医管局统筹公共医疗政策、医院收费、所需资源，并进行医院服务研究等工作。香港医院权威性强、医生水平高，具有完善的医疗体系、严苛的医疗监督系统，在使内地患者享受到国际先进的医疗服务的同时，也不断推动内地提升医疗服务质量。在回归后，香港的医疗服务对内地的贡献基于自由行的放开，更多的内地患者可以到香港享受医疗服务，并且，内地对港资进入内地设立医疗机构、港籍医师进入内地执业的门槛不断放开与降低，使得内地医疗领域在利用港资扩大发展的同时，可以更加充分地吸收香港的医疗管理、技术经验，不断提升自身的医疗服务水平。

2003年，由香港中文大学发起“耳聪工程”，每年到内地贫困地区实施慈善复聪手术。同年，香港医管局下辖的公立医院首次开设“中医门诊”，邀请广东省中医院专家前往开展中医药服务和临床科研。2005年7

月，香港医疗卫生学会会长高永文带领 13 名香港医生签约广州祈福医院，这是首批香港医生获得卫生部批出的有限度执业牌照。2007 年 6 月，香港医院管理局开始向广东护士提供专业培训，帮助内地护士提高专科护理水平。2008 年，根据香港医生公会资料，香港已约有 10 名医生在内地设立医疗机构。2010 年 6 月，南方医科大学宣布与香港西医工会签署合作协议，计划为获得内地行医执业资格的香港医生提供协助，鼓励港医到粤行医。2010 年 11 月，香港心脏专科医生纪宽乐等 4 名香港专科医生负责的万治（香港）内科门诊部在广州中信广场开业，采用香港诊所的做法，预约就诊。2012 年，深圳市首个香港注册西医开设的志浩门诊部在福田中心区开业。

2012 年香港大学深圳医院正式运营，医院引进香港先进医院管理经验和医疗技术，探索公立医院管理新模式，实行全员聘用合同制、以岗定薪，自主制定每个岗位的薪酬标准，以医生的实力和贡献为本位，激励医生提高医术，为病人服务。香港大学深圳医院为深圳市乃至全国公立医院管理体制机制改革提供了有益借鉴。2015 年深圳市出台的《深圳市深化公立医院综合改革实施方案》，将香港大学深圳医院很多先行先试的做法纳入其中。一些先进的管理模式如全员聘用制、以岗定薪、预约就诊等在已经开业的南方医科大学深圳医院、中国医学科学院肿瘤医院深圳医院进行了推广复制同时，香港大学深圳医院先进的医疗理念和技术也正在潜移默化地影响内地医院。如在香港大学深圳医院的探索和呼吁下，内地医院习以为常的“点滴”治疗正在弱化。

（三）加快内地培养大量优秀人才进度

改革开放以来，内地和香港的合作随着两地经济的融合也逐步加强了教育融合。香港的高校通过不同方式促进了内地教育水平的提升，包括：院校北上设立教育基地、为内地高校开设现代化课程、香港的教授北上教学、内地学者来港教书、内地学子纷纷来港读书及合作科研等，反映内地教育不断受惠于香港的帮助。内地学生南下香港求学成趋势，数量逐年上升。此外，香港可作为升学的跳板，具有国际学术水平的香港教授，能推荐有潜质的内地学生到欧美名校深造。

香港有20所可颁授学位的高等院校，并拥有5所全球百强高校，其中香港大学、香港中文大学、香港科技大学、香港城市大学、香港理工大学、香港浸会大学、香港教育大学、岭南大学等综合实力较强的高校，招收相当数量的内地学生，为内地培养了许多优秀人才。1997年，排名前八的高校招收内地研究生的人数达882人，占研究生的比重为28.3%，根据香港大学教育资助委员会的数据，2018年，在香港的内地学生人数已经达到12322人。

香港与内地早期的教育合作推进了回归以后的进一步融合发展。进入21世纪，香港的大学开始与内地合作办学，招收学生。在广东省珠海市成立于2005年的北京师范大学—香港浸会大学联合国际学院作为首家内地与香港高等教育界合作创办的大学，到2015年建校10周年，就已培养了近6000名毕业生。2012年，香港中文大学（深圳）正式招生，开始培养以内地生为主的学士、硕士及博士，在校生多达3400余人。在管理经验借鉴方面，港中文（深圳）建立与国际接轨的理事会领导下的校长负责制，为国家深化高等教育体制改革、完善现代大学制度进行了有益的探索。2018年，广州市与香港科技大学签署合作办学协议，广州大学与香港科技大学合作建设香港科技大学广州校区，先招硕士、博士研究生，再招本科生，总招生规模在1万名左右。

三 加快优化内地社会组织建设与发展

香港的社会治理，包括义工组织、社区服务、慈善公益等在发展理念、运营方式等方面对内地都有可资借鉴之处，为周边及内地众多城市做出了示范。主要表现在以下几个方面。

（一）学习香港先进做法，加快推动内地义工组织依法规范发展

香港的义工组织发展远远早于内地，1970 年，香港成立“义务工作人员协会”，大力推动香港的义务工作，积极调动各界人士参与，1981 年 7 月改名为“义务工作发展局”。20 世纪八九十年代，除了义务工作发展局外，香港不少社会服务机构纷纷自行组织及鼓励市民参与义务工作，使香港的义务工作进入百花齐放的阶段。1998 年，香港社会福利署成立义务工作统筹局，开始主动参与和推动志愿服务活动。香港制定了完善的志愿者服务制度，包括宽松的认证制度与专业的培训制度等。香港的义务工作者登记制度具有志愿者规范化管理、来源代表性强、服务时间累计长、人员培训专业等特点，其经验被内地不同城市所学习借鉴。作为全国志愿服务的发源地之一，深圳义工的诞生也是建立在学习香港的基础上。1989 年，深圳在全国率先推进志愿服务工作，一直保持全国志愿服务工作的领先地位。内地第一个法人志愿者组织、第一批国际志愿者、第一部地方性志愿服务法规、第一个“义工服务市长奖”、第一本青少年志愿服务教育读本、第一张证卡分设多功能电子义工证等多个“第一”都是在深圳诞生。

通过学习借鉴香港经验，深圳的义工发展形成自己的特色。一是加强立法保障。深圳发布内地首个义工条例《深圳市义工服务条例》，鼓励和规范义工服务活动，推动义工服务事业的健康发展。二是始终坚持专业化发展。支持和发展专业志愿服务组织，鼓励专业人才加入志愿者队伍。目前，深圳义工组织的建设和发展在内地领先，内地其他城市通过深圳加快了对香港学习借鉴和复制模仿的进程。

（二）学习香港先进做法，助力内地提升社区服务

香港社区服务的精细化、专业化为内地社区管理服务提供了诸多经

验。香港社工服务模式在20世纪七八十年代就已发展成熟，这种模式较好地协调了政府、社会工作机构和公众之间的关系。社会工作以其中立的身份，发挥了在政府与民众之间缓解矛盾的“调节器”和“润滑剂”的作用，在维护社会稳定、推动社区建设、提高民众福利水平等方面功不可没，受到了各界的爱戴与支持。90年代末以来，随着香港经济的飞速发展，社会问题日益复杂，原先起步于社会慈善、社会救济的社会工作也不断开拓不同类型的服务，社工机构数量急剧增加，而政府和基金会的资助能力毕竟有限，此时的香港社工机构开始探索“社会企业”模式，通过市场化的商业模式运作，赚取利润用以贡献社会、扶助弱势社群、促进社区发展及对于本身的投资，成功地实现了自身的可持续发展。

深圳的社区服务充分借鉴了香港的经验。1979年到1998年，深圳的社区服务主要由居委会承担，承接“区—街”下沉的各项行政管理和公共服务事务。1998年到2004年，深圳开始探索“议行分离”的社区治理体制。2005年到2010年，主要由社区工作站承担政府行政职能，由社区居委会承担居民自治职能。2010年开始设立社区服务中心，进一步强化社区服务功能，在借鉴香港社区服务的经验的基础上，社区服务中心逐步规范运作，提升服务质量。如深圳坪山社区服务中心借鉴香港社会服务模式，学习香港社区服务注重精细化、人性化的成功经验，通过政府整合场地设施并提供资金支持，建立健全民办专业服务机构的载体，发挥社工专业人才的作用，积极提供精准的社区服务。同时深圳凭借毗邻香港的优势，积极引进香港社工督导人才，对深圳一线社工的专业方法、社工文化和服务理念进行指导。通过深圳的引领作用，香港社工服务逐步向周边地市扩展，加深了香港与珠三角在社会领域的合作与融合。

（三）加快内地优化公益事业发展

香港公益组织对内地的贡献有目共睹。香港慈善组织的贡献，主要体现在为内地扶贫提供支持资金与资源，助推公益行业能力建设，提升现代公益理念、培养公益专业人才等。尤其是在内地公益组织培养发育方面，香港公益组织发挥了重要而积极的作用，在内地公益组织“走出去”战略进程中，香港公益组织扮演了关键的引导者与重要的合作者角色。

1979～1997 年，香港公益组织在内地的发展历程大体上分为 3 个阶段。1979～1983 年，大量香港华人以个人名义或以家族基金会、商会和同乡会的名义开始对内地进行捐助。1984～1994 年，香港公益组织进入内地开展扶贫、助残、社会服务、社区发展等主题的公益项目。1995～1997 年，进入内地开展项目活动的香港公益组织数量迅速增加。①

香港回归后，众多香港公益组织抓住机遇开拓和扩展在内地的工作，大批项目和资金进入内地。2008 年至今，香港公益组织在内地的工作重心从直接执行项目转向提供公益支持。香港公益组织对内地最直接的支持是提供了大量的援助资金。多年来，在内地接收的境外捐赠尤其是现金捐赠中，来自香港的捐赠所占比重一直都是最高的。根据中民慈善捐助信息中心的不完全统计，2009 年至 2014 年的 5 年间，香港捐赠累计约 82.1 亿元人民币，其中主要来源为个人（包括家族基金会和企业基金会）和向公众筹款的慈善组织。根据中国公益研究院研究团队对香港慈善家的捐赠统计，2015 年，在 56 名完成过价值 100 万元以上大额捐赠的香港慈善家中，仅有 3 人的公开捐赠流向未涉及内地。李嘉诚基金会自 1980 年起项目捐款便超过 200 亿港元，其中 87% 用于支持大中华地区项目。田家炳基金会在内地硬件方面的捐助金额也超过 10 亿港元。陈廷骅基金会自 1993 年起向中国青少年发展基金会“希望工程”项目进行捐助，连续 4 批捐建希望小学 600 所，捐赠金额达 1.2 亿元人民币，占当时全国希望工程受赠总额的 1/15。

---

① 王会贤：《调研报告回顾香港 NGO 三十年：对内地贡献巨大 望获合法身份》，《公益时报》2016 年 11 月 1 日。

由于资金流入渠道的多样性，香港公益组织投入内地的资金总额难以系统获取。有关数据显示，自1999年至2015年，香港红十字会对内地赈灾、灾后重建、备灾及其他红十字事业的捐助合计超过12亿港元（见表5－1）。近年来，香港的慈善机构一直对内地的扶贫与发展、减灾救灾等公共事业进行捐助。中国慈善联合会发布的《2018年度中国慈善捐助报告》显示，2018年中国内地接收国内外款物捐赠1624.15亿元人民币，其中香港约160亿元，约占10%。

表5－1　香港红十字会对内地捐赠情况

单位：万港元

年度	金额	主要用途
1999～2000	258	长江水灾、云南地震
2000～2001	4874	北方雪灾、河南四川及重庆洪灾，云南备灾
2001～2002	1840	旱灾、雪灾、水灾重建及紧急援助、备灾
2002～2003	1875	水灾赈灾、社区备灾、内蒙古云南湖南备灾
2003～2004	2852	备灾培训、内蒙古新疆备灾、水灾赈灾
2005～2006	1013	水灾、社区备灾、新疆及内蒙古备灾
2006～2007	835	献血宣传、备灾、水灾
2007～2008	3731	水灾、雪灾、地震及其他备灾
2008～2009	19501	汶川地震、雪灾赈灾
2009～2010	33884	汶川地震
2010～2011	16004	汶川地震、青海地震
2011～2012	11175	汶川地震、水灾、青海地震
2012～2013	9274	汶川地震、青海地震、其他备灾
2013～2014	9698	汶川地震、青海地震、雅安地震、社区减灾
2014～2015	10931	汶川雅安青海云南地震、其他赈灾
总计	127745	

资料来源：公益服务网，http://www.ngocn.net/column/2017－04－18－7f4c8298b33ce634.html。

（四）学习香港先进做法，加快完善内地行业协会发展

香港行业协会发展较早，推动了香港的经济建设和各行业的繁荣发

展。全港登记在内的行业协会以工商业界的商会、协会为大多数。最早成立的是1861年的香港工业总商会，有5000家公司会员，主要提供签发工业产品和产地证、ISO9002认证服务。[①] 香港行业协会具有自愿发起、自由参加、自选领导、自聘干事、自筹经费、自主性强的特点，内部组织不受政府的监管，大多是松散的，但是依据《社会团体登记管理条例》进行规范发展。行业协会通常有四个活动类型，定期研讨、出版、联谊、同行交流。香港行业协会注册登记简单，履行了部分公共服务，在促进行业与政府相互了解方面起到了桥梁作用。香港行业协会发展的经验被内地积极引进，1986年，深圳市电子行业协会率先成立。此后装饰、机械、家具、食品、纺织、服装、化工、建材、钟表、医药等其他行业协会陆续成立。2005年，《深圳市行业协会暂行办法》出台，规范了行业协会的组织和行为，保护了行业协会的合法权益，使行业协会民间化改革成果法定化。

借鉴香港行业协会发展的经验，深圳着力推动行业协会登记管理体制改革，推动政府转移职能，不断加强行政司法监管、社会公众监督、社会组织自律、党组织保障的监管力度，在国内率先彻底实现行业协会民间化、市场化改革，实行政社分开。1999年，深圳出台全国首部行业协会条例《深圳经济特区行业协会条例》，2014年4月实施新的《深圳经济特区行业协会条例》，探索政社分开、权责明确、依法自治的现代社会组织体制的新的制度设计，在实践中初步形成政社协同治理新格局，进一步规范行业协会治理，提升发展和服务能力，激活社会组织活力，推动行业协会参与社会治理和公共服务，充分发挥行业协会在经济社会发展中的作用。现阶段，深圳重点推动行业协会去行政化、去垄断化改革，内地其他城市积极借鉴这些经验，发挥行业协会作用，加快了促进政府职能转变的步伐。

---

① 姚征：《香港商会、行业协会运作状况和对内地的启示》，《中国商人》2010年第9期。

第六章
中央和内地支持香港经济发展

第六章

[illegible]

1997年亚洲金融风暴冲击了香港股市，“禽流感”的袭击使香港经济增速放缓，美国“9·11”事件与2003年“非典型肺炎”（SARS）使香港经济雪上加霜，2008~2009年的美国次贷危机也使香港经济面临前所未有的困局。香港制造业外移，产业呈现服务化特别是金融化特征，内在增长动力趋于弱化，周期性危机与泡沫经济导致发展放缓。随着经济全球化发展趋势变化和科技进步，香港经济结构亟待转型。中央为提振香港经济，发挥“一国两制”优势，推出了一系列双向合作的政策措施，如2003年内地与香港签署《内地与香港关于建立更紧密经贸关系的安排》（以下简称CEPA），实行内地居民赴港澳旅游“自由行”政策等，一定程度上促进了香港整体经济的发展，同时香港长期存在的深层次矛盾仍有待解决。

一　香港经济增速放缓

经济增长是体现一个经济体综合实力的外在表现。香港经济增长问题是香港社会各界关注的焦点，是巩固和提升香港在国家国际地位的重要支撑。回归以后的一定时间内，香港经济增速相对放缓。这种相对性表现在两方面，一方面是跟以往的增速相比有所放缓，另一方面是跟内地的增速相比有所放缓，同时在国家经济总量中所占的比重下降较多。

（一）与过去相比增速放缓

与过去相比，进入21世纪后香港经济增速逐渐放缓。在GDP① 增速方面，1966~2000年香港GDP年均增长率为14.3%，超越世界经济平均增

① 表6-1所指GDP为名义GDP（香港特区政府统计处标记为现价GDP），因此GDP增速为按名义GDP计算的增速。人均GDP数据指在名义GDP下按人口平均计算所得数据。与表6-3世界银行统计的实际GDP不同。

长速度，且1973年、1979年香港GDP增速高达28.3%和31.4%。2001～2018年，香港GDP平均增速为4.59%，约为1966～2000年的1/3，且2001～2003年香港的GDP均为负增长（见表6－1）。人均GDP方面，1966～2000年，香港人均GDP从3935港元增加到20.1万港元，年均增长率为12.3%。2001～2018年，香港人均GDP的年均增长率为4.0%，约为1966～2000年的1/3。

近20年来香港经济增速放缓有内部和外部的多重因素影响，包括1997年亚洲金融风暴的持续影响、1995～2001年的全球互联网泡沫的连带影响、2003年SARS的深远影响，以及香港内部经济结构转型不够及时和有力等。另外，从世界发达经济体来看，当经济发展到一定阶段后，增速放缓是正常的，且并不一定是负面的事情，关键是需要寻找经济转型的方向，建立新的经济增长点和经济可持续发展的模式。

表6－1　1966～2018年香港GDP以及人均GDP增长率

年份	GDP（亿港元）	人均GDP（港元）	GDP增速（%）	人均GDP增速（%）
1966	142.82	3935	2.4	1.5
1967	154.75	4157	8.4	5.6
1968	165.33	4348	6.8	4.6
1969	194.37	5030	17.6	15.7
1970	231.06	5836	18.9	16.0
1971	266.81	6596	15.5	13.0
1972	322.13	7812	20.7	18.4
1973	413.27	9743	28.3	24.7
1974	472.4	10791	14.3	10.8
1975	495.89	11115	5.0	3.0
1976	631.56	13979	27.4	25.8
1977	732.84	15988	16.0	14.4
1978	857.82	18379	17.1	15.0
1979	1126.91	22860	31.4	24.4
1980	1436.19	28366	27.4	24.1
1981	1735.78	33487	20.9	18.1
1982	1960.05	37231	12.9	11.2
1983	2172.81	40651	10.9	9.2
1984	2619.92	48536	20.6	19.4

续表

年份	GDP（亿港元）	人均 GDP（港元）	GDP 增速（%）	人均 GDP 增速（%）
1985	2781.28	50975	6.2	5.0
1986	3205.25	58018	15.2	13.8
1987	3947.70	70741	23.2	21.9
1988	4660.76	82820	18.1	17.1
1989	5365.58	94361	15.1	13.9
1990	5992.56	105050	11.7	11.3
1991	6913.23	120188	15.4	14.4
1992	8071.30	139148	16.8	15.8
1993	9310.10	157772	15.3	13.4
1994	10496.10	173909	12.7	10.2
1995	11190.06	181772	6.6	4.5
1996	12353.01	191951	10.4	5.6
1997	13730.83	211592	11.2	10.2
1998	13080.74	199898	−4.7	−5.5
1999	12859.46	194649	−1.7	−2.6
2000	13375.01	200675	4.0	3.1
2001	13211.42	196765	−1.2	−1.9
2002	12973.41	192367	−1.8	−2.2
2003	12566.69	186704	−3.1	−2.9
2004	13169.49	194140	4.8	4.0
2005	14121.25	207263	7.2	6.8
2006	15033.51	219240	6.5	5.8
2007	16507.56	238676	9.8	8.9
2008	17074.87	245406	3.4	2.8
2009	16592.45	237960	−2.8	−3.0
2010	17763.32	252887	7.1	6.3
2011	19344.30	273549	8.9	8.2
2012	20370.59	284899	5.3	4.1
2013	21383.05	297860	5.0	4.5
2014	22600.05	312609	5.7	5.0
2015	23982.80	328924	6.1	5.2
2016	24904.38	339454	3.8	3.2
2017	26593.84	359780	6.8	6.0
2018	28351.61	380507	6.6	5.8

资料来源：香港特区政府统计处。

（二）与国内外相关地区相比增速有所放缓

粤港澳大湾区内香港经济增长的“一枝独秀”已经转变为香港、广州、深圳的“三城记”，广州、深圳与香港的 GDP 差距逐渐缩小。2018 年香港的 GDP 为 2.84 万亿港元，深圳市政府公布的 2018 年 GDP 则为 2.42 万亿元。若以 2018 年人民币兑港元平均汇率 1.18 计算，深圳的 GDP 较香港高出约 221 亿元，深圳 GDP 首次超过香港①（见表 6－2）。

表 6－2　1997～2018 年香港、广州、深圳 GDP 比较

年份	香港 GDP（万亿港元）	汇率	香港 GDP（万亿人民币）	深圳 GDP（万亿人民币）	广州 GDP（万亿人民币）
1997	1.37	0.94	1.46	0.13	0.17
1998	1.31	0.94	1.39	0.15	0.19
1999	1.29	0.94	1.37	0.18	0.21
2000	1.34	0.94	1.43	0.22	0.25
2001	1.32	0.94	1.40	0.25	0.28
2002	1.30	0.95	1.37	0.30	0.32
2003	1.26	0.94	1.34	0.36	0.38
2004	1.32	0.94	1.40	0.43	0.45
2005	1.41	0.96	1.47	0.50	0.52
2006	1.50	1.00	1.50	0.58	0.61
2007	1.65	1.07	1.54	0.68	0.71
2008	1.71	1.13	1.51	0.78	0.83
2009	1.66	1.14	1.46	0.82	0.91
2010	1.78	1.18	1.51	0.96	1.07
2011	1.93	1.23	1.57	1.15	1.24
2012	2.04	1.25	1.63	1.30	1.36
2013	2.14	1.28	1.67	1.45	1.54
2014	2.26	1.25	1.81	1.60	1.67
2015	2.40	1.18	2.03	1.75	1.81
2016	2.49	1.11	2.24	1.95	1.95
2017	2.66	1.20	2.22	2.25	2.15
2018	2.84	1.18	2.40	2.42	2.28

资料来源：香港特区政府统计处、广东统计年鉴等。汇率取自中国银行平均汇率。

① 《深圳 GDP 总量首超香港》，央视网，2019 年 2 月 28 日，Http：//news.cctv.com/2019/02/28/ARTI2aj67T6ImjhTyvs57aV5190228.shtml。

国际社会经常将中国香港与新加坡的经济增速进行比较。近 20 年中国香港的经济增长整体优于大多数发达国家和经济体，但是在亚太区域，中国香港的经济增长表现不及新加坡。世界银行数据库显示，近 22 年中国香港 GDP 平均增速为 3.39%，低于新加坡的 5.1%。2018 年中国香港 GDP 增速为 3.0%，低于新加坡的 3.14%（见表 6－3）。2019 年受“修例风波”影响，中国香港 GDP 增速大概率远远低于新加坡。

表 6－3　1997～2018 年中国香港和新加坡的经济增速比较

单位：%

年份	中国香港 GDP 增速	新加坡 GDP 增速
1997	5.1	8.32
1998	-5.9	-2.20
1999	2.5	5.72
2000	7.7	9.04
2001	0.6	-1.07
2002	1.7	3.92
2003	3.1	4.54
2004	8.7	9.82
2005	7.4	7.36
2006	7.0	9.01
2007	6.5	9.02
2008	2.1	1.87
2009	-2.5	0.12
2010	6.8	14.53
2011	4.8	6.26
2012	1.7	4.45
2013	3.1	4.82
2014	2.8	3.90
2015	2.4	2.89
2016	2.2	2.96
2017	3.8	3.70
2018	3.0	3.14

注：本表 GDP 变动率为实际 GDP 变动率。
资料来源：世界银行。

从1994年开始，香港GDP在全国GDP中的比重持续下降，这也是反映出香港经济增速放缓的重要指标。1993年香港GDP占全国GDP的比重为27.06%，达到历史最高峰，之后持续下降至2018年的2.67%（见表6-4）。2003年，广东GDP达到15845亿元而高于香港，由此引发了业界对香港的普遍担忧，担心香港失去持续发展的支撑力，国际竞争力下降。香港GDP在全国比重下降的另一个原因是，内地GDP增长强劲，香港GDP作为分子虽然增加了，但分母（内地与香港GDP之和）增加得更多。

表6-4　1968~2018年香港GDP以及占全国GDP的比重

单位：亿美元，%

年份	全国GDP	香港GDP	比重
1968	708.47	27.17	3.84
1969	797.06	31.90	4.00
1970	926.03	38.01	4.10
1971	998.01	44.76	4.48
1972	1136.88	57.10	5.02
1973	1385.44	80.30	5.80
1974	1441.82	93.89	6.51
1975	1634.32	100.48	6.15
1976	1539.40	128.76	8.36
1977	1749.38	157.19	8.99
1978	1495.41	183.15	12.25
1979	1782.81	225.26	12.64
1980	1911.49	288.62	15.10
1981	1958.66	310.55	15.86
1982	2050.90	322.91	15.74
1983	2306.87	299.07	12.96
1984	2599.47	335.11	12.89
1985	3094.88	357.00	11.54
1986	3007.58	410.76	13.66
1987	2729.73	506.23	18.55
1988	3123.54	597.07	19.12
1989	3477.68	687.90	19.78
1990	3608.58	769.28	21.32
1991	3833.73	889.60	23.20
1992	4269.16	1042.72	24.42
1993	4447.31	1203.54	27.06
1994	5643.25	1358.12	24.07

续表

年份	全国 GDP	香港 GDP	比重
1995	7345.48	1446.53	19.69
1996	8637.47	1597.17	18.49
1997	9616.04	1773.53	18.44
1998	10290.43	1688.86	16.41
1999	10939.97	1657.68	15.15
2000	12113.47	1716.68	14.17
2001	13393.96	1694.03	12.65
2002	14705.50	1663.49	11.31
2003	16602.88	1613.85	9.72
2004	19553.47	1691.00	8.65
2005	22859.66	1815.70	7.94
2006	27521.32	1935.36	7.03
2007	35521.82	2115.97	5.96
2008	45982.06	2192.80	4.77
2009	51099.54	2140.46	4.19
2010	61006.20	2286.38	3.75
2011	75725.54	2485.14	3.28
2012	85605.47	2626.29	3.07
2013	96072.24	2756.97	2.87
2014	104823.72	2914.59	2.78
2015	110646.66	3093.84	2.80
2016	111909.93	3208.81	2.87
2017	122377.00	3414.49	2.79
2018	136081.51	3626.82	2.67

资料来源：世界银行。

二　香港“发展之困”的外部环境性因素

经济体增长率持续下降（经济增速“减档”）与多种因素有关，全球经济融合程度更高、更开放的经济体对外部条件更为敏感。香港作为自由经济体，深受国际环境的影响。1997 年亚洲金融危机对香港的股市和房地产泡沫产生了巨大的冲击，香港的经济结构开始了新一轮的调整和转变，“禽流感”的袭击使香港经济增速放缓，美国“9·11”事件与2003年“非典型肺炎”使香港经济雪上加霜，2008～2009年的美国次贷危机也使香港经济面临前所未有的困局，2014年非法“占中”运动、2019年“修例风波”以及中美贸易摩擦等，均对香港经济发展产生了较大的影响。

（一）亚洲金融风暴冲击香港金融业

香港作为亚洲的一个城市，在经济高度开放条件下，国际金融市场波动的各种背景性因素均会对香港产生直接影响。综观此次金融危机，对香港经济的冲击是多方面的。自1997年7月泰铢贬值引发了亚洲金融风暴以来，香港金融市场3次受到国际投机者的冲击。第1次是1997年10月22日，第2次是1998年1月12日，第3次是1998年6月12日，最严重的是1997年10月22日，联系汇率制度受到严重冲击，港元兑美元汇价一度跌至7.75，隔夜拆息由9厘上升至300厘，达到历史最高位。香港恒生指数1997年10月28日急跌1438点（13.7%），账面市值损失超过220亿港元，创单日最大跌幅。① 11月，香港先后发生了金融机构危机事件，如百富勤投资控股清盘事件②，正达集团倒闭事件。③

亚洲金融风暴对香港进出口贸易、旅游等方面造成不良影响。一是内外需求下降，经济从增长放慢急剧转为衰退。1998年由于受到区内金融风

① 陈丽君主编《内地金融发展与香港金融》，广东人民出版社，2001，第43页。

② 百富勤投资控股清盘事件。百富勤集团是香港最大的投资公司之一，它在亚洲区内曾有一项重大的定息投资，因东南亚金融风暴爆发，其遭受巨大的外汇风险，引致投资失利，使集团的流动资金出现问题，无力偿还到期债务，迫使在1998年1月12日申请临时清盘。

③ 正达集团倒闭事件。事件起因是该集团一家财务公司，因无法向主要欠债人收回款项，而将欠债人一项与证券业务无关而数额巨大的资产用作债务抵押，导致自身负债超越银行核准的信贷限额，无法提供资金为其证券交易结算，结果使证券公司不能履行对中央结算所的责任而倒闭。

暴影响，香港 GDP 自 1985 年以来第一次出现负增长。1998 年内外需求下降，对外要素收入流入及流出数额增长势头大为放缓。企业倒闭、压缩，失业人数上升。二是旅游、消费市场不景气，地产物业市场被迫大幅调整。由于受游客减少和市民消费意欲下降的影响，零售市场不景气。1998 年，旅游业出现近 10 年来的首次减退现象，访港旅客增长率为 -0.09%。物业交易萎缩，楼市价格暴跌，一手楼宇价格下跌近 50%，二手楼宇价格下跌近 40%。①

（二）非经济因素使香港经济雪上加霜

1997 年出现“禽流感”、2000 年全球互联网经济泡沫破裂、2001 年美国“9·11”事件、2003 年 SARS 等使香港经济发展跌至谷底。1997 年“金融风暴”后暴露了香港经济产业结构过于单一的问题，“9·11”事件又使疲弱不堪的国际市场遭受打击，更使香港经济雪上加霜。香港人对香港前途出现信心危机，一度认为香港经济被“边缘化”而非“中心化”。②亚洲金融风暴及美国“9·11”事件等外来因素的影响使香港 2000 年出现的经济反弹受阻，更使香港失去了从容应对的时间和政策空间。

SARS 对香港资本市场的影响尤为显著。标准普尔信用评级 2003 年 4 月发表了关于非典型肺炎事件对亚太区政府评级影响的分析报告，报告中指出 SARS 将会导致 2003 年亚洲大部分经济体增速放缓，当中以香港所受冲击为最大。其次，对零售业也有较大影响。在“非典”结束以前，香港每月的零售额下降至 20%，佐丹奴、德永佳等零售巨商每年的

---

① 《进入调整期的香港经济》，《港澳经济》1998 年第 3 期。

② 边缘化源于发展经济学，旨在说明在社会经济的增长过程中，出现的反向社会失败：或者在一个国家的经济发展中，国民经济的增长伴随着相当一部分人口被排斥在经济生活之外；或者在全球化的过程中，一些国家被排除于世界经济体系之外。一个人、一个社会主体、一个民族国家，如果被“边缘化”了，那就是被排除在经济、政治、文化的主流之外，无权参与资源分配，各种社会利益均无权获得。

每股收益下降 1.9%、0.6%。[①] 银行、电信和公用事业这些行业所受的影响相对较小。

（三）国际性经济周期对香港经济的“传染”

经济周期波动是经济增长的重要表现形式，经济周期随着总体经济活动活跃上升与呆滞下降相交替变化而变化。香港经济周期这一过程的具体表现是通过收入、产出、就业、投资、价格、利率等经济总量的变动得到反映的。香港经济周期的影响因素主要是内生性因素和外生性因素，外生性因素包括自然因素、技术因素、政策因素、内地因素、国际因素、政治因素等。

香港作为一个高度开放的经济体，在席卷全球的金融危机中难免受到冲击。尽管美国金融危机和东南亚金融危机产生的原因不同，但都对香港对外贸易产生了很大的影响。东南亚金融危机主要是东南亚国家的货币贬值导致香港实际汇率上升、对外贸易下降，且影响持续时间长、影响范围大、反应迅速。国际金融危机主要是影响香港的对外贸易环境，欧美国家的实际需求下降，转口贸易和港产品出口贸易受到冲击，日本、东南亚国家经济增长疲软进一步加大了对中国香港对外贸易的影响。[②] 此外，金融危机的爆发，使得香港市场的投资者更加关注内地经济和金融的变化，也使得内地市场成为香港市场的“指向标”。2008 年美国次贷危机带动全球金融产品价格调整幅度的加大、加快，造成全球短期资本流动的波动性加剧，美国股市与其他发达国家股市同步下跌。根据美国彭博社每日股指数据测算结果，自 2008 年 9 月 15 日雷曼兄弟公司宣布破产以来，道琼斯工业平均指数最大跌幅达 24.61%，而英国 FTSE100 指数、日本日经 225 指数最大跌幅分别达 22.19% 和 31.80%，均创 5 年新低。香港作为与全球经

---

① 佚名：《“非典”对香港资本市场的影响》，《商务周刊》2003 年第 9 期。

② 张跃卿：《两次金融危机对香港对外贸易影响比较研究》，《金融经济》2013 年第 2 期。

济金融市场紧密连接的小型开放经济体，将在这场金融海啸中受到较大冲击。雷曼兄弟公司宣布申请破产保护后，香港股市跟着暴跌（恒生指数一度跌破16500点）、银行同业拆息抽紧以及东亚银行被挤提，香港的金融市场及投资信心受到一定冲击。

香港经济的发展与世界同步，在香港经济100多年的发展历程中，国际因素一直发挥着重要的作用。香港经济周期波动受国际因素的影响，是因为香港经济的增长是和世界经济的长波运动紧密相关的。世界经济增速下滑压力不减，国际贸易增速低位徘徊，国内或区域内物价（CPI）和国际贸易品价格处于低位，经济周期的冲击使得世界经济处于通货紧缩风险的压力之下，“大停滞假说”逐步成为现实。[①] 全球经济的“大停滞”导致世界经济进入长衰退周期。不论从世界经济和贸易增长率，还是从国家和区域的物价水平以及贸易品的价格来看，世界经济仍处于通货紧缩周期。从全球CPI来看，世界经济通货紧缩风险的压力不减。从国际贸易量来看，1998～2007年全球贸易年均增速大约为6.8%，2008～2015年全球贸易年均增速只有约3.1%，年均贸易增长率不及危机前的一半，国际贸易出现了所谓的“超调”（又叫贸易大崩溃）。国际货币基金组织（IMF）数据显示，从国际贸易品的价格来看，以美元和特别提款权（SDR）计价的年均价格增幅，1998～2007年分别为2.6%和1.2%，2008～2015年为0.05%和0.95%，而2013年后贸易品价格均呈现负增长率。此外，香港经济还面临内生性经济周期问题。内生性因素包括制度因素、消费因素、投资因素、财政因素、货币因素等，上述这些因素的综合影响形成了香港近几十年的经济周期波动曲线。香港从1961年开始，经过几十年的发展，已形成数个经济周期，香港从1998年开始进入第10轮的经济周期波动，本轮周期的持续时间相对延长。结构失衡与泡沫经济乃香港经济危机之内

① 王晋斌、金鑫：《经济周期与金融周期双重冲击下的世界经济》，《安徽大学学报》（哲学社会科学版）2017年第1期。

因。过往10多年，香港出现了规模庞大的经济结构转型、“曼哈顿化”的现象，制造业争相迁往珠江三角洲，于低水平不断重复；同时，香港内部的财富和收入分配，相对差距扩大，绝对贫困又再趋严重。特别是在1984~1996年，香港的住宅楼价平均上升了8倍，每年名义增长率为19%，实质增长率为11%，远高于生产总值及人均收入的增长速度，亦带动了股市的牛市。大地产商成为世界级富豪，而港府的财政储备亦跃至目前接近两年开支的骄人水平，可算世界罕见。而房地产价格（以至租金）的大幅上涨，又使香港经济进一步地“曼哈顿化”。

（四）经济全球化给香港带来挑战

经济全球化发展客观上削弱了香港的传统优势，影响了香港经济功能的发挥与动力的增长。国家全面开放格局的形成使得香港在特殊条件下形成的独特优势被削弱，引发香港地位边缘化、功能被替代化的隐忧。2001年，中国加入WTO，标志着内地市场由逐步试点到全方位开放，香港在改革开放中的重要窗口作用受到影响。一是香港作为内地贸易的中介作用逐渐减弱。香港国际贸易中心的角色主要是由转口贸易的发展决定的。因此中国入世后对香港产生国际贸易业务的“创造效应”会大大超越其“转移效应”①，香港转口贸易会有所增长。长远看，内地直接进出口贸易与香港转口贸易的竞争将逐渐激烈。随着内地的改革与发展，基础设施、法制、经营环境日趋完善，吸引着外国企业直接进入内地市场。对外贸易、融资、跨境运输和物流业不断开放，跨国公司对华投资和贸易不断增长，使得对香港传统中介地位的依赖也在持续减少，从而影响到香港的经济增长。

---

① 刘志刚、尹浩华：《中国加入世贸组织对香港经济发展的影响》，《武汉科技大学学报》（社会科学版）2003年第1期。

二是给香港中小企业带来更大的竞争压力。香港地域狭小，人口密度大，缺乏自然资源，难以发展大型企业，中小型企业占香港机构总数的90%以上。[①] 在全球经济一体化过程中，企业规模成为竞争的一个重要因素。资金雄厚、技术领先的大型跨国公司在中国加入 WTO 后进入内地，使香港中小企业在内地的发展处于劣势。

三是香港面临区域竞争加剧的挑战。中国入世后，内地的港口、码头、机场等运输硬件设施将日臻完善，如深圳、珠海、广州等华南地区相继建成机场和港口，相应降低了香港港口的货物吞吐量，对香港运输业形成挑战。20 世纪 90 年代以来上海的 GDP 快速增长，逐步发展成为国际金融中心、物流中心、高新技术产业及航运中心。毗邻的深圳正在快速崛起，在经济总量快速扩张的同时，经济结构也不断优化。[②]

随着各地开发力度的增加，香港经济面临亚太及周边国家和地区的挑战。香港作为一个小型开放的经济体，在过去能够创造奇迹，有内在的制度因素，以及市民刻苦顽强、拼搏向上的创业精神，但更多的是因为周边地区尤其是内地的竞争力没有充分发挥作用，因此不能忽视周边环境的因素。其中新加坡是中国香港国际金融中心的最具实力的竞争对手。外汇交易方面，新加坡已超过中国香港，成为东京之后亚洲第二大外汇市场。市场建设方面，1998 年新加坡国际金融交易所推出了港股指数期货交易；新加坡股票交易所降低外币债券的上市费用等。税收方面，新加坡对各种离岸金融交易、管理及服务收入所得税率下调到 10%；投资基金中豁免所得税，外国投资者持有股份的比重从 95% 降到 80%。

香港作为全球贸易中心，20 世纪 90 年代以来，其整体对外贸易增长速度明显放慢。香港特区政府统计处数据显示，1998 年货物及服务贸易增长率为 -11.9%。转口贸易方面，亚洲金融危机及周边地区转口贸易港的强

---

① 卢燕：《CEPA：香港经济发展的新契机》，《商业研究》2005 年第 17 期。

② 蔡冠深：《从地缘经济学看香港结构转型及发展前景》，《东北大学学报》（社会科学版）2006 年第 6 期。

有力竞争，使以香港为中心的转口贸易显著下降。新加坡、韩国等亚太地区现代港口群的迅速崛起，对中国香港的国际航运中心地位构成了挑战。

三　中央和内地支持香港经济发展

内地因素是香港经济发展的基本动因。香港经济每逢转折关头，都能凭借内地因素的支持走出困境，登上新的发展台阶。没有内地这个强大后方和广阔腹地的支持，香港经济发展难以想象。

1998 年至今，经济压力下的香港只有寻求新的高增值产业作为经济增长点，才能保持其竞争力，只有加强与内地的合作，才能充分利用内地的市场规模、产业基础、科技资源和制造能力。① 国家“十三五”发展规划纲要提出，支持港澳参与国家双向开放、“一带一路”建设，鼓励内地与港澳企业发挥各自优势，通过多种方式合作走出去。中央政府先后推出“CEPA”“个人游”“9 +2 泛珠江三角区域合作”等开放措施，为香港经济恢复增长注入了强大动力。

（一）“一国两制”下的内地与香港合作

1997 年香港回归祖国以来，“一国两制”实践取得举世公认的成功。根据《香港特别行政区基本法》（以下简称《基本法》），回归后香港继续保持自由港地位，其经济和社会发展不纳入中央政府的规划。《基本法》明确规定，香港特区政府必须提供适当的经济和法律环境，“以保持香港的国际金融中心地位”。为此，香港“不实行外汇管制政策，港币自由兑换。继续开放外汇、黄金、证券、期货等市场，香港特别行政区保障资金

① 卢燕：《CEPA：香港经济发展的新契机》，《商业研究》2005 年第 17 期。

的流动和进出自由”。回归不久，香港特区行政长官董建华在第一份施政报告中提出要推动香港与内地的经济合作，特别是加强与邻近省份的合作。“香港与内地大型基建协调委员会”应运成立，主要负责深入研究西部通道、伶仃洋大桥、珠江三角洲空中管制协调，落马洲及皇岗两地的过境通道等。1998 年成立“粤港合作联席会议”，以探讨两地各项合作计划。2001 年，香港成立“粤港合作统筹小组”，统筹粤港两地合作。

香港地区对外贸易与经济增长，经济增长与产业结构之间能互为因果、互相促进，形成较好的经济运行状态，很大程度上得益于“一国两制”方针和内地改革开放的成功结合，得益于内地改革开放条件下香港与珠三角地区的优势互补和产业转移。“一国两制”原则下，香港比其他任何地区都有先天的政策、地理和制度等优势，使得香港对外贸易快速发展。同时香港和内地是两个单独关税区，香港高度自由的贸易制度和内地改革开放后强烈的外贸需求，使得香港成为内地与世界各国发展对外贸易的最重要窗口和最重要桥梁。①

（二）CEPA：内地与香港合作的重要方式

2003 年 6 月 29 日，《内地与香港关于建立更紧密经贸关系的安排》（CEPA）正式签署，目的是希望通过减少市场壁垒与政府管制，使香港与内地在经济上有更加紧密的联系。

CEPA 及其十个补充协议主要包括 6 个方面的内容②：一是货物贸易自由化的安排。香港特区同意在协议下将继续对所有原产内地的进口货物实行零关税。CEPA 主体协议规定自 2004 年 1 月 1 日起，对原产于香港的 273 个税号的产品实行零关税。CEPA 补充协议三将符合原产地协议的产品

---

① 张光南、陈广汉：《香港对外贸易与经济增长和产业结构升级——“一国两制”和改革开放的成功结合与实践》，《国际经贸探索》2009 年第 1 期。

② 以下一至六内容均来自 CEPA 官网，详见 http：///tga. mofcom. gov. cn/article/ztcepcmew/。

种类增加到 1047 种。

二是服务贸易自由化的安排。无论是 CEPA 的主体协议，还是十个补充协议，关于“服务贸易”的开放方面最为突出。签署 CEPA15 年来，内地对香港开放了 153 个服务贸易部门，占世界贸易组织服务部门的 95.6%。包括管理咨询、会议展览、广告、法律、会计、医疗、房地产、建筑工程服务、运输、分销、物流运输、旅游、视听、银行、证券、保险等行业。

三是投资便利化的安排。CEPA 补充协议三将知识产权保护作为新的贸易投资便利化措施，补充协议四涉及会展行业的投资便利化，补充协议五提倡加强双方的“品牌合作”，补充协议七和协议八加入文化产业合作、环保产业合作、创新科技产业合作以及教育领域的合作，补充协议九和协议十允许香港服务提供者以独资、合资或合作形式在内地设立经营性培训机构，并加强双方检验检疫的合作。

四是金融合作的安排。金融业是惠港政策的“主角”之一，CEPA 主体文件充分利用和发挥香港金融中介机构的作用，CEPA 补充协议二、协议七和协议九允许符合条件的内地创新试点类证券公司、期货公司到香港经营期货业务，支持内地企业赴香港上市，深化内地与香港商品期货市场合作。CEPA 补充协议四支持香港银行在内地中西部、东北地区和广东省开设分行和到内地农村设立村镇银行，补充协议六支持内地引入港股组合 ETF（交易型开放式指数基金），补充协议九支持香港的保险公司设立营业机构或通过参股的方式进入市场，补充协议十研究内地与香港基金产品互认，支持符合资格的香港保险业者参与经营内地交通事故责任强制保险业务。

五是旅游合作的安排。CEPA 主体文件规定，2004 年允许广东省 3 市（东莞、中山、江门）境内的居民个人赴港旅游，CEPA 补充协议八支持联合开发内地与香港“一程多站”旅游精品线路，联合开展人才培训、开发内地旅游业务。

六是专业资格互认方面的安排。CEPA 主体协议鼓励专业人员资格的相互承认；双方主管部门或行业机构将研究、协商和制订相互承认专业资格的具体办法。补充协议四、协议五、协议六相继启动勘察设计等领域工程师的资格互认、会计领域的资格互认，以及税收、房地产和印刷等领域专业人员资格的相互承认。补充协议九支持双方房地产估价师、造价工程师与香港产业测量师、工料测量师的资格互认工作。

CEPA 率先向香港敞开了市场大门，充分体现了中央政府对香港的关怀和支持，也突出了 CEPA 的特殊性质[①]，CEPA 是香港经济走出困境的重要契机，对香港具体行业产生了重要影响。一是香港服务业获得巨大商机。内地对香港服务业全面或部分开放的部门有 153 个，占世界贸易组织全部 160 个服务贸易部门的 95.6%。CEPA 对香港提前实施内地对 WTO 成员所做的部分开放承诺，涉及服务业的多个领域。CEPA 还取消了部分行业对港资企业的股权比例限制，降低注册资本和资质条件等门槛，放宽地域和经营范围限制。其中重要的包括：香港银行进入内地设立分行和设立法人机构的资产规模要求从 200 亿美元降至 60 亿美元；香港银行内地分行申请经营人民币业务的资格条件，须在内地开业 3 年以上降为开业 2 年以上即可；将香港保险公司参股内地保险公司的最高股比限制从现行的 10% 提高到 15%。此举意味着内地向香港服务业敞开了庞大的市场，香港服务业的生存发展空间大幅拓展。

二是助力香港产业向高增值制造业转型。香港 273 种产品出口到内地享受零关税，使出口内地的香港企业受益。一方面，刺激内地进口香港商品数量的增加，另一方面还吸引钟表加工业、珠宝加工业等高附加值制造业返回香港，带动香港制造业以至国民经济的总体增长。CEPA 实施之后，厂商在香港生产高科技产品或设立高增值的生产工序，既可以利用香港得天独厚的优势，同时拓展香港、内地和出口三个市场，也可利用香港投资环境的优势，降低经营风险，刺激更多新工业的发展、吸引更多的外商来港投资。此外，CEPA 亦会推动内地制造业在香港的投资，充分利用“香

① 王春新：《CEPA 及其对香港经济的影响》，《国际金融研究》2003 年第 8 期。

港制造”的产地来源地位，规避发达国家对内地产品的歧视性政策和贸易保护措施，甚至可以借助香港产品的身份返销内地，进军中高档市场。

三是促进内地与香港经济的深层次融合。过去20多年来两地的经济合作主要局限在贸易、投资、产业等领域，内地服务市场的大门一直紧闭，CEPA中关于内地对香港开放服务业的有关内容，使香港的服务行业得以深入内地，两地经济合作的层次明显提高，进入更深层次的经济融合。过去两地的经济关系是经济利益驱动和民间自发形成的，政府参与程度有限，两地更深层次的经济融合仅靠市场推动是不够的，需要两地政府协调，为两地经济的深层次融合做出制度性安排。而CEPA正是两地政府合作的成果，显示两地经济关系从天然经济联系趋向理性的协调与交融。[①]

CEPA也对内地经济发展产生了较大的影响。一是促进部分内地企业以香港为平台走向世界，促进内地制造业与金融业的发展，促进内地与香港资本市场的相互开放和相互对接。CEPA签署后，香港不断增加对内地的投资，推动内地经济的增长，增加了人民的福祉。CEPA中关于服务贸易自由化的安排不断将香港金融业进入内地的条件降低，使得很多非常有经验和实力的银行、证券机构、保险机构等可以凭借更优惠的条件进入内地市场，给内地的金融市场刮来了一股“清新之风”。内地引进外资以制造业为主，这一方面促进了内地经济的增长，有利于内地就业率的提升，另一方面，投资项目的引进必然伴随着高新技术的引进，这种技术的外溢效应可帮助内地企业加速产业升级。从长期看，香港服务业的进入改善了内地服务业的发展质量。

二是促进粤港融合，形成区域经济增长极。CEPA实行地区倾斜政策，极具针对性。香港与广东在地缘、人缘和经济上有着非常紧密的联系，CEPA对广东的影响也比对其他省区市大得多。许多港澳同胞在广东置业、就业、攻读、养老、安居，三地经济已在相当高的程度上唇齿相依、兴衰

① 王丽华：《CEPA——香港经济走出困境的重要契机》，《长江论坛》2003年第4期。

与共，具备了把合作推向更高层次的经济基础、社会基础和人文基础。有人说没有香港，就没有今天的广东，反过来说，没有广东作为香港最紧密的腹地，没有广东逾七成的进出口商品经由香港转口，没有泛珠区域内各省区市对香港经济在土地、劳动力、资源、水电等方面的支撑，香港也绝不可能有今天的成就。[①]

三是对内地“入世”起到了“减震”[②] 或“缓冲”作用，增强内地兑现入世承诺的适应能力。CEPA 的实施，为内地经济提供了兑现入世承诺的适应期，香港比世界贸易组织其他成员方提前获得内地入世承诺的条件以及其他的贸易自由化和投资便利化条件，使内地企业有一个化解开放风险、适应开放环境的演习机会。

（三）“自由行”政策：直接支持香港经济发展

2003 年 SARS 危机之后，中央政府实行内地居民赴港澳旅游“自由行”政策，其初衷在于提振港澳经济士气。“自由行”有力地刺激了香港消费市场，带动了酒店业、饮食业、零售业等服务业的发展。2009 年，中央批准实行深圳户籍居民赴港“一签多行”政策，该政策于 2015 年 4 月 13 日调整为“一周一行”个人游签注。

“自由行”政策导致赴港旅游人数增加，直接促进了香港旅游业的发展。“自由行”政策的实施对香港当时的经济是一场及时雨，对香港经济复苏起到了立竿见影的作用。拉动了香港零售业、餐饮业、酒店业、运输业等相关服务行业的复苏和发展，加快了香港经济的转型。从 2000 年以来，中国香港的内地旅客数量一直都是居于第一位，其次是中国台湾和日

① 蔡冠深：《从地缘经济学看香港结构转型及发展前景》，《东北大学学报》（社会科学版）2006 年第 6 期。

② 常智峰、汪小勤：《CEPA 对珠三角及内地经济的影响》，《市场周刊：财经论坛》2004 年第 8 期。

本。从2002年1月1日起，在已批准4家经营港澳游业务组团社的基础上，国家新增批63家内地旅行社为经营港澳游业务的组团社。2003年第一期“香港个人游计划”对广东4个指定城市开放（东莞、中山、江门、佛山），后开放到内地49个城市。按居住国家/地区划分的访港旅客数（见表6－6）来看，2003年访港内地旅客846.7万人次，比2002年增长24.1%，2004年为1224.6万人次，比上年增长44.6%。2009年4月开始于深圳实施1年内多次往来香港的旅游签注措施（即“一签多行”个人游签注），2009年访港内地旅客为1795.6万人次。2011年内地与香港联合开发“一程多站”旅游精品线路。2018年广深港高速铁路开通，直接促进了香港旅游业的发展，到2018年访港内地旅客为5103.8万人次。

表6－6　1988～2019年内地访港旅客数量及比重

单位：万人次，%

年份	访港内地旅客数	访港内地旅客数占比	访港其他地区旅客数	访港其他地区旅客数占比	访港旅客总数
1988	68.4	11.09	548.3	88.91	616.7
1989	73.0	12.20	525.5	87.80	598.5
1990	75.4	11.46	582.7	88.54	658.1
1991	87.5	12.88	592.0	87.12	679.5
1992	114.9	14.34	686.2	85.66	801.1
1993	173.3	19.39	720.5	80.61	893.8
1994	194.1	20.80	739.0	79.20	933.1
1995	224.3	21.99	795.7	78.01	1020.0
1996	231.1	19.75	939.2	80.25	1170.3
1997	229.7	22.07	810.9	77.93	1040.6
1998	267.2	26.30	748.8	73.70	1016.0
1999	320.6	28.30	812.2	71.70	1132.8
2000	378.6	28.99	927.3	71.01	1305.9
2001	444.9	32.42	927.6	67.58	1372.5
2002	682.5	41.20	974.1	58.80	1656.6
2003	846.7	54.50	706.9	45.50	1553.6
2004	1224.6	56.10	958.3	43.90	2182.9
2005	1254.1	53.70	1081.3	46.30	2335.5
2006	1359.1	53.80	1167.1	46.20	2526.3

续表

年份	访港内地旅客数	访港内地旅客数占比	访港其他地区旅客数	访港其他地区旅客数占比	访港旅客总数
2007	1548.6	55.00	1267.0	45.00	2815.6
2008	1888.2	57.10	1418.6	42.90	3306.8
2009	1795.6	60.70	1162.5	39.30	2958.1
2010	2268.4	63.00	1332.3	37.00	3600.7
2011	2810.0	67.03	1382.1	32.97	4192.1
2012	3491.1	71.81	1370.4	28.19	4861.5
2013	4074.5	75.04	1355.4	24.96	5429.9
2014	4724.8	77.66	1359.1	22.34	6083.9
2015	4584.2	77.29	1346.5	22.70	5930.8
2016	4277.8	75.51	1387.7	24.49	5665.5
2017	4444.5	76.01	1402.7	23.99	5847.2
2018	5103.8	78.34	1411.0	21.66	6514.8

资料来源：香港旅游发展局。

“自由行”政策实施以后，内地旅客成为香港消费市场的主力军。按居住国家/地区划分的旅客消费中，内地过夜旅客的消费总额最高，2003年为298亿港元，占所有旅客消费总额的61%；2004年为339.41亿港元，占所有旅客消费总额的56%；2009年为639.5亿港元，占所有旅客消费总额的65.5%；2014年为1660.27亿港元，占所有旅客消费总额的75.1%。在香港入境旅客中，内地过夜游客2003年的人均消费为0.52万港元，2018年人均0.70万港元。其次，内地的入境不过夜旅客的消费也在增长，2003年消费总额为35.78亿港元，人均消费为0.13万港元；到2018年消费总额达到749.17亿港元，人均消费为0.24万港元。

从“自由行”政策实施的第二年开始，香港经济出现了恢复性增长。[①] 2004年增长4.7%，2005年增长7.1%，2006年增长6.5%，香港经济逐步摆脱了亚洲金融风暴后的低迷而有所改观，企业恢复赢利，消费者重拾

① 钟坚：《回归后香港经济发展的几个问题》，《深圳大学学报》（人文社会科学版）2007年第3期。

信心，政府收入增加，出现了全面性增长的良好局面。“自由行”政策有力地促进了香港居民的就业，降低了香港的失业率。按行业划分的就业人数中，批发、零售、进出口贸易、饮食及酒店业的就业人数从2003年的99.18万人，增长到2011年的111.6万人，其中零售、饮食及酒店业就业人数达57.79万人，缓解了香港的就业压力。

“自由行”政策进一步加深了香港与内地的相互了解。香港与内地自古唇齿相依、互为一体，有着历史悠久的地缘、史缘、亲缘和业缘关系，也都有自己特定的历史文化、传统习俗。内地旅客通过“自由行”来香港旅游，参加各种文化交流、商务活动，进行教育、科技、文化、卫生等方面的考察，可以进一步加深香港与内地间的了解，增强香港与内地居民间的更紧密联系。香港市民通过与内地旅客的自由交流，可以更好地把握机会到内地投资、求学、旅游；内地游客可以在领略香港的经济魅力、文化魅力的同时，学习香港在法律、证券、房地产等领域的优良表现。

第七章
中央和内地支持香港结构转型

产业结构塑造了香港经济的形态和特征，直接或间接、程度不同地影响着香港经济的增长、竞争优势的提升、城市功能的发挥，以及经济发展与民生福祉之间的关系。香港的第一产业历来无足轻重，属于第二产业的制造业的消失，导致香港仅剩下第三产业，即服务业。因此，香港的三次产业结构仅具象征意义。在一个服务业比重超过90%的城市经济体中，重要的不是不同产业之间的关系，而是同一产业内部的结构关系。在国家或区域经济中，一个城市根本没有或者失去制造业，并不一定导致产业结构失衡，高度发达的服务业，正是城市作为国家或区域经济服务中心的基本功能和特征的体现，但发挥这一功能的基本前提，是城市经济与国家或区域经济融为一体、要素自由流动。由于“一国两制”的制度安排，香港作为一个相对独立的城市经济体，与内地之间的要素自由流动既受到政策的限制，也受到两地经济社会发展水平差距的制约。因此，制造业的一路下滑导致香港产业结构失衡，产业结构失衡导致产业单一，进而影响到经济的持续增长和健康发展，并对经济与社会的相对和谐关系造成冲击。因此，结构问题是香港经济最大、最关键的问题，需要在中央和内地的支持下妥善解决。

一　香港的经济结构失衡

香港经济结构失衡，是在香港作为单独城市经济体的语境下讨论的。从粤港澳大湾区区域经济来看，在改革开放进一步深化推进和制度进一步创新的趋势下，香港从单一城市经济体融入大湾区城市群经济体，则有可能逐步摆脱经济失衡困境。

（一）制造业外移，影响产业创新

香港制造业大体上起步于1947年，起飞于20世纪60年代，到20世纪80年代发展到顶峰。在1960～1979年的大部分年份中，香港制造业产值占GDP的比重约30%，制造业从业人数大约占劳动力的40%，对香港经济社会贡献很大。自20世纪80年代末起，制造业一路下滑，直接导致香港第二产业严重萎缩。2004年以后香港第三产业比重保持在90%以上，第一产业、第二产业比重之和不到10%（见表7－1）。

表7－1　1980～2018年香港第二产业和制造业增加值占GDP的比重的变化

单位：%

年份	第二产业比重	其中		
		制造业	电力、燃气、自来水供应及废弃物管理	建造业
1980	30.4	22.5	1.5	6.4
1981	30.2	21.5	1.5	7.2
1982	28.5	19.6	1.9	7.0
1983	30.2	21.6	2.5	6.1
1984	30.7	23.1	2.5	5.1
1985	28.4	21.0	2.7	4.7
1986	28.9	21.4	2.9	4.6
1987	27.9	20.8	2.7	4.4
1988	26.3	19.5	2.4	4.4
1989	25.5	18.3	2.3	4.9
1990	24.1	16.6	2.4	5.1
1991	21.6	14.3	2.2	5.1
1992	19.5	12.6	2.2	4.7
1993	17.3	10.3	2.2	4.8
1994	15.4	8.5	2.4	4.5
1995	14.5	7.6	2.4	4.5
1996	14.5	6.7	2.4	5.4
1997	13.8	6.0	2.4	5.4
1998	13.9	5.6	2.8	5.5
1999	13.4	5.2	2.9	5.3
2000	12.6	4.8	2.9	4.9
2001	11.8	4.2	3.1	4.5
2002	11.0	3.7	3.2	4.1
2003	10.1	3.2	3.2	3.7
2004	9.5	3.1	3.2	3.2

续表

年份	第二产业比重	其中		
		制造业	电力、燃气、自来水供应及废弃物管理	建造业
2005	8.7	2.9	3.0	2.8
2006	8.2	2.7	2.8	2.7
2007	7.0	2.0	2.5	2.5
2008	7.3	1.9	2.4	3.0
2009	7.3	1.8	2.2	3.3
2010	7.1	1.8	2.0	3.3
2011	6.8	1.6	1.8	3.4
2012	6.9	1.5	1.8	3.6
2013	7.1	1.4	1.7	4.0
2014	7.3	1.3	1.6	4.4
2015	7.2	1.1	1.5	4.6
2016	7.7	1.1	1.4	5.2
2017	7.6	1.1	1.4	5.1
2018	6.8	1.0	1.3	4.5

资料来源：香港特区政府统计处网站提供的《按主要经济活动划分的本地生产总值—占以基本价格计算的本地生产总值百分比》。

香港制造业外移的其中一个重要原因要归结于香港本身的外向型工业化策略。香港一开始推行工业化之际便采取“出口导向型的工业化策略”，并取得成功。这与亚洲其他“三小龙”在工业化过程中先采取“进口替代”的策略明显不同。① 也就是说，香港制造业的发展并非为了本地市场，而是为了出口，从属于对外贸易。但从某种程度上讲，香港与其他“三小龙”本地市场的差异也对香港工业化策略产生一定影响。

但是香港制造业的成功之处也正是它的缺陷。出口型轻工业的弱点是技术性竞争能力弱，对生产技术能力、研究与发展活动（R&D）等不关注、不太投入，技术积累和升级非常弱。因此香港的工业一直停留在出口导向第一

① 饶美蛟：《香港工业发展的历史轨迹》，载王赓武《香港史新编》（上册），三联书店（香港）有限公司，1997，第389页。

阶段，未能进入出口导向第二阶段和进口替代第二阶段，未能像中国台湾地区和韩国那样，向资本和技术较为密集的中间产品及工业机器和设备工业深化发展。因此，在20世纪70年代末全球制造业漂移、全球和地区竞争加剧的背景下，加上人工、土地、技术等成本快速攀升，香港制造业难以为继，更谈不上发展。1979年经济多元化咨询委员会提出47条建议，其中涉及工业的4条被政府接纳，但在“积极不干预”政策导向下，最终给予香港制造业企业的支持微乎其微，香港制造业终究未能持续发展，在内地改革开放背景下，大批香港加工贸易制造业向外迁移进入内地特别是珠三角地区。

香港制造业外移另外一个因素是内地实行改革开放以及广东省特别是珠三角地区工业的升级，这与前述香港的自身原因形成叠加效应，加速香港制造业外移。2000年后，珠三角地区踏入工业化升级的第二阶段：重化工业发展阶段，沉寂多年的广州掀起新一轮的发展浪潮，并在珠三角地区推动新一轮进口替代工业化的进程。[①] 与此同时，深圳在高新技术领域的发展，与广州形成“双城动力”，成为珠三角此轮工业化升级的亮点。随后，中国在2001年加入WTO，标志着中国向全球市场开放，珠三角地区具备的制造业基础和优势得到充分发挥。比较香港和珠三角地区的三次产业结构变化可以明显看出，香港第二产业比重从1984年的最高峰30.7%一路下滑，到2018年下降到6.8%（见表7－2）。

表7－2　1980～2018年香港与珠三角三次产业结构变化

单位：%

年份	香港三次产业结构			珠三角地区三次产业结构		
	第一产业	第二产业	第三产业	第一产业	第二产业	第三产业
1980	1.0	30.3	68.7	—	—	—
1981	0.8	30.2	69.0	—	—	—
1982	0.9	28.4	70.7	—	—	—
1983	0.8	30.1	69.1	—	—	—

① 封小云：《回归之路：香港经济发展优势重审》，香港城市大学出版社，2017，第47页。

续表

年份	香港三次产业结构			珠三角三次产业结构		
	第一产业	第二产业	第三产业	第一产业	第二产业	第三产业
1984	0.6	30.7	68.7	—	—	—
1985	0.6	28.4	71.0	—	—	—
1986	0.5	28.9	70.6	—	—	—
1987	0.4	27.9	71.7	—	—	—
1988	0.4	26.3	73.3	—	—	—
1989	0.3	25.5	74.2	—	—	—
1990	0.2	24.1	75.7	15.3	43.9	40.8
1991	0.2	21.6	78.2	—	—	—
1992	0.2	19.5	80.3	—	—	—
1993	0.2	17.3	82.5	—	—	—
1994	0.2	15.4	84.4	—	—	—
1995	0.1	15.0	84.9	8.5	48.7	42.8
1996	0.1	14.5	85.4	—	—	—
1997	0.1	13.8	86.1	—	—	—
1998	0.1	13.9	86.0	—	—	—
1999	0.1	13.5	86.4	—	—	—
2000	0.1	12.6	87.3	5.4	47.7	46.9
2001	0.1	11.8	88.1	5.0	47.2	47.8
2002	0.1	11.0	88.9	4.5	47.0	48.5
2003	0.1	10.1	89.8	3.9	48.5	47.6
2004	0.1	9.4	90.5	3.6	49.6	46.8
2005	0.1	8.6	91.3	3.0	50.9	46.1
2006	0.1	8.1	91.8	2.6	51.6	45.8
2007	0.1	7.0	92.9	2.4	50.8	46.8
2008	0.1	7.3	92.6	2.4	50.2	47.4
2009	0.1	7.2	92.7	2.2	48.3	49.5
2010	0.1	6.9	93.0	2.1	48.9	49.0
2011	0.1	6.8	93.1	2.0	48.5	49.5
2012	0.1	6.9	93.0	2.0	46.9	51.1
2013	0.1	7.0	92.9	1.8	46.0	52.2
2014	0.1	7.2	92.7	1.7	45.8	52.5
2015	0.1	7.2	92.7	1.7	44.4	53.9
2016	0.1	7.7	92.2	1.7	43.0	55.3
2017	0.1	7.5	92.4	1.6	41.7	56.7
2018	0.1	6.8	93.1	1.5	41.2	57.3

资料来源：香港特区政府统计处提供的《按主要经济活动划分的本地生产总值—占以基本价格计算的本地生产总值百分比》、广东统计年鉴。

实际上，如果香港与珠三角地区是无缝衔接的区域，两地市场互通，那么香港制造业由于成本高企向珠三角地区迁移，其实是正常的产业转移，不仅不影响香港经济的持续发展，而且有利于香港产业向高端化升级。问题在于，制造业是技术、知识经济、服务业不断创新升级的源泉，制造业严重萎缩，香港失去了产业创新的根基和土壤，中等附加值、中等就业量的产业出现“断层”，经济增长动力不足，新的增长点难以培养。

（二）服务业缺乏支撑，创新发展动力不足

从 20 世纪 80 年代起，香港出现了产业结构空洞化的争论。20 世纪 80 年代，最著名的关于结构变迁和经济增长关系的研究主要来自发展经济学家，尤其是钱纳里等结构主义学派，但产业结构对经济增长的影响程度表现出很大的异质性。经济结构变化会影响到经济增长的质量，从而影响经济增长的效率。企业家认为空洞化是个假象，香港将生产基地转移到低成本地区，逐渐转变为亚太以至世界的工业和经济投资的大本营。但从经济的表象来看，香港工业逐渐萎缩，制造业北移，产业结构空洞化。20 世纪 80 年代末，以房地产业为支柱、以轻工业生产和出口业为主的香港经济体系，开始由制造型经济转为由出口带动的服务型经济①，香港以金融和房地产业为主导的经济结构特征更加明显。

单从产业属性来看，服务业高度发达并无好坏之分。全球金融中心服务业占比均在 90% 以上，关键在于支撑服务业发展的因素是什么，以及服务业内部结构如何。2018 年，香港第三产业增加值占 GDP 的比重为 92.3%，伦敦为 90.2%，纽约为 89.8%。如果将伦敦、纽约相应年份比重最大的前四个产业，与香港的四大支柱产业进行比较，就会发现，香港四大支柱产业合计占 GDP 的比重（57.4%）稍高于纽约（55.2%），低于伦

① 李楚祥：《亚洲金融风暴对香港经济的影响》，《东南亚纵横》1998 年第 2 期。

敦（63.7%）；金融在香港服务业中的地位高于纽约和伦敦；香港贸易及物流业的服务功能是区别于伦敦、纽约的重要特征；在信息技术含量较高的信息及通信产业，以及知识含量较高的专业、科学技术活动，教育、医疗、社会服务等政府及公共服务产业，香港的表现与伦敦、纽约差距较大（见表7－3）。此外，信息及通信是伦敦第五大产业，占比10.5%，政府及公共事业服务是纽约第五大产业，占比9.0%。

表7－3　2018年香港、伦敦、纽约四大产业比较

单位：%

香港		伦敦		纽约	
类别	比重	类别	比重	类别	比重
贸易及物流	21.2	专业与管理服务	17.8	专业及商用服务	15.8
金融	19.7	房地产活动	16.4	房地产及租赁服务	14.8
专业服务及其他工商业支持服务	12.0	零售、交通、酒店、食品服务	15.3	金融和保险	14.3
旅游	4.5	金融和保险	14.2	信息及通信	10.3
合计	57.4		63.7		55.2

资料来源：香港特区政府统计处、英国国家统计局和美国商务部经济分析局。

值得注意的是，香港的贸易已经由转口贸易转向离岸贸易，这是香港贸易及物流业的重要特征。1991年，香港约六成的出口贸易是转口贸易，本地产品出口和离岸贸易各占约两成。2003年，离岸贸易超过转口贸易，出口贸易的一半是离岸贸易，而本地产品出口占出口贸易的比重大幅萎缩到不足5%。到2012年，离岸贸易的比重已经达到65%，转口贸易占比不到三成半，本地产品出口的比重更是下降到几乎可以忽略不计的1.1%。这一局势到今天已经更加明显。因此有学者认为，香港已经悄悄地进入了第三次转型，重新回到了一个“国际市场掮客”的角色，在覆盖更大产地的同时，在本土提供更全面的全球供应链管理，完成全球销售链需要的多种服务。[①] 所谓“国际市场掮客”，实

① 王缉宪：《解读香港经济的本质：扩展的贸易圈与升级的产业内涵》，新浪博客，2013年7月8日。

际上是指香港企业是世界经济活动的统筹者和协调者，香港企业之所以是世界经济活动的统筹者和协调者，是因为香港构建了高度发达的全球商业网络，而香港则是这一商业网络的中心，并成为全球经济的重要节点。这一节点功能使得香港能够成为全球生产的组织协调中心和管理控制中心，这是香港的核心竞争力所在。较之香港的国际金融中心地位和金融服务功能，香港以贸易物流为介质的全球生产控制中心的地位和功能或许更加重要。全球生产控制中心处于全球市场的前沿，最先感觉到全球经济的变化，小型企业的灵活性更有利于调整适应这些变化，从而规避风险抢抓机遇，这对发展开放型经济和外向型经济的香港而言更为关键和重要。此外，全球生产控制中心在一定程度上引导资金流向，是金融服务的重要对象，而全球生产控制中心的综合性以及一定程度上的实体性，可以对冲金融服务业的虚拟性和高风险性，避免香港经济进一步金融化。因此，香港经济发展方向之一，是打造以贸易物流为介质的全球生产控制中心这种描述，更加形象地说明香港经济产业的虚拟化。

总体而言，香港的服务业更具传统性而非现代性，更具生活性而非生产性，更具保守性而非创新性，部分支柱产业（如旅游）主要是劳动密集型服务业。换句话说，无论是形态还是发展水平，香港服务业都很难被称为知识经济。之所以如此，根本原因在于香港几乎没有制造业，以及以制造业为主体形成的实体经济。城市经济发展的实践表明，没有一定比例和发展较为稳定的制造业的全球性城市，其经济和产业创新就不会活跃；没有一定规模的实体经济从外部对服务业提出更多更高需求，服务业内部就难以形成强大持久的知识技术创新动力。创新动力的缺乏，必然导致经济增长动力和产业提升动力不足。

以今天的视角来看，香港在 20 世纪 80 年代制造业北移转型为以服务业为主体的商业城市的同时，没有及时抓住发展成为知识城市和创新城市的历史机遇。一方面，香港服务业没有因工业化及城市化的需要及时创新，“划时代的经济转变，近 20 年的高增长，却未能在金融业的领域内催生任何显著的创新。香港急速工业化，但没有工业银行或投资信托去解决它们的融资需要；建筑业蓬勃，市民自置居屋意愿高涨，却没有专业的金融机构提供年期长的专业贷款”。另一方面，香港也未能在去工业化的同时及时发展知识技术产业。如果香港在 20 世纪 80 年代去工业化的同时，在区域无对手的情况下，能够发展成为区域的高科技中心、医疗中心、教育中心，更注重发展中等附加价值、中等就业量的知识行业，香港的经济或许会更加多元。

（三）新兴产业发展艰难，新的经济增长点未形成

以科技创新产业为代表的新兴产业在香港发展举步维艰。香港的“第四产业”①，即高科技产业发展不理想，导致香港产业结构特别是工业结构难以高级化。香港的“贸易思维”深入人心，热衷于赚“快钱”和“热钱”，这种经济层面的基因导致香港创新科技产业发展艰难。与内地相比，香港科技创新产业存在规模较小、研发投入不足且效果不佳、科技创新企业融资困难、科技创新人才流失严重、知识产权商业化率低等突出问题。J. Schmookler 的需求推进科技进步理论，认为技术创新始于市场需求，需求是推动技术进步的主要动力，市场的需求，对产品和技术提出了明确的要求，从而导致科学技术的发展，进而制造出适销的产品，最终满足市场的需求。内地科技水平虽不能同美日相比，但内地市场较为广阔。内地科技对香港工业科技化的作用已日益明显，典型的例子如中国航天科技集团有限公司，1995 年 5 月，中国航天工业总公司收购了香港最大的电子集团康力投资有限公司，康力此时已负债 25 亿港元，累计亏损 6 亿港元，资产净值只有 1 亿港元，被中航控股 51% 后，改组为航天科技国际集团有限公

① 刘学功：《走信息高科技产业之路——论香港产业结构转型》，《成都信息工程学院学报》2006 年第 1 期。

司，仅三年多时间，就扭亏为盈，到 1996 年 6 月盈利 1.6 亿港元，公司总资产增至 40 余亿港元。①

香港增长要素中综合要素生产率增长所占比重，即经济增长中的科技含量，20 世纪 60 年代为 47%，20 世纪 70 年代为 40%、20 世纪 80 年代为 30%，进入 20 世纪 90 年代以来则只有 22%，而发达国家或地区一般都在 50% 以上。与韩国、日本、新加坡等相比，中国香港在高科技产业的投入和技术水平上均存在较大的差距。根据世界银行数据，中国香港每百万人中的研究人员数量从 1998 年的 1063 人逐步增加至 2018 年的 4026 人，韩国则从 1998 年的 1984 人迅速增加至 2017 年的 7497 人、日本从 1998 年的 5135 人增加至 2017 年的 5304 人、新加坡从 1998 年的 2951 人增加至 2014 年的 6635 人。②

（四）经济高度金融化，可持续发展风险多

经济金融化是经济全球化的结果之一，也是发达经济体的共同特征。经济金融化的主要特征，大体有如下几个方面，首先是金融主导经济，捍卫股东利益和维护股东价值成为企业的核心价值，利润重于责任；其次是资本市场不断壮大活跃，并产生一个靠股息、利息、租金等为主要收入的社会阶层，利润主要不是来自生产，而是来自金融市场；最后是衍生性金融产品不断创新和推出，对经济的影响力趋强，不仅吸引大批人士从事金融活动，更使社会普遍认为金融是最有效的赚钱行业。

对比上述特征，香港经济金融化自 2000 年以来日趋明显。在香港，目前“金融已覆盖了不同的经济领域，而且跨越各界，在曾荫权的大力推动下成熟及壮大起来，金融市场、金融参与者和金融机构在香港占有一定地位及

① 李伟迪：《论过渡时期国内因素对香港经济的影响》，《吉首大学学报》（社会科学版）1998 年第 2 期。

② 数据来自世界银行数据库网站，各个国家和地区统计数据的起始和终止年份有所不同。

影响力，与其他金融中心一样，逐步将谋取利益的行业，由实业转至金融行业”。资本市场由于进入门槛较低而吸引了很多资金。根据香港交易所2018年年报，2018年香港交易所主板市价总值约3.8万亿美元，是当年GDP（约3630亿美元）的11倍；年成交总额26.4万亿港元（约3.4万亿美元），是当年GDP的9.5倍。近年来市值有过半数是基于物业或地产发展，然后是公用事业和金融行业，工业股的比重不足7%。对地产的偏重，又大大地加剧了本港股市的动荡。巨大的规模以及高度开放的管制体系，使得香港经济很容易受到金融业和地产建筑业占一定比重的资本市场的影响。

香港经济金融化的另一个重要推手是房地产市场，其作用似乎比金融业本身更大。也就是说，房地产是一种投资理财产品，具有金融或证券产品的特征，也可以说是一种准金融产品。作为城市经济体和开放经济体，香港房地产市场的波动受到内外因素的影响，房地产推动了香港经济金融化，自20世纪80年代以来，香港经济已经形成房地产市场主导的增长模式。市民倾向于通过银行贷款来投资房地产市场和股票市场。但股票市场和房地产市场过热的风险实在令人担忧。由于股市和房地产市场已经成为大部分人，包括政府、家庭、银行、股东和公司的主要收入来源和一个有利可图的投资机会，当市场大幅回落时，原本的市场问题便会立即转化为一个负面的社会问题。

经济金融化对香港经济的负面影响很大。从宏观上看，由于香港金融市场与国际全面接轨，近年来不断增加的政治事件、经济事件影响全球经济波动，无论是美国、英国等发达国家的经济波动抑或是发展中国家、欠发达国家的经济波动，都比较容易传导至香港金融市场，造成一定程度波动。从中观层面看，房地产、专业及商业服务与金融高度连接，建造业等间接关联金融体系，整个香港经济极易受金融影响而波动。从微观层面看，无论是香港企业还是居民个人，与金融高度绑定的结果是，在金融体系不确定性震荡下，企业和居民债务波动较大，直接影响企业的经营和居民个人及家庭的发展。因此，经济高度金融化对于香港可持续发展而言，是个潜在的巨大威胁。此外，香港经济结构长期失衡，导致社会矛盾加深、社会问题加重，经济问题与社会问题形成“恶性循环”、相互制约。

二　香港转型面临竞争

香港不仅面临自身经济结构失衡的挑战，更面临来自国际国内关联城市和地区的激烈竞争。竞争并非是消极的、负面的，城市之间、区域之间乃至国家之间的竞争与合作并存，某种角度来看是城市不断创新、不断升级寻求可持续发展、引领发展的外部动力之一。以下着重分析中国香港面临的来自新加坡、深圳和上海三个城市的竞争，分别代表了国际竞争、区域竞争及与内地城市之间竞争。

（一）国际竞争加剧

中国香港与新加坡共同被称为“亚洲四小龙”之一，两个城市有较多的相似性，都以华人为主，都曾被英国统治过，都是世界重要的金融、贸易和航运中心，航运、航空业发达。

GDP 方面。根据世界银行数据，过去 20 年，新加坡和中国香港的 GDP 年均增长率分别为 5.3% 和 3.8%，新加坡略胜一筹。从经济波动来看（GDP 增长率标准差），新加坡明显小于中国香港。显示出新加坡经济的稳定性和韧性，以及一定程度上经济结构的平衡性。

城市竞争力方面。美国学者约翰·弗里德曼在 1980 年提出了著名的“世界城市假说”。他把纽约、芝加哥、东京等作为第一等级的核心城市，新加坡和圣保罗等城市作为第一等级外围的主要城市，中国香港等作为第二等级的外围城市。在瑞士洛桑管理学院（IMD）发布的城市竞争力排行榜中，中国香港和新加坡常年排在前三，位置经常更换。在 2019 年排名中，新加坡居首，中国香港紧随其后排在第二。①

金融方面。根据中国（深圳）综合开发研究院与英国智库机构 Z/Yen 联合发布的全球金融中心指数（GFCI），最近 8 期排名中，中国香港有 3 次名列第 4，另外 5 次中国香港领先新加坡排名（见表 7－4）。无论是金融市场、管理资产结构还是金融服务，中国香港与新加坡都存在一定程度的竞争。虽然目前新加坡的金融市场规模仅为中国香港的 1/4，但仍被视为最有可能在短时间内承接中国香港金融业转移的竞争对手。此外，中国香港离岸人民币中心也面临新加坡的挑战。环球银行金融电信协会（SWIFT）数据显示，中国香港是全球最大的离岸人民币清算中心，所占比重第一，新加坡紧随其后排在第二。

表 7－4　全球金融中心指数 GFCI 排名（第 19～26 期）

单位：分

期数	排名/得分	英国伦敦	美国纽约	中国香港	新加坡
GFCI19	排名	1	2	4	3
	得分	800	792	753	755
GFCI20	排名	1	2	4	3
	得分	795	794	748	752
GFCI21	排名	1	2	4	3
	得分	782	780	755	760
GFCI22	排名	1	2	3	4
	得分	780	756	744	742
GFCI23	排名	1	2	3	4
	得分	794	793	781	765
GFCI24	排名	2	1	3	4
	得分	786	788	783	769
GFCI25	排名	2	1	3	4
	得分	787	794	783	772
GFCI26	排名	2	1	3	4
	得分	773	790	771	762

资料来源：GFCI 网站，www. longfinance. net。

① 瑞士洛桑管理学院：*IMD World Competitiveness Center Ranking 2019*，https：//www. imd. org/contentassets/6b85960f0d1b42a0a07ba59c49e828fb/one-year-change-vertical. pdf，最后检索时间：2019 年 12 月 1 日。

港口航运方面。2005 年中国香港集装箱吞吐总量为 2260 万标准箱，被新加坡（2320 万标准箱）超越，排名首次滑落至世界第二。世界经济论坛统计的港口基础设施质量评分，中国香港为 6.5，略微低于新加坡的 6.7（1 = 十分欠发达至 7 = 根据国际标准，十分发达高效）。2018 年，由新华社中国经济信息社联合波罗的海交易所推出的“新华 - 波罗的海国际航运中心发展指数”显示，在综合实力方面，新加坡、中国香港、英国伦敦位列全球国际航运中心前三名。新加坡除了在港口信息系统、人才培养等方面具有长期积累的优势，还积极与诸多国际航运企业建立合作联盟。例如，新加坡国际港务集团与中远海运港口有限公司共同经营新加坡港的集装箱泊位。

机场方面。国际民航局权威认证机构 Skytrax 发布的“2018 世界前 100 名主要机场”，以等待时间、清洁程度、购物体验等要素产生投票，新加坡樟宜机场、韩国仁川国际机场、东京羽田国际机场、中国香港国际机场排名世界第一位到第四位。

贸易方面。近年来，在参与自由贸易协定（FTA）方面，中国香港的表现明显不如新加坡，中国香港在东南亚的贸易腹地受到新加坡的挑战。截至目前，中国香港仅仅与内地、欧盟等有限的地区签署了自由贸易协定，而新加坡一直是世界贸易组织（WTO）多边贸易体系以及区域合作的积极推动者。近几年来，新加坡已经变成寻求双边自由贸易协定（FTA）最活跃的国家。

科技创新方面。新加坡研究人员数量和质量高于中国香港，且研发资金来源更为多元化，研发支出占比更高。新加坡 1998 年拥有的 1.2 万名科研人员中，50% 是外来移民。根据瑞士洛桑管理学院的研究，新加坡的工人素质竞争力排名，曾以超过 5 年的多年纪录蝉联世界第一。新加坡在过去 10 年中，私人基金所占比重一直在 50% 以上，是新加坡研发基金的主要来源。①

① 张玉阁：《十字路口的香港经济》，中国经济出版社，2016，第 79 页。

2017 年，中国香港研发支出占比为 0.7%，新加坡研发支出一直保持在 2% 以上（2017 年为 2.2%），且新加坡研发支出的分布更为均匀，与生产部门联系更为密切，更注重投入产出效益。

跨国公司总部方面。新加坡是亚洲地区发展总部经济最为成功的范例，也是在产业转型过程中从“制造基地”发展为“总部基地”。据统计，全球有 3000 多家跨国公司的区域总部设立在新加坡。新加坡总部经济的发展一方面得益于其出口导向型的产业基础，尤其是在制造业发展阶段全面接受了跨国公司的资本、技术、企业家精神和管理模式，营造了总部经济形成和发展的环境和文化。另一方面的原因在于新加坡政府在总部经济的形成中发挥了重要的作用，新加坡政府是总部经济发展战略的制定者。

（二）区域竞争加剧

香港与深圳一河之隔，两座城市的经济实力经常被拿来做比较。无论是经济总量还是科技发展，抑或是金融产业、科技产业，深圳与香港存在竞合关系。2019 年 8 月 18 日，中共中央、国务院发布《关于支持深圳建设中国特色社会主义先行示范区的意见》，指出深圳建设“先行示范区”有利于“丰富‘一国两制’事业发展新实践”，但有观点认为深圳建设“先行示范区”是深圳对香港的“替代”。这一看法未必符合实际。实际上，深圳对香港的替代自建市之日就已经开始，“前店后厂”就是一定程度上的替代。时至今日，深港之间彼此可以替代的都已经替代完毕，现存的基本上是不可替代或难以替代的内容或功能。

城市竞争力方面。中国社会科学院和经济日报社发布的《2018 年中国城市竞争力报告》，包括综合经济竞争力、可持续竞争力、宜居竞争力和宜商竞争力，深圳蝉联第一，香港名列第二（见表 7－5）。

表7－5　2018年中国城市竞争力排行榜

排名	城市名称	分数
1	深圳	0.67
2	香港	0.56
3	上海	0.42
4	广州	0.31
5	北京	0.26

资料来源：《2018年中国城市竞争力报告》。

GDP方面。2018年深圳GDP首次超过香港，成为粤港澳大湾区城市经济总量第一的城市。香港特区政府统计处公布的数据显示，香港2018年GDP同比增长3%，达2.85万亿港元，折算成人民币为2.40万亿元，这一数字略低于深圳2018年的GDP 2.42万亿元人民币。

金融方面。香港传统金融体系较为成熟，深圳新兴金融服务能力逐步崛起。深圳金融科技发展水平高于香港。截至2017年底，香港市民最常用的支付渠道仍然为现金（99%），其次为八达通（97%），而手机支付只有20%。在浙大互联网金融研究团队发布的《2018全球金融科技中心指数（GFHI）》中，深圳金融科技发展指数列于香港之前。深圳、香港、广州分别位列第7名、13名、14名（见表7－6）。目前，深圳正在配合央行开展数字货币研究与移动支付等创新应用，腾讯正在申请“区块链＋接待”“区块链＋病例数据”等专利，截至2019年12月20日新增专利300项，超过100项包含区块链。

表7－6　GFHI核心城市排行榜

城市	GFHI	金融科技产业	金融科技体验	金融科技生态
深圳	7	7	2	5
香港	13	14	18	9
广州	14	20	3	11

资料来源：《2018年中国城市竞争力报告》。

科技创新方面。《2018 年全球创新指数报告（GII）》显示，内地排名第 17 位，首次跻身全球创新指数 20 强，香港排名 14。在全球“最佳科技集群”排名中，“深圳－香港”地区位居第二，仅次于日本的“东京－横滨”地区。深圳与香港存在深度融合的科技创新生态体系，两个城市齐头并进、相互竞争。深圳拥有全国领先的创新制度环境，相继培育出国际竞争力较强的华为、中兴、比亚迪、腾讯等科创企业巨头。从研发支出占比看，香港研发支出占比远远低于深圳，深圳在研发方面的投入约占其 GDP 的 4%，与韩国和以色列一致，是全国平均水平的两倍，而香港投资占比不到 1%。人才引进上，深圳实施的“孔雀计划”、留学团队创业资助、金融人才引进办法等人才政策，在全国具有示范效应。2017 年 9 月《深圳市人才住房和保障性住房配建管理办法》提出，“配建方式多样化，包括集中配建和分散配建”。

（三）与内地其他城市竞争加剧

作为东方明珠的“上海”，和香港有越来越多相似之处，都是国际化都市、世界金融中心的定位。从城市竞争力的角度来看，中国城市竞争力研究会发布的《2017 中国城市综合竞争力排行榜》，上海荣获第一，香港第二。2013 年成立的上海自贸区，从设计之初，就一直强调金融功能，对香港国际金融中心来说也是一种挑战。

金融中心方面。上海是国家明确提出要打造的国际金融中心，属于国家战略。其金融市场规模、金融机构实力及金融业务品种在全国都首屈一指，在我国利率市场化、货币自由兑换、资金自由进出等条件尚未成熟的情况下，上海金融中心在一定时期内仍将侧重连接国内市场，是国家金融营运中心，发挥着引领和保护国家金融市场的职能。从交易量、资产管理金额、投行利润的绝对数量上，上海在现在或未来超过香港。广阔的经济腹地和金融腹地是其各项业务蓬勃发展的基础。上海临港新区正式揭牌，对标国际上公认的竞争力最强的自由贸易园区，加大对新片区政府债券发行的支持力度。

国际消费方面。2014 年末，世邦魏理仕就对 52 个国际高端品牌在亚太地区主要城市的渗透率进行了统计。数据显示，上海的国际高端品牌丰富度已超越香港，排名亚太地区第一。2018 年，上海市发布《全力打响“上海文化”品牌加快建成国际文化大都市三年行动计划（2018～2020年)》，上海红色文化品牌、海派文化品牌、江南文化品牌全面打响。2018 年 11 月 5 日，首届中国国际进口博览会正式开幕，上海借助进博会，打响“上海服务”品牌。

2019 年上海市颁布总部经济发展“30 条”（《上海市鼓励跨国公司设立地区总部的规定》和《上海市人民政府关于本市促进跨国公司地区总部发展的若干意见》)，进一步加大鼓励跨国公司地区总部集聚力度，提高跨国公司贸易和物流便利度。上海在营商环境方面的改革和努力正在不断吸引跨国公司集聚。面对内地巨大的市场，不少跨国公司正在考虑转移或者新设地区总部至上海。

贸易方面。2019 年 7 月，国务院发布《中国（上海）自由贸易试验区临港新片区总体方案》，提出到 2025 年建立比较成熟的投资贸易自由化便利化制度体系，打造一批更高开放度的功能型平台，集聚一批世界一流企业，区域创造力和竞争力显著增强，经济实力和经济总量大幅跃升。到 2035 年建成具有较强国际市场影响力和竞争力的特殊经济功能区，形成更加成熟定型的制度成果，打造全球高端资源要素配置的核心功能，成为我国深度融入经济全球化的重要载体。在此目标下，上海自贸区临港新片区提出投资自由、贸易自由、资金自由、运输自由、人员从业自由等“五大自由”建设和开放型产业体系建设。这是目前为止内地改革开放力度最大的区域。随后，上海市出台《关于促进中国（上海）自由贸易试验区临港新片区高质量发展实施特殊支持政策的若干意见》50 条，包含人才、税收、住房、土地规划、产业集聚、交通网络建设、城市综合服务功能等，促进临港新片区高质量发展，实现新片区与境外之间投资经营便利、货物进出自由、资金流动便利。上海自贸区临港新片区的规划建设，既是我国改革开放再出发的重要举措，对包括香港、澳门、深圳、广州在内的城市而言，又在某种程度上形成一定竞争关系。

三　香港转型与中央支持

转型是香港回归后一直在讨论和实践的主题。特区政府对香港的经济定位和发展方向多有思考和表达。在历年政府施政报告中，有关香港经济定位的表述有如下说法："国际性大都会"（1998）、"香港的定位：就是背靠内地，面向全球，作为我国的一个主要城市和亚洲的国际都会"（2001）、"（香港）既是中国城市，也是全球城市"（2007）、"（香港是）我国唯一与伦敦、纽约鼎足而立的国际金融中心"（2008）、"香港的战略定位是国家的全球金融中心"（2011）、"香港是主要环球金融中心之一，也是中国领先的国际金融中心"（2015）、"巩固和提升国际金融、航运、贸易三大中心地位，发展创科事业，建设亚太区国际法律及解决争议服务中心"（2018）。

与此同时，中央政府及内地也大力支持香港转型。国家"十三五"规划提出，支持香港巩固和提升国际金融、航运、贸易三大中心地位，强化全球离岸人民币业务枢纽地位和国际资产管理中心功能，推动融资、商贸、物流、专业服务等向高端高增值方向发展，支持香港发展创新及科技事业，培育新兴产业，支持香港建设亚太区国际法律及解决争议服务中心。习近平在庆祝香港回归祖国20周年大会暨香港特别行政区第五届政府就职典礼上的讲话中指出，支持香港在推进"一带一路"建设、粤港澳大湾区建设、人民币国际化等重大发展战略中发挥优势和作用。党的十九大报告指出要支持香港、澳门融入国家发展大局，以粤港澳大湾区建设、粤港澳合作、泛珠三角区域合作等为重点，全面推进内地同香港、澳门互利合作，制定完善便利香港、澳门居民在内地发展的政策措施。2019 年 2 月公布的《粤港澳大湾区发展规划纲要》明确香港的定位是巩固和提升国际金融、航运、贸易中心和国际航空枢纽地位，强化全球离岸人民币业务枢纽地位、国际资产管理中心及风险管理中心功能，推动金融、商贸、物流、专业服务等向高端高增值方向发展，大力发展创新及科技事业，培育新兴产业，建设亚太区国际法律及争议解决服务中心，打造更具竞争力的国际大都会。①

（一）香港结构转型的内涵

经历过多轮有关产业类型、产业链与价值链位置、区域合作与一体化发展的讨论、探索与实践，香港转型发展形成了一定程度的“新共识”，即从区域经济发展看，香港要从单一城市向城市群转型，深度融入粤港澳大湾区发展；从城市定位看，香港要从金融中心向“金融 + 科技”中心转型；从具体的产业和功能看，香港要强化离岸人民币中心建设，加强与内地资本市场互联互通，以落马洲河套地区为核心，与深圳、广州等共建国际科技创新中心。在这种转型发展的“新共识”“新方向”下，中央政府及内地均积极出台支持措施。

所谓“双转型”，即单一城市向都市群转型，金融中心向“金融 + 科技”中心转型。

单一城市向都市群转型是城市空间发展和生存状态的转型，即单一城市的发展空间并非看得见的行政界线，而是通过发达的交通网络，与周边地区互联互通、相互交融；城市的要素资源整合不仅限于管辖区域，而是

① 《粤港澳大湾区发展规划纲要》，中华人民共和国中央人民政府，2019 年 2 月 18 日，http：//www. gov. cn/zhengce/2019 –02/18/content_ 5366593. htm#1。

在城市内外乃至远在“飞地”展开，通过大区域、广覆盖的资源配置，拓展发展空间，创新发展形态，生成可持续发展新动力。在经济全球化出现发展方向漂移、利益诉求多元的新形势下，城市单打独斗、各自发展的时代业已结束，依托都市群推动城市发展，成为全球城市的首要选择。都市群发展是单一城市发展的重要支撑，也是国家、区域、城市竞争力和影响力提升及发挥作用的重要平台。纽约、东京、伦敦都不是以单一城市的方式存在，其全球地位和影响力，取决于以其为核心的都市群的实力和竞争力。香港也不例外，不能脱离国家经济和区域经济单独存在和发展。离开国家经济和粤港澳大湾区的支撑，香港在全球城市格局中的地位和综合竞争力就会下降。而要获得国家和区域的双重支撑，香港就需要融入粤港澳大湾区，融入国家经济，从而获得习近平所说的国家持续快速发展为香港提供“难得机遇、不竭动力、广阔空间”。香港可以借助湾区广阔的市场空间和需求，与湾区各城市之间分工协作，在人才、技术、资金等方面优势互补、拓展空间，形成都市群发展形态，解决深层次矛盾，实现长期可持续发展。

金融中心向“金融＋科技”中心转型是发展趋势。过去 20 年，从亚洲金融风暴到全球金融海啸，暴露了单一金融中心城市经济高度虚拟化的软肋，也彰显了跨国公司推动下的全球产业分工格局的缺陷和不足。这些城市（尤其是全球金融中心城市）不仅是波及全球的“蝴蝶效应”的制造者，也是“蝴蝶效应”的受害者。①世界上的金融中心都在努力发展创新科技，向“金融＋科技”中心转型。纽约提议“继续发展知识经济，成就科技纽约城市”，引入外部机构共建纽约科技城，建设“硅巷”，打造美国东岸科技重镇，力求成为美国的“新科技首都”。伦敦近 10 年来打出技术创新的“新招牌”，打造属于英国的“硅

① 综合开发研究院（中国深圳）课题组：《以“双转型”引领粤港澳大湾区发展》，《开放导报》2017 年第 4 期。

谷”。伦敦老街逐步发展成为“硅环岛”，是伦敦技术创业核心地带，排在旧金山硅谷和纽约之后，号称世界第三大技术企业集群区。从伦敦老街、肖尔迪奇向东延伸到奥林匹克公园的区域已经建成，为伦敦高新技术产业中心，号称“东伦敦技术城”。2001 年新加坡政府斥资 85 亿美元打造世界级研发中心“One North”，重点研究生物医疗、信息技术、通信传媒等，已经集聚大批公立科研机构和企业研发中心，以新加坡国家研究基金为代表的政府基金，对初创企业提供资金支持和创业培训。

近年来，香港结构转型得到中央和内地的大力支持，主要表现为支持香港融入粤港澳大湾区、支持香港建设离岸人民币中心、支持香港建设国际创新科技中心。

（二）支持香港融入粤港澳大湾区

一是推动粤港澳大湾区要素自由流动。在各方努力下，粤港澳大湾区的要素流动效率不断得到加强。人员流动方面，铁路总公司已经优化调整售票系统、自助售票机，港澳居民持“回乡证”可自助取票；澳门单牌车出入横琴更加便捷；广东省公安机关推出服务粤港澳大湾区建设 18 项举措，包括增加通行港珠澳大桥的直通车辆指标，在中山港、佛山火车站等 6 个客运口岸推行口岸出入境人员和粤港澳边民自助通关，深化大湾区警务协作等。在间接层面，包括横琴实施的“港人港税，澳人澳税”，在前海就业的港澳居民免办台港澳人员就业证，允许自愿缴纳住房公积金且可享受住房公积金个人住房贷款权利（限自住），拟允许在内地未就业、未就读的台港澳居民参加养老保险和医疗保险等，都极大地便利人员在粤港澳大湾区高效便捷流动。2018 年 8 月，国务院办公厅印发了《港澳台居民居住证申领发放办法》，港澳居民可以凭居住证解决之前回乡证碰到的许多问题。货物流通方面，《珠海口岸查验机制创新试点方案》的“合作查验，一次放行”新型通关模式有望推广至其他口岸；皇岗口岸重建，将取消货检，深圳陆路口岸“东进东出，西进西出”的布局得到优化，深圳湾口岸有望24小时通关；粤港澳三地互助执法程度加深、信息共享进度加快。资金跨境流动方面，广东企业到香港成立财资中心，粤港两地金融机构及非银行支付机构合作，探讨粤港两地保险市场互联、保险产品互通的可行性，适度放宽香港保险公司进入广东市场的条件，广东企业到香港发行人民币债券，广东金融机构参与内地与香港基金互认安排，香港金融机构在广东设立两地合资全牌照证券公司等，都得到大力和持续的推进。信息流动方面，粤港澳三地拟降低或取消国际通信漫游费，并探索在特殊区域内加强互联网联系。

二是加快落实港澳居民在内地享受同等待遇。通过CEPA，商务部不断推动内地与香港之间投资便利、贸易便利，不断降低香港服务提供者进入内地的门槛和要求，逐步实现其与内地服务提供者享有同等的经济权利。如服务贸易领域，内地对香港开放的服务部门已达153个（见表7-7中“商业存在”和“跨境服务”），涉及WTO框架下160个服务部门的95.6%。而实行国民待遇的部门仅有62个，占比不到WTO服务部门的40%。同时，CEPA允许香港居民参加内地45类国家规定的专业技术资格考试（类似于正面清单管理模式）和开放除特许经营领域外的港澳个体工商户。这一进程取得很大进展，且仍在不断推进中。

表7-7 CEPA及其相关协议规定

类别	香港对内地	内地对香港
货物贸易	香港对原产于内地的所有进口货物实行零关税	内地对原产于香港的货物实行零关税正面清单管理，共1901项，主要是生鲜、化学物品、化妆品、药品、纸、纺织品（衣物）及原材料、珠宝首饰、金属配件、元器件、医疗器械等

续表

类别	香港对内地	内地对香港			
服务贸易	香港与内地尚未就香港向内地保留的限制性措施和进一步开放措施进行磋商	商业存在：保留限制性措施（负面清单管理）。62个服务部门（或分部门）实现国民待遇，57个服务部门（或分部门）保留各类限制性措施，包括投资股比、从业范围等	跨境服务：正面清单管理。34个服务部门（或分部门）实行开放，包括1个电信领域部门和6个文化领域部门	专业技术人员资格考试：允许香港居民参加45类国家规定的专业技术资格考试	个体工商户：除特许经营外一律开放，并取消从业人员数、经营面积限制，取消身份核证要求
投资协议	香港与内地尚未就香港向内地保留的不符措施进行磋商	针对非服务业领域，包括投资准入、投资保护和投资促进等内容。内地对香港在非服务业投资领域仅保留了26项不符措施，在船舶、飞机制造、资源能源开采、金融市场投资工具等方面采取了更加优惠的开放措施，并明确了在投资领域继续给予香港最惠待遇，这将使香港继续保持内地对外开放的最高水平			
经济技术合作协议	深化香港与内地在“一带一路”与泛珠海的合作，加强香港与内地在金融、旅游、创新科技、会展、中小企业、知识产权等重点领域的合作，推进两地在建筑及相关工程、房地产领域的专业资格互认。经济技术合作协议实质上是对CEPA及其10个补充协议中有关经济技术合作的内容的全面梳理、更新、分类和汇总，以及针对“一带一路”、粤港澳大湾区等新形势提出两地合作的一些原则和目标，并没有更开放的举措				

资料来源：商务部网站。

医疗社保方面，根据2005年劳动和社会保障部令第26号《台湾香港澳门居民在内地就业管理规定》，用人单位与聘雇的台港澳人员应当签订劳动合同，并按照《社会保险费征缴暂行条例》的规定缴纳社会保险费。表明港澳居民在内地可以享受社保待遇，前提条件是签订了劳动合同的港澳居民，而未就业未就读的港澳居民不能购买社会保险。2019年11月，人力资源和社会保障部与国家医疗保障局联合公布《香港澳门台湾居民在内地（大陆）参加社会保险暂行办法》，基本保障了台港澳居民在内地（大陆）参加社保享受与内地居民同等的待遇。教育方面，港澳居民较为集中的部分城市大都出台了相关政策，基本保障了港澳学童享受内地的教育资源（见表7－8）。就业方面，2018年7月，国务院取消台港澳人员在内地就业许可制。其他公共服务方面，广东省允许港澳居民缴存公积金。2017年1月，广东省委颁布《关于我省深化人才发展体制机制改革的实施意见》，明确提出“在我省工作的国（境）外人才，符合条件的，在缴存提取住房公积金方面与工作所在地居民享受同等待遇”。外籍和港澳台人员缴存住房公积金不再有政策障碍，深圳、佛山、东莞、中山等市探索放开对港澳台和外籍人士缴存使用住房公积金的政策。此外，广东省设有公务员考试专门通道。广东省在公务员招考网站为港澳居民设有专门通道，输入香港身份证号码就可以直接报名，其他省市少有关于这方面的规定和实践。

表7－8 港澳学生在内地享受同等教育待遇的有关政策

港澳学生入读内地中小学的政策	
城市	**具体规定**
北京	在京港澳居民可以选择到居住地附近的中小学就读，也可以选择到国际学校就读。如申请居住地附近的中小学，父母需要在侨办或区教委相关部门获取《港澳身份学生就读批准书》，被学校录取后，香港居民子女以非京籍借读学生身份就读。
广州	需要在广州中小学就读的适龄香港居民，可选择到居住地附近的中小学或国际学校就读。民办及国际学校招生不限户籍。符合“政策性照顾借读生”资格，有突出贡献的香港人士的适龄子女，参加广州市中考，可报考广州所有类型的高中学校。
上海	香港学生可以申请进入幼儿园、小学及初中就读。公办小学、初中实行免试就近入学，由区县教育局划定学校招生区域范围；如需申请就读公办高中，持有香港特别行政区永久居民身份证的学生须在上海市初中毕业后参加中考，各校根据学生志愿、学生招生计划和学生考分情况择优录取。
东莞	适龄香港学生须通过积分制方式入读义务教育阶段东莞公办学校。满足以下条件者可向其父母一方服务地或其父母在东莞拥有产权清晰的自有居所所在地的镇街服务部门提出申请，入读该地段公办学校或政府购买了学位的民办学校：年满6～18周岁；有正常学习能力；及父母中任何一方在东莞市行政区域内就业或经商，持有效境外人员临时住宿登记表并在东莞市依法缴纳社会保险费。

续表

城市	具体规定
深圳	根据2017年发布的《深圳市教育局关于做好2017~2018学年度义务教育阶段新生招生工作的通知》（深教〔2017〕162号），港澳籍学生可以和非深户籍学生一样申请参加积分入学。
港澳学生入读内地高校的政策	
类别	具体政策
入学资格	符合报考条件的港澳台学生，通过面向港澳台地区的联合招生考试；或者参加内地（大陆）统一高考、研究生招生考试合格；或者通过香港中学文凭考试、台湾地区学科能力测试等统一考试达到同等高校入学标准；或者通过教育部批准的其他入学方式，经内地（大陆）高校录取，取得入学资格。
培养质量	对未达到本科录取条件但经过一定阶段培养可以达到入学要求的港澳台学生，高校可以按相关要求招收为预科生。预科生学习满一年经学校考核合格后，可转为本科生。
奖学金	国家为港澳台学生设立专项奖学金，地方政府、高校、企事业单位、社会团体及其他组织和公民个人可依法设立面向港澳台学生的奖学金和助学金。
医疗保障	在内地（大陆）就读的港澳台学生与内地（大陆）学生执行同等医疗保障政策。

资料来源：综合整理。

三是加大力度支持香港融入大湾区发展。香港在大湾区发展中能够继续发挥"超级联系人"作用，如物流超级联系人，借助香港国际机场和港口货运，发挥香港在研发设备、研发材料、中间产品等环节的物流功能。在特定区域，内地海关对于来自香港（包括从海外进入香港）、湾区创新科技所需原材料、设备和中间产品，不视为进口，给予免税。发挥"技术超级联系人"作用，在生物技术方面，内地的行业监管门槛高，束缚了创新科技企业的发展，香港具有完善的监管法规政策以及较低的产品创新门槛，可吸引内地前沿技术进入香港发展。发挥"资金超级联系人"作用，将香港风险投资资金引入湾区，使香港风险投资市场覆盖湾区。吸引湾区内地企业和研发机构不定期赴港进行路演，以已经取得的科研成果，吸引风险投资进入，使研发活动得以持续和深入。2019年3月，财政部税务总局联合发布《关于粤港澳大湾区个人所得税优惠政策的通知》，规定广东省、深圳市按内地与香港个人所得税税负差额，对在大湾区工作的境外

（含港澳台，下同）高端人才和紧缺人才给予补贴，该补贴免征个人所得税。通过税收制度对接，最大力度支持港澳居民到大湾区发展。

（三）支持香港建设离岸人民币中心

环球银行金融电信协会（SWIFT）数据显示，香港离岸人民币清算量所占比重高达75.47%（见图7-1）；香港金融管理局2018年年报数据显示，香港人民币存款从2008年的561亿元上升到2018年的6150亿元，香港人民币贷款规模从2010年的不到20亿元增长至2018年的1056亿元；离岸人民币债券增至419亿元。

图7-1　全球离岸人民币结算量排名（截至2019年7月）

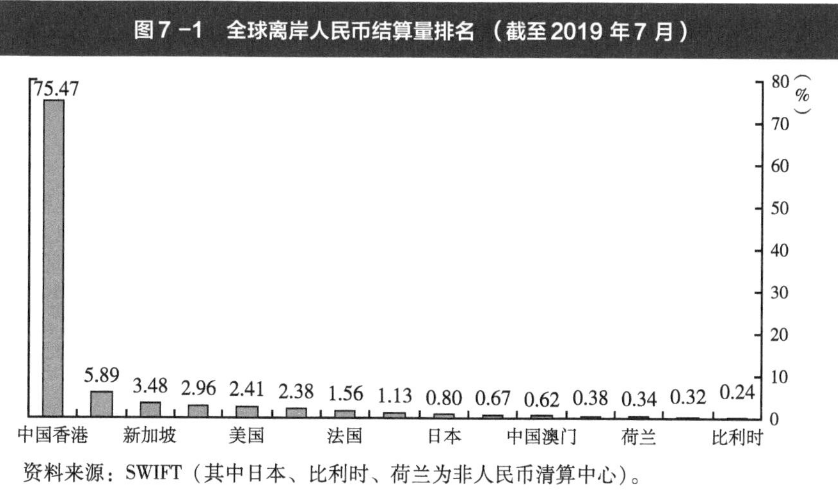

资料来源：SWIFT（其中日本、比利时、荷兰为非人民币清算中心）。

2017年12月14日签署《国家发展和改革委员会与香港特别行政区政府关于支持香港全面参与和助力“一带一路”建设的安排》，提出了支持香港在金融与投资、基础设施与航运服务、经贸交流与合作、民心相通、推动粤港澳大湾区建设、加强对接合作与争议解决服务等六个方面共26条措施。2019年2月18日发布的《粤港澳大湾区发展规划纲要》提出，粤港澳大湾区的五个战略定位之一是“一带一路”建设的重要支撑，“更好发挥港澳在国家对外开放中的功能和作用，提高珠三角九市开放型经济发展水平，促进国际国内两个市场、两种资源有效对接，在更高层次参与国际经济合作和竞争，建设具有重要影响力的国际交通物流枢纽和国际文化交往中心”。国家从战略上全面支持香港参与“一带一路”，是充分发挥香港优势、保持香港长期繁荣稳定以及使香港融入国家发展大局的“双赢安排”。

实际上，支持香港建设离岸人民币中心是中央一以贯之的政策措施（见表7－9）。在我国人民币资本项目管制短期内难以解除的情况下，支持

表7－9　香港离岸人民币中心建设事项与政策

年份	重大事项及相关政策
2003	1. 内地“个人自由行”启动及CEPA签署。 2. 中国人民银行和香港金融管理局签署《合作备忘录》。 3. 中国人民银行决定开始为香港的个人人民币存款、汇兑和汇款等业务提供清算安排。中国人民银行委任中银香港为清算行。
2004	1. 中国人民银行允许清算行从事人民币个人业务，主要包括在香港开展离岸人民币存款汇款兑换及信用卡等个人人民币业务，并可以进行每人每天不超过2万元人民币的兑换。 2. 中银香港提供人民币银行卡清算服务。
2005	人民币清算范围扩大，个人现钞汇兑额度上限进一步提高。
2006	1. 清算行在咨询香港金融管理局后，构建了人民币交收系统。全球首个境外人民币交收系统在港投入运作。 2. 清算行推出个人人民币支票清算服务。
2007	1. 中国人民银行与国家发展和改革委员会（以下简称“国家发改委”）共同发布《境内金融机构赴香港特别行政区发行人民币债券管理暂行办法》，允许内地机构在香港发行以人民币计价的金融债券。 2. 为配合内地金融机构赴港发行人民币债券，清算行为人民币债券发行机构提供人民币存款、兑换及汇款等清算服务。7月，国家开发银行在香港发行首只人民币债券。 3. 人民币RTGS系统（又称人民币即时全额支付系统）通过提升人民币交收系统的功能而成，实现人民币、港币、美元和欧元的实时结算。
2009	1. 中国人民银行与香港金管局签署货币互换协议，提供最高可达2000亿元人民币的流动性支持。 2. 国务院决定在上海和广东省广州、深圳、珠海、东莞四城市先行展开跨境贸易人民币结算试点，境外地域范围暂定为港澳地区和东盟国家，香港人民币存款迅速增加。 3. 中国人民银行和中银香港签署《关于人民币业务的清算协议》，为人民币业务参加行提供人民币贸易清算服务。香港、澳门及东盟国家地区的企业可使用人民币作为跨境贸易结算货币。

续表

年份	重大事项及相关政策
2010	1. 香港金管局颁布《香港人民币业务的监管原则及操作安排的诠释》，规定只要人民币不涉及回流内地，香港银行可自由运用持有的人民币资金。 中国人民银行与中银香港签署《关于向台湾提供人民币现钞业务的清算协议》，授权中银香港为台湾人民币现钞业务清算行，向台湾地区提供人民币现钞供应与回流服务。 2. 中国人民银行与中银香港签署修订《香港银行人民币业务的清算协议》，与香港金管局签署《补充合作备忘录》。 3. 中国人民银行发布《关于境外人民币清算行等三类机构运用人民币投资银行间债券市场试点有关事宜的通知》。
2011	1. 清算行推出人民币回购服务，并通过债券工具中央结算系统向参加行提供有关服务，协助参加行加强在人民币结算系统的日间流动资金管理。 2. 清算行为参加行推出人民币托管账户方案。 有关方案可以有效地降低参加行对清算行的交易对手风险，也为香港人民币业务的长远发展奠定良好基础。 3. 央行与中银香港签署新的《关于人民币业务的清算协议》。
2012	清算行延长人民币实时支付结算系统（RTGS 系统）的服务时间，由上午 8 时 30 分至夜晚 11 时 30 分(香港时间，星期一至星期五)，以覆盖欧洲及美国部分地区的办公时间。 有助欧美地区参加行在其办公时间内通过中国香港人民币即时支付结算系统实时办理人民币交易，降低资金在途的结算风险，进一步促进离岸人民币业务的发展。
2013	1. 在深港两地监管机构的支持下，清算行推出“跨境人民币延时服务”，将跨境人民币清算服务的截止时间由下午 4 时 30 分延至夜晚 10 时 30 分，进一步推动香港及海外人民币业务的发展。 2. 清算行为参加行推出人民币定期存款服务，丰富了本港及海外参加行人民币资金的运用渠道，增加市场竞争能力。
2014	1. 清算行顺利完成中国人民银行第二代中国现代化支付系统转换项目，为参加行办理跨境人民币清算业务提供了更大便利。 2. 清算行进一步延长人民币清算服务时间，成为全球首个覆盖欧洲、美洲、亚洲时区的人民币清算服务系统。
2015	1. 清算行增设跨境服务贸易及直接投资项下的人民币平盘服务，进一步丰富了兑换平盘业务的种类。 2. 清算行推出香港人民币即时支付结算系统（RTGS 系统）的“延伸清算服务”（FINInform Service），构建新系统架构。 增设“延伸参与行”（Global User），系统参与者扩展至全球同业银行，为参加行代理同业人民币清算服务提供实时清算便利。

续表

年份	重大事项及相关政策
2016	清算行获中国人民银行批准以直接参与者身份加入人民币跨境支付系统（Cross-border Interbank Payment System，CIPS），成为首家以直接参与者身份加入的境外银行，并于7月11日通过CIPS成功办理首笔跨境人民币汇款业务。
2017	中国人民银行与中银香港签署新的《关于人民币业务的清算协议》。按照该协议，中银香港继续担任香港人民币业务清算行，为香港及海外参加行提供公平、及时、准确及专业的人民币清算服务。

资料来源：中银香港网站。

香港建设强大的人民币离岸市场，为企业和居民提供贸易汇兑、存款贷款、结算、投资等服务，形成完整的闭环，既丰富和强化香港国际金融中心地位，也是我国人民币国际化战略的重要抓手。在“一带一路”建设新背景下，中央积极支持将香港打造成“一带一路”资金融通战略支点，成为香港离岸人民币中心建设的新方向和新目标。

（四）支持香港建设国际创新科技中心

在“双转型”发展方向下，建设国际科技创新中心已经成为香港的重要发展目标，也是中央和各级政府支持的方向。

香港具有建设国际科技创新中心的基础条件。香港拥有各类高等教育机构共19家。2019年QS世界大学排名显示，香港大学世界排名第25位，亚洲排名第5位。香港科技大学、香港中文大学、香港城市大学世界排名分别为第37位，第49位、第55位。香港高校在电子工程学系、计算机科学系、数学系、化学系、医学系、物理及天文学系、化学工程系等学科均排名全球前100名。香港科技大学和香港大学在电子工程学系、计算机科学系、数学系、化学系都排名前50名。数家大学的计算机科学系、数学系及电子工程学系达到领导全球的水平。

香港6所高校先后获科技部批准与内地合作成立16所国家重点实验室

伙伴实验室（2018 年正式更名为国家重点实验室）。香港应用科技研究院、香港理工大学、香港城市大学、香港科技大学与内地合作成立了 6 所国家工程技术研究中心香港分中心。2017 年，以相当于全日制人数计算，香港的研发人员总计约 3 万人，比 1998 年刚回归时增加了约 2 倍，研发人员主要集中在高等教育机构，占比 54%，其次是在工商机构，占比 42.9%，政府机构约占 3%。香港是自由港，是国际科研人才的首选地和聚集地。与深圳比较，虽然香港的通用型科研人才数量不如深圳，但国际化科研人才存量较大。完备的知识产权制度与科研税收优惠政策是香港参与区域科技创新合作的主要优势。香港的知识产权制度建立较早并在介入全球经济体系运行的经历中不断修订完善，目前已经跟国际接轨，得到国际认可。2017 年，香港施政报告实行利得税两级制以减轻香港企业的税务负担，企业首笔 200 万港币所得可享受利得税率减半优惠，即法人企业为 8.25% 及非法人企业为 7.5%。同时，首笔 200 万港元合资格研发开支可获 300% 扣税，余额则可获 200% 扣税。

香港创新科技企业主要集中在香港科学园、数码港等园区。香港科学园现有超过 680 家科技公司进驻，近 13000 名科技专才在园内工作。2018 年，香港初创公司增至 2625 家，同比增长 18%。2019 年，香港 3 家企业入选 CB Insights 发布的全球独角兽名单，估值 58 亿美元，在大湾区仅次于深圳，处于领先地位。

内地出台多项举措支持香港建设国际创新科技中心。一是发展战略高度支持。2017 年 6 月，24 名在港中国科学院院士、中国工程院院士给中共中央总书记、国家主席、中央军委主席习近平写信，表达了报效祖国的迫切愿望和发展创新科技的巨大热情。习近平对此高度重视，做出重要指示并迅速部署相关工作。他强调，促进香港同内地加强科技合作，支持香港成为国际创新科技中心，支持香港科技界为建设科技强国、为实现中华民族伟大复兴贡献力量。《粤港澳大湾区发展规划纲要》提出的五大战略定位之一为建设“具有全球影响力的国际科技创新中心”，其中“充分发挥粤港澳科技研发与产业创新优势，破除影响创新要素自由流动的瓶颈和制约，进一步激发各类创新主体活力，建成全球科技创新高地和新兴产业重要策源地”，就是支持香港发挥独特优势，融入国家科技创新体系。

二是打造科技创新深度合作平台。2017 年初，深港政府签署《关于港深推进落马洲河套地区共同发展的合作备忘录》，一揽子解决了落马洲河套地区及相关地块的业权问题，落马洲河套地区及周边的开发建设问题、功能定位问题、深港合作体制机制问题等，落马洲河套地区进入实质性开发建设阶段。

三是加快科技创新要素自由流动。2018 年 2 月，科技部和财政部联合下发《关于鼓励香港特别行政区、澳门特别行政区高等院校和科研机构参与中央财政科技计划（专项、基金等）组织实施的若干规定（试行）》，解决了中央财政资金“过河”问题。

四是推动重大科研机构进入香港。2018 年 11 月 8 日，香港特区行政长官林郑月娥和中国科学院院长白春礼分别代表香港特区政府和中国科学院签署《关于中国科学院在香港设立院属机构的备忘录》（以下简称《备忘录》）。根据《备忘录》，中国科学院将在香港设立院属机构，推动其广州生物医药与健康研究院和自动化研究所分别落户香港，将于香港科学园建设“医疗科技创新平台”和“人工智能及机械人科技创新平台”，并开展研发工作。该院属机构也会推动科研成果转移转化、协调中国科学院与本地大学的合作，以及进行科技教育和推广工作。以上这些政策措施，为内地与香港科技创新合作、香港建设国际创新科技中心注入了强大动力、提供了广阔空间。

第八章
中央和内地支持香港解决社会问题

经济放缓及产业结构失衡一定程度上影响了香港就业结构和居民收入，普通居民收入相对减少、就业选择范围收窄、阶层流动固化、个人发展空间狭窄等社会问题短期内难以有效解决，再加上外部因素的影响，香港长期存在的深层次矛盾进一步加剧并日趋复杂化。近年来，香港的社会问题日益凸显，特区政府和香港社会采取了一系列措施，力求缓解并逐步解决这些问题。同时，中央政府陆续出台有关政策，支持香港融入国家发展大局，支持内地协助香港解决内部社会问题。

一　社会阶层流动趋于固化

香港社会阶层流动趋于固化已经成为一个较为长期的社会现象，其根本原因仍然是经济增长放缓及产业结构失衡。同时，香港中产阶级面临各种发展困境，境况变差，期望收益下降，失落感增强，向上流动概率变小，同时面临向下流动的危险。

（一）阶层流动活跃性不足

对香港阶层流动尤其是跨阶层流动，不同时期和不同角度的研究导致不同的看法。香港专业及资深行政人员协会2010年完成的针对年轻人社会流动状况的研究[①]发现，有约20.4%的“第四代”（1976～1990年出生）受访者在过去5年经历向下的社会流动，74.0%停留在原来阶层，而向上的社会流动仅有5.6%。其中低技术工人向上流动为0，而向下流动则高达44.2%（见表8－1）。

---

① 《困境与机遇：“第四代香港人”社会流动性研究计划总结及建议》，香港专业及资深行政人员协会网站，2018年2月，http：//www.hkpasea.org/news.asp？menuid＝6929&supmenuid＝6910。

表8-1 香港“第四代”受访者的社会流动

单位：%

类别	整体百分比	服务阶层	中产阶层	工人阶层
向上流动	5.6	8.7	6.1	0.0
阶层停留	74.0	91.3	73.9	55.8
向下流动	20.4	0.0	20.0	44.2

资料来源：香港专业及资深行政人员协会网站，《困境与机遇：“第四代香港人”社会流动性研究计划总结及建议》。

表8-1体现出香港在2010年的社会阶层流动停滞比例较大，这种状态持续了较长时间。所幸的是，随着经济形势的好转以及特区政府的政策推动，最新的调查显示，香港年轻人对“向上流动”仍然持正面态度。2018年2月，香港专业及资深行政人员协会在《香港年轻人的困境与机遇研究报告》中通过对18～40岁香港居民的问卷调查，观察他们在未来能否向上流动的问题上是否趋于乐观，除预期自己有多少机会可以向上流动之外，还可观察受访者倾向使用何种方法达到向上流动。问卷调查结果有四项宜作详细阐述的焦点，分别是：（1）香港年轻人对“向上流动”持正面态度，但对香港经济发展趋向悲观的分歧；（2）处于不同求学阶段的大专学生，对社会不同议题的看法有分歧，拥有副学士学历者想法较悲观，而准大专学生相比全日制大专学生更乐观，对不同社会议题持较开放的态度，不限于固定的观点和角度；（3）年轻人认为社会存在资源分配不均的问题及阶级矛盾；（4）年轻人对创业持保守态度。从整体受访者在部分项目的平均值观察，年轻人较倾向“通过全职工作赚钱”“继续进修以求升职加薪”“会做兼职/自由工作赚钱”“会到香港以外的地方寻找发展机遇”（平均值分别为4.08、3.76、3.50及3.40，满分为5分），而平均值越高，表示受访人士越趋向于同意他们会以这些行为寻求个人发展，达到向上流动。①

① 《香港年轻人的困境与机遇研究报告》，香港专业及资深行政人员协会网站，2018年2月，http://www.hkpasea.org/。

从上述的调查研究可以看出，近年来香港阶层流动并不乐观，虽然年轻人整体持正面态度，但是香港“人人均有机会”的发展空间缩减了许多，阶层流动的活跃性也降低了许多。回顾香港20世纪六七十年代，香港经济起飞，经济结构转型，带来了大量的就业机会，下层群体通过自身努力可以实现向上流动的目标，无论是商界从基层发展起来的李嘉诚、政界从销售员做起的曾荫权，还是娱乐界跑龙套的成龙，都是凭借不懈的努力，从社会底层闯出一片天地。更为重要的是，这一时期，经济起飞为政府进行福利制度改革提供了机遇，为下层居民提供了相对充足的保障和教育，并使向上流动的乐观可以代际传递下去，使社会结构具有开放性和灵活性，这是在香港现阶段经济社会发展面临诸多困境下的阶层流动所无法比拟的。因此，阶层流动实质上是在市场经济健康发展的背景下，政府提供相应的政策、制度完善的公共服务，再加之个人的主观努力，才能创造出一个富有活力的阶层流动格局。①

（二）中产阶层面临发展困境

香港的中产阶层大量形成于20世纪70年代，中产阶层的大量形成，对于稳定社会、促进消费、形成奋发向上的主流价值观，都具有相当正面的价值。香港科技大学经济学系教授雷鼎鸣认为，应以收入为主要标准，同时辅之以教育程度、职业和住房（香港的住房是最贵的资产）。依据这一较为宽泛的标准，雷鼎鸣认为香港的中产家庭至少占全港240万家庭的50%以上。而香港大学社会学系教授吕大乐认为最重要的标准是其职业分类，即是否属于行政、管理和专业技术人士，是否具有中产共同的成长历程。依此标准，吕大乐认为香港的中产家庭约占家庭总数的20%～30%。

香港中文大学“2013年对中产观感调查”的结果显示，18～34岁的

① 付杰、袁婷、张琦：《香港社会流动研究文献综述》，《大珠三角论坛》2016年第2期。

青年对于是否自认属于中产和是否希望成为中产这一问题的回答，最为典型地表现出青年对向上流动的渴望和对自身现状的不满：一方面自认属于中产的青年比重较小，另一方面希望跻身中产的青年比重较大（见表8－2）。

表8－2　对是否自认属于中产和是否希望成为中产的回答

问题：是否自认属于中产？

年龄组别	是（%）	否（%）	样本数（个）
18～34岁	24.1	75.9	278
35～54岁	39.0	61.0	385
55岁或以上	26.6	73.4	308
总计	30.8	69.2	971

问题：是否希望成为中产？

年龄组别	希望（%）	不希望（%）	不知道/好难讲/无所谓（%）	样本数（个）
18～34岁	61.1	24.2	14.7	211
35～54岁	52.8	21.3	26.0	235
55岁或以上	42.5	27.0	30.5	226
总计	51.9	24.1	24.0	672

资料来源：赵永佳、叶仲茵：《香港青年“下流”问题：客观状况与主观感受》，《港澳研究》2015年第3期；《2018年中国城市竞争力报告》。

能够从底层阶层上升到中产阶层是大多数底层人民最大的奋斗目标，然而在阶层流动固化的环境下，底层居民难以跨越进入更上面的阶层，中产阶层也同样面临困境。首先，经济转型推动劳动力市场重构，企业新增经理及行政管理职位减少、内部竞争激烈，中产阶层人士若不与时俱进，则会时刻面临向下流动的危险。最能体现中产阶层集中度的职业：经理及行政级人员与专业人员这两类职业，其就业人数所占比重较小。2018年，专业、科学及技术服务就业人员只占5.1%，行政及支持服务就业人员只占5.3%，均比2014年上升了0.2个百分点，从侧面反映出中产阶层流动几近停滞状态。在美国，中产阶层家庭占社会总家庭数的60%以上，属于典型的“橄榄形”社会。而香港中产阶层主要指在现代社会里担任行政、管理及专业技术工作的雇员，仅占香港总人口的20%左右，并非社会上的大多数。

其次，中产阶层境况变差，期望收益下降。一般而言，人们对中产阶层的印象是财富充裕，工作体面，过着衣食无忧的生活，是“美好生活”的一个缩影。但是香港的中产阶层往往没有那么舒适幸福，生活反而紧张许多。在高房价的压力下，供房和子女教育是两大负担，需要节衣缩食，在竞争激烈的职场中还要承担就业压力。与美国相比，其中产阶层一般拥有郊外独立屋，一年至少有两三周的带薪假期外出旅游，显然要比香港的中产阶层境况好很多。

最后，中产阶层付出很多，得到却很少。在香港工作人口中，六成以上不需交纳个人收入所得税，剩下约四成大部分为中产人士。从低收入阶层来看，香港一成的最低收入家庭可享受低保、三成的中低收入者可享受政府廉租房、偏低收入者也可申请经济适用房，因收入较低，能够进入与民生有关的诸多社保扶助体系。从高收入阶层来看，富豪及房地产商在产业政策方面可以享受到更多的优惠。而中产阶层收入刚刚超过经济适用房的申请标准，住房问题完全需要自己解决。在医疗保障、社会保险、教育等方面享受到的福利也很少。

二　个人发展空间狭窄

相比以往，香港居民个人发展较为困难，主要体现在职业发展的空间较小。香港营商环境虽然领先全球，但是高企的成本及面临的诸多问题也增加了青年的创业难度。在极高的房价收入比下，香港个人生活压力大，可选择的发展空间越发逼仄。

（一）居民职业空间狭窄

香港的第三产业占比高达90%以上，除房地产和金融外，大部分就业集中在低附加值的第三产业如零售、批发等。因此，可供香港居民尤其是青年选择的岗位很少，很多青年在生存压力下不得不放弃自己的专业而选择就业率比较高的行业。

根据表8－3香港特区政府统计处按行业主类划分的就业人数比例分布数据，2018年，排在就业占比前五位的行业分别是进出口贸易，其他社会及个人服务，建造，零售，运输、仓库、邮政及速递服务，这些行业大多附加值较低、科技含量较少，对于青年发展前景的影响有限（见表8－4）。按职业划分的就业人口比例分布数据显示，2018年，经理及行政级人员仅占11.6%，专业人员仅占8.1%，与2013年相比变化不大（见表8－4）。此外，据香港政府2018年的数据，经理及行政级人员和专业人员等职位的升幅在20世纪90年代中期之后变化较小，实际上只有辅助专业人员职位有所增长，而这一情况对大量增加的大学毕业生带来了巨大的负面影响。青年的职业选择超过60%集中在销售、服务和文书支持岗位，而能提供更多职业收入的辅助专业、专业和经理及行政级工作仅在20%左右，青年就业出路比较狭窄单一。

表8－3　2013年、2017年、2018年香港按行业主类划分的就业人数比例分布

单位：%

行业	比例		
	2013年	2017年	2018年
制造	2.9	2.5	2.4
电力及燃气供应	0.2	0.2	0.2
自来水供应；污水废弃物管理及污染防治服务	0.2	0.2	0.2
建造	8.3	8.8	8.9
进出口贸易	13.8	12.7	12.6
批发	1.7	1.6	1.6

续表

行业	比例		
	2013 年	2017 年	2018 年
零售	8.7	8.4	8.3
运输、仓库、邮政及速递服务	8.7	8.2	8.0
住宿及膳食服务	7.3	7.2	7.2
信息及通信	2.9	3.0	2.9
金融及保险	6.2	6.8	6.8
地产	3.4	3.5	3.6
专业、科学及技术服务	4.9	5.1	5.1
行政及支持服务	5.0	5.2	5.2
公共行政	2.9	2.9	2.9
教育	5.3	5.5	5.6
人类保健及社会工作服务	4.9	5.2	5.2
艺术、娱乐及康乐活动	1.5	1.4	1.5
其他社会及个人服务	11.1	11.5	11.7
其他	0.1	0.1	0.1
所有行业	100.0	100.0	100.0

资料来源：香港特区政府统计处。

表 8－4　香港按职业划分的就业人口（比例分布）

单位：%

职业	占就业人口的比例		
	2013 年	2017 年	2018 年
经理及行政级人员	10.1	12.1	11.6
专业人员	7.2	7.3	8.1
辅助专业人员	20.0	20.4	20.9
文书支持人员	13.8	13.0	12.3
服务工作及销售人员	17.0	16.3	16.2
工艺及有关人员	6.9	6.4	6.2
机台及机器操作员及装配员	4.9	4.5	4.4
非技术工人	20.0	19.9	20.2
其他	0.1	0.1	0.1
总计	100.0	100.0	100.0

注：2018 年数据为 2018 年 11 月至 2019 年 1 月的数据。
资料来源：香港特区政府统计处。

（二）青年创业难度大

根据2019年全球营商环境排名显示，中国香港排名第三，仅次于新西兰和新加坡。中国香港的营商环境领先全球，非常适合创业。对于香港青年而言，其创业的意愿也十分明显，但是由于创业成本过大、青年问题突出，大多数香港青年的个人职业发展并不是很理想。香港创业环境不佳，青年创业面临诸多阻碍。主要表现在以下三个方面。

一是香港的金融、物流、贸易等高端服务业已经非常成熟，在这样的情况下，普通青年不仅缺乏创业的资金和经验，还缺乏创业的空间和机会。香港经济的实际情况就是垄断势力对市场的绝对控制力，严重限制了其他中小企业进入这些行业，同时行业中的中小企业也很难撼动大资本的地位。行业垄断性越来越强，这也使得如今香港的创业领域主要限于消费服务业。但是消费服务业同样面临高额租金成本压力，香港青年创业的激情不断被打击。

二是香港创业成本太高，高昂的店铺租金成为青年创业的阻碍。过去的十多年间，香港市民的工资水平增幅非常有限，而基尼系数却在不断升高。在空间极为有限并且城市开发建设控制极严的条件下，同时上升的还有物价与房价，除了住宅租金高，办公楼租金也不低。2018年，如铜锣湾等地区的租金，一般都在40～80港元/米^{2}①，相当于400～800港元每平方米。昂贵的租金及生活成本，加之近些年来香港经济发展停滞不前，空间、基础设施等硬件环境与制度、人才等软件环境的约束下，贸易枢纽地位滑落、工业急剧萎缩，以及产业的固化都让不少香港青年难以承受高昂的创业成本。

① 资料来源于香港澎达物业官网，http：//www.primeoffice.com.hk/cn/rent-office-in-causeway-bay-1.html。

三是青年社会养老压力日益增大。香港特区政府统计处的数据显示，2018 年年中，香港 65 岁以上人口为 126.62 万，占总人口的 16.99%[①]，这一数字还在不断升高。在社会福利支出方面，照顾长者开支占港府整体社会福利支出相当大的比重。由于香港老龄化速度正在加快，预计 2050 年此比重将升至 30%，即届时老人人口可能逼近 220 万。与此同时，青年受教育机会的增加会延迟就业年龄，使劳动人口减少。随着香港社会老年人口的增加，每一位劳动青年将要承担更多更重的养老压力，甚至还面临因社会人口老化衍生的其他经济社会问题，这在一定程度上也制约了香港青年创业的积极意愿。

三　中央和内地支持香港解决社会问题

近年来，支持香港更好地融入国家发展大局是近年来中央对港工作的重中之重，有助于香港居民拓展发展空间、激活社会阶层流动等问题，这也是中央和内地支持香港解决社会问题的重要举措。随着内地经济社会环境不断优化，越来越多港澳居民选择在内地长期居住，并在内地创业、就业、学习。根据香港特区政府统计处 2020 年 4 月公布的《通常逗留在广东省的香港居民统计数字》，2019 年年中在广东省逗留 6 个月以上的香港永久性居民总数达到 54.19 万人。[②] 党的十九大报告提出，要支持香港、澳门融入国家发展大局，以粤港澳大湾区建设、粤港澳合作、泛珠三角区域合作等为重点，全面推进内地同香港、澳门互利合作，制定完善便利香港、澳门居民在内地发展的政策措施。近年来，内地出台支持香港居民到

① 香港特别行政区政府统计处：《香港的女性与男性—主要统计数字（2019 年版）》，香港政府统计网站，2019，https：//www.statistics.gov.hk/pub/B11303032019AN19B0100.pdf。

② 《通常逗留在广东省的香港居民统计数字》，香港特区政府统计处网站，https：//www.censtatd.gov.hk/hkstat/sub/sp150_tc.jsp？productCode＝D5320188。

内地创业、就业、学习的政策逐步完善、不断深化，为香港居民寻求发展新空间、解决香港社会问题发挥了重要的作用。

（一）支持香港居民到内地创新创业

《粤港澳大湾区发展规划纲要》提出，加快港澳青年创新创业基地建设，为港澳青年拓展更多发展空间。创新创业基地是香港创业者在内地发展的重要载体。近年来，广东省积极推出各项政策支持港澳青年到内地创新创业，并重点打造“1 + 12 + N”港澳青年创新创业孵化载体建设，即以粤港澳大湾区（广东）创新创业孵化基地为龙头，培育建设广州南沙、深圳前海、珠海横琴等 12 家港澳青年创新创业基地，带动各地建成一批社会化港澳青年创新创业孵化载体。

2019 年 5 月，广东省政府发布《关于加强港澳青年创新创业基地建设的实施方案》，指出要以支持港澳深度融入国家发展大局为主线，以港澳青年创新创业基地建设为抓手，形成功能完善、特色明显、成效突出的港澳青年创新创业支撑体系，为港澳青年在内地学习、就业、创业、生活提供更加便利的条件。并提出，到 2020 年，要在广州南沙、深圳前海、珠海横琴三个自贸片区打造南沙港澳青年创新创业基地、前海港澳青年创新创业基地和横琴港澳青年创新创业基地，并要建立港澳青年综合服务平台。2019 年，深圳市人民政府印发《加强港澳青年创新创业基地建设工作方案》，指出到 2025 年，形成以前海港澳青年创新创业示范基地为引领，以南山深港青年创新创业基地等载体为支撑的孵化平台布局，港澳青年来深创业的基础设施、制度保障、公共服务供给到位，创新活力竞相迸发，港澳青年的国家认同感、文化归属感、生活幸福感得到全面提升。

同年，深圳市前海深港现代服务业合作区管理局发布《关于支持港澳青年在前海发展的若干措施》，明确要率先建设粤港澳青年创新创业基地，推动港澳青年在前海聚集发展。此外，制定《关于支持港澳青年在前海发展的若干措施实施细则》，在支持港澳青年创新创业方面，培育重点港澳青年创办企业，对落地前海的港澳青年初创团队给予资助，补贴场租和运营费用等创业成本，鼓励企业资质认定，给予上市奖励，提供风险补偿以及资助创业交流活动，并注重提高港澳青年在前海创新创业项目的成功率，在创业的各个阶段提供全周期支持。除了深圳市，广州市、东莞市、珠海市、江门市等也纷纷出台了加强港澳青年创新创业基地建设的实施方案，如表 8 –5 所示。

表 8 –5　内地支持港澳青年创新创业情况

城市	文件	发展目标
广州	《关于建设广州市港澳台青年创新创业示范基地的实施方案（2019—2021）》	到 2022 年构建起港澳台青年创新创业“10 +N”空间布局，即 10 个港澳台青年创新创业市级示范基地以及 N 个社会化的港澳台青年创新创业孵化载体。以基地建设为抓手，健全穗港澳台交流融合机制、完善政策协同支撑体系、优化公共服务供给、营造宜居生活环境，为广州率先建成内地一流的港澳台青年创新创业高地提供有力支撑。
东莞	《关于加强东莞市港澳青年创新创业基地建设的实施方案》（2020）	到 2025 年，松山湖港澳青年创新创业基地建设进一步加强，发挥辐射带动作用，在滨海湾新区、常平、水乡功能区、莞城等建设一批港澳青年创新创业孵化载体，形成“1 +N”的港澳青年创新创业基地建设格局，港澳青年创业服务体系更加健全，创新创业生态链更加完善，港澳青年国家认同感、归属感和幸福感显著提升。
珠海	《关于加强珠海市港澳青年创新创业基地建设实施方案的通知》（2019）	到 2025 年，进一步发挥横琴港澳青年创新创业基地示范带动效应，加快培育面向港澳创业者的创业孵化基地，形成以广东珠海公共创业孵化基地为龙头的“1 +N”创新创业孵化格局，港澳青年创业服务体系更加健全，创新创业生态链更加完善，港澳青年国家认同感、归属感和幸福感显著提升。
江门	《江门市关于加强港澳青年创新创业基地建设实施方案》（2019）	到 2025 年，各市（区）至少配套一家港澳青年创新创业基地，以珠西先进产业优秀人才创业创新园为核心，同时发挥珠西创谷、江门市火炬高新技术创业园、高新区总部科技园、中科创新广场、粤港澳大湾区青年文创小镇、江门市大学生和硕士研究生创业孵化基地等载体的带动作用，基本建成“1 +7 +N”的孵化平台体系。

资料来源：根据公开资料整理。

（二）支持香港居民到内地就业

内地对香港居民放宽就业限制，是吸引香港居民到内地发展的重要因素，可以缓解香港就业空间有限的社会问题。2018 年 3 月，深圳前海管理局宣布对在深圳前海工作的港澳居民，免办台港澳人员就业证。这意味着，从 2005 年开始在全国实施的“台港澳人员内地就业实行就业许可制度”在前海率先取消。港澳居民在前海就业不用再办台港澳人员就业证，社保、境外高端人才个税补贴也取消就业证的前置查验。同时，在住房公积金的缴纳和提取上享受市民待遇。按照这一新政，港澳居民在前海就业不仅可以免办就业证，而且在社保、境外高端人才个税补贴等方面也取消了就业证的前置查验。前海出台了《前海境外高端人才和紧缺人才认定办法和个人所得税补贴办法》，通过薪酬、职务等市场化认定人才，对境外人才缴纳的个税超过 15% 的部分给予补贴。

前海取消就业证的政策受到广大香港居民的欢迎，其经验也推广至全国。2018 年 8 月 3 日，国务院宣布取消“台港澳人员在内地就业许可”，也就是台港澳人员在全国各地工作通通不再需要申请办理“就业证”。就业的限制放宽，流程简化。同时，还将把在内地就业的港澳台人士纳入内地社保体系、基本公共就业创业服务的对象范围。这一举措，对香港居民进入内地就业尤其是大湾区建设，将起到积极的推进作用。更为重要的是，这一举措让香港居民体验到同等待遇，能跟内地居民一样自由就业，对国家的认同感也不断增强了。

并且，近年来，广东省人力资源和社会保障厅会同各行业主管部门积极推进粤港澳大湾区职业资格认可，促进港澳人才在大湾区便利执业。2019 年 11 月，广东省人社厅等 9 部门联合印发《关于推进粤港澳大湾区职称评价和职业资格认可的实施方案》，推进大湾区内地会计、金融、律师、建筑、医疗、教育等各行业领域对港澳专业资格的先行认可。目前，香港的教育、医疗机构积极在内地布局发展，为香港青年在内地发展提供了很好的发展平台。如香港与内地陆续开展了合作办学，包括香港中文大学（深圳）、香港科技大学（广州）、香港城市大学（东莞）、香港理工大学（佛山）、香港都会大学（肇庆）、深圳龙华培侨学校等，在医疗领域，已经成立香港大学深圳医院、广东祈福医院、深圳希玛林顺潮眼科医院和深圳万治门诊部等多家合作共建的医疗机构，这些不同领域的合作机构为香港居民拓展了更宽阔的发展空间。

（三）更好地保障港澳居民在内地的学习、教育权利

香港居民进入内地发展，最关心子女教育问题。香港的教育水平领先于内地，如果内地在其子女入学方面仍有诸多门槛或者不便，那么香港居民投身内地建设的热情将大减。目前，京沪深等城市已经出台有关基本保障港澳籍学童就读的同等待遇措施。

《中华人民共和国教育法》第九条规定：“中华人民共和国公民有受教育的权利和义务。”“公民不分民族、种族、性别、职业、财产状况、宗教信仰等，依法享有平等的受教育机会。”据此，港澳中国籍居民具有受教育的相应权利和义务，但对于在内地的港澳居民的义务教育，目前尚没有统一的政策。港澳居民较为集中的部分城市，大都出台了相关政策，基本保障了港澳学童享受内地的教育资源。在北京，港澳居民可以选择到居住地附近的中小学，也可以选择到国际学校就读，如申请居住地附近的中小学，父母需要在侨办或区教委相关部门获取《港澳身份学生就读批准书》，被学校录取后，香港居民子女以非京籍借读学生身份就读；在上海，港澳学童可以申请进入幼儿园、小学及初中就读，公办小学、初中实行免试就近入学，由区县教育局划定学校招生区域范围，如需申请就读公办高中，持有香港特别行政区永久居民身份证的学生须在上海市初中毕业后参加中考，各校根据学生志愿、学生招生计划和学生考分情况择优录取；在深

圳，港澳籍学生可以和非深户籍学生一样申请参加积分入学。但需要指出的是，由于深圳公办教育资源较少，满足本地户籍学童需求尚显捉襟见肘，港澳学童恐怕难以获得进入公办学校的机会。珠三角其他城市，大都有相关渠道接受港澳学童就读。而在内地其他城市，港澳居民的子女若想在当地就学，主要还是联系当地学校，由学校决定是否接收。

随着各个城市支持香港居民到内地发展的政策的实施，越来越多的香港居民来到内地发展，逐步缓解了香港的社会矛盾，未来支持香港解决社会问题、更好融入国家发展大局需要从地方层面开展更加积极的探索，走向更全面、更深入。

第九章
香港融入国家发展大局的
方向和路径

香港回归祖国20多年来，保持了繁荣稳定，“一国两制”实践取得伟大成就，但一些深层次矛盾也不断凸显，未来的路怎样走，是一个关系香港长治久安和“一国两制”行稳致远的大问题。习近平在庆祝香港回归祖国20周年大会暨香港特别行政区第五届特区政府就职典礼上发表重要讲话时指出，“香港背靠祖国、面向世界，有着许多有利发展条件和独特竞争优势。特别是这些年国家的持续快速发展为香港提供了难得机遇、不竭动力、广阔空间”，“大家一定要珍惜机遇、抓住机遇，把主要精力集中到搞建设、谋发展上来。”① 党的十九大报告进一步指出：“香港、澳门发展同内地发展紧密相连。要支持香港、澳门融入国家发展大局，以粤港澳大湾区建设、粤港澳合作、泛珠三角区域合作为重点，全面推进内地同香港、澳门互利合作，制定完善便利香港、澳门居民在内地发展的政策措施。”2018年国务院政府工作报告再次明确指出，“支持香港、澳门融入国家发展大局，深化内地与港澳地区交流合作”，“出台实施粤港澳大湾区发展规划纲要，全面推进内地同香港、澳门互利合作”。在中央制定出台的《粤港澳大湾区发展规划纲要》中，更加鲜明地要求，“全面准确贯彻‘一国两制’方针，充分发挥粤港澳综合优势，深化内地与港澳合作”，“支持香港、澳门融入国家发展大局，增进香港、澳门同胞福祉，保持香港、澳门长期繁荣稳定”。这些论述，清晰地指明了香港未来的发展方向和路径，那就是背靠强大祖国，深化与内地交流合作，主动融入国家发展大局，实现持续繁荣稳定。

融入国家发展大局是香港未来发展的方向和路径，也是新时代推进“一国两制”新实践的重要内容；是全面准确贯彻落实“一国两制”方针的必然要求，也是保持香港长期繁荣稳定的必由之路。通过融入国家发展大局，既可以在国家发展的大势带动下实现香港经济社会可持续发展，又

① 《习近平在庆祝香港回归祖国二十周年大会暨香港特别行政区第五届政府就职典礼上的讲话》，中国共产党新闻网，2017年7月1日，http://cpc.people.com.cn/n1/2017/0702/c64094-29376805.html。

能够充分发挥香港在“一国两制”下的独特优势，为国家新一轮改革开放和建设社会主义现代化强国做出不可替代的新贡献。融入国家发展大局，应将“香港所长、国家所需”及“国家所长、香港所需”有机统一，做到国家发展带动香港发展、香港发展促进国家发展。为此，要从思想观念、体制机制、基础设施、政策创新、战略规划、平台建设等多方面着力，全方位推进，取得实效。

一 促进香港融入国家发展大局意义重大

促进香港融入国家发展大局的重大意义，突出表现在如下方面。

（一）全面准确贯彻“一国两制”方针的必然要求

“一个国家，两种制度”是我国政府为实现国家和平统一而提出的基本国策。按照“一国两制”方针，我国与英国政府通过谈判方式顺利解决历史遗留的香港问题，在1997年7月1日对香港恢复行使主权，设立了直辖于中央人民政府的香港特别行政区，结束了英国在香港150多年的殖民统治，香港从此回到了祖国怀抱，“走上同祖国共同发展，永不分离的宽广道路”。[①] 回归以来，“一国两制”成功实践，取得巨大成就。香港经济保持平稳发展，各项社会事业迈上新台阶，民主政治建设依法稳步推进，居民的基本权利和自由得到充分保障，对外交往和国际影响进一步扩大，[②]

① 《习近平在庆祝香港回归祖国二十周年大会暨香港特别行政区第五届政府就职典礼上的讲话》，中国共产党新闻网，2017年7月1日，http://cpc.people.com.cn/n1/2017/0702/c64094-29376805.html。

② 《“一国两制”在香港特别行政区的实践》，人民网,2014年6月，http://hm.people.com.cn/n/2014/0610/c42272-25128872.html。

香港居民切实享受到了回归的红利。这些成就的取得，除了香港特区政府和社会各界的辛勤努力外，更与“一国两制”下国家的全力支持分不开。中央政府始终高度重视香港的经济发展和民生改善，全力支持香港应对各种困难和挑战，在谋划和推进国家整体发展战略时充分发挥香港作用，积极推动香港与内地开展交流合作，为香港的繁荣稳定提供坚强后盾。实践证明，“一国两制”不仅是解决历史遗留的香港问题的最佳方案，也是香港回归后保持长期繁荣稳定的最佳制度安排。①

当然，“一国两制”是前无古人的开创性事业，在取得巨大成就的同时，在实践的路上也遇到不少新情况、新问题乃至新挑战。要解决这些问题和挑战，实现香港的长期繁荣稳定，确保“一国两制”事业不断从胜利走向下一个胜利，关键是全面准确贯彻落实“一国两制”方针政策。“一国两制”是个完整的概念。“一国”是指在中华人民共和国内，香港特别行政区是国家不可分离的部分，是直辖于中央政府的地方行政区域。“两制”是指在“一国”内，国家主体实行社会主义制度，香港等某些区域实行资本主义制度。“一国”是实行“两制”的前提和基础，“两制”从属和派生于“一国”，并统一于“一国”之内。② 全面准确理解和贯彻“一国两制”方针政策，必须从维护国家主权、安全、发展利益，保持香港长期繁荣稳定的根本宗旨出发，把坚持一国原则和尊重两制差异、维护中央权力和保障特别行政区高度自治权、发挥祖国内地坚强后盾作用和提高香港自身竞争力有机结合起来，任何时候都不能偏废。③ 只有这样，才能确保“一国两制”沿着正确的轨道向前推进。

---

① 《习近平在庆祝香港回归祖国二十周年大会暨香港特别行政区第五届政府就职典礼上的讲话》，中国共产党新闻网，2017 年 7 月 1 日，http：//cpc. people. com. cn/n1/2017/0702/c64094 - 29376805. html。

② 《“一国两制”在香港的成功实践白皮书》，人民网，2014 年 6 月，http：//hm. people. com. cn/n/2014/0610/c42272 - 25128872. html。

③ 《坚定不移沿着中国特色社会主义前进为全面建成小康社会而奋斗——在中国共产党第十八次全国代表大会上的报告》，人民网，2012 年 11 月 8 日，http：//cpc. people. com. cn/18/n/2012/1109/c350821 - 19529916. html。

（二）实现香港长期繁荣发展的必由之路

香港的经济发展史充分表明，只有紧紧背靠祖国内地，充分发挥自身独特优势，香港经济社会才能保持繁荣发展。香港是外国与内地的重要通商港口，也是内地进行对外贸易的主要渠道，19 世纪末已成为中国的进出口贸易中心，到 20 世纪 30 年代末中国对外贸易有一半是通过香港进行的。在转口贸易的基础上，香港又发展起来航运、仓储、码头、金融、保险、加工工业等辅助产业，为后来经济起飞构建了产业雏形。1942 年到 1945 年被日本侵占期间，香港经济严重衰落。抗战结束，20 世纪 40 年代后期，内地大量劳动力、资本、企业家和专业人才涌入香港。1947 年就有 228 家上海企业转去香港，5000 万美元内地财富流入。[①] 从 1948 年开始到 1950 年代初期，上海（包括长三角）移民带去的财富占香港社会总财富的二分之一以上，上一代商界大佬包玉刚、董建华等都是这些上海移民的后代。[②] 在这些市场要素的汇聚推动下，香港经济很快恢复，华资迅速崛起，成为香港经济的重要力量，并为未来工业化发展奠定基础。

20 世纪 50 年代后，由于朝鲜战争爆发和西方国家对中国禁运，香港的转口贸易受到极大冲击。作为应对，香港充分利用内地市场和国外市场的需求，开始着重发展制造业，逐步建立起以制衣、纺织、塑胶、电子及电器为主的出口加工工业体系，从而进入工业化时期，经济起飞，到 20 世纪 70 年代已成为亚洲“四小龙”之一。大量劳动力支撑是劳动密集型加工制造业成功发展必不可少的前提和基础，这方面又是内地因素发挥了关键性作用。1949 年之前香港人口约 50 万，1949 年前后涌入内地移民达到 100 万左右[③]，这些移民为香港劳动密集型加工制造业的发展适时提供了充足廉价的劳动力。

---

① 王辉：《香港与内地的经济关系》，《武当学刊》（哲学社会科学版）1997 年第 13 期。

② 唐涯：《极简香港经济史》，《中国中小企业》2015 年第 6 期。

③ 唐涯：《极简香港经济史》，《中国中小企业》2015 年第 6 期。

一定意义上，香港因工业化而经济腾飞的过程就是获取并释放内地移民巨大人口红利的过程，内地因素必不可少。1978 年国家开始实行改革开放，香港又迎来新一轮经济发展的历史性机遇。众所周知，香港借国家改革开放的东风，本地制造业大规模向内地转移拓展，既促进了内地经济发展，更获得了巨大投资收益，并带动了香港本地转口、进出口等贸易高速发展。同时，香港成为国际资本进入内地的桥梁，顺利完成产业升级换代，进入现代服务业发展阶段，成为亚太地区国际金融、贸易和航运中心。

1997 年回归祖国后，在“一国两制”下，香港经济社会发展进入崭新的历史阶段。中央政府始终高度重视新生的香港特别行政区的经济发展和民生改善，“全力支持香港应对各种困难和挑战，在谋划和推进国家整体发展战略时充分发挥香港的作用，积极推动香港与内地开展交流合作，为香港保持繁荣稳定提供坚强后盾”。[①] 例如，在中央政府的全力支持下，香港克服了亚洲金融危机、“非典”疫情、国际金融危机等严重冲击经济社会发展的危机和挑战，增强了抵御风险和恢复发展的能力；内地与香港签署 CEPA 及其一系列补充协议，大幅向香港开放内地货物贸易和服务贸易市场，并签署《CEPA 投资协议》和《CEPA 经济技术合作协议》，进一步密切两地投资和经济技术合作，为香港发展提供了更为广阔的腹地；国家支持香港开展人民币业务、发行人民币债券、开展跨境贸易人民币结算试点等，鼓励内地企业在香港上市融资，奠定了香港人民币离岸市场的先发优势，巩固了其国际金融中心地位；中央各部门、各地方在经贸、投资、跨境基础设施、教育、科技、文化等各领域各层级加强与香港的交流合作，取得了丰硕成果；等等。祖国内地如同一棵参天大树，为回归后的香港遮风挡雨，为其经济社会平稳发展提供了源源不断的动力和坚强的保障，确保了香港的国际金融、贸易和航运中心地位。一言以蔽之，问渠那得清如许，为有源头活水来！这个源头就是强大的祖国。

① 国务院新闻办公室：《“一国两制”在香港特别行政区的实践》，2014 年 6 月。

回归以来香港经济社会发展取得显著成绩的同时，一些深层次问题也开始凸显。主要体现为经济结构单一，空心化严重，经济转型动力不足，方向不明，发展步履维艰，经济发展相对于周边地区呈衰落态势，加之经济利益分配不均，贫富差距加大，社会流动性减弱，经济问题导致社会矛盾和泛政治化，这些矛盾反过来又制约了经济的转型发展，形成恶性循环。香港经济要成功转型，走上持续发展的康庄大道，靠其小型经济体内部腾挪是不行的，必须把握历史大势，跳出香港来谋划香港的长远发展。根本的一点，就是香港要找准自身定位和方向，融入国家发展大局，搭上国家发展的快车，在国家发展大势的带动下实现自身持续发展。这是唯一的出路。

（三）助力国家“强起来”的重要力量

经过 40 多年的改革开放，我国实现了翻天覆地的巨大变化，特别是经济实力大幅增长。2019 年，全国国内生产总值已达 99 万亿元，按年平均汇率算，人均 GDP 突破 1 万美元大关，达到 10276 美元。正如习近平在党的十九大报告中指出，我国经济实力、科技实力、国防实力、综合国力进入世界前列，国际地位实现前所未有的提升，党的面貌、国家的面貌、人民的面貌、军队的面貌、中华民族的面貌发生了前所未有的变化，中华民族正以崭新姿态屹立于世界的东方。中国特色社会主义进入新时代，中华民族迎来了从站起来、富起来到强起来的伟大飞跃。在这一历史进程中，需要团结汇聚一切积极力量和积极因素，形成推进中华民族伟大复兴的滚滚洪流，这其中必然包括香港的贡献在内。香港曾经为中华民族站起来、富起来做出突出的历史贡献，也必将为中华民族强起来贡献更大力量。

必须看到，尽管这些年来香港经济社会出现这样那样的问题，但其在“一国两制”下仍然具有很多独特的优势，能够为国家的发展发挥独特而重要的作用。从大的方面讲，香港的突出优势表现为以下几个方面。

一是国际化。香港作为自由港，与国际市场建立了广泛深入的联系，成为国际金融、贸易和航运中心。回归以来，在《中华人民共和国香港特别行政区基本法》（以下简称《基本法》）的坚强保障和中央政府的大力支持下，香港的这几个国际中心地位得以保持并提升：香港是重要的国际银行中心、在全球占据重要地位的证券市场和外汇市场；是全球重要贸易经济体，与世界上几乎所有国家和地区保持贸易联系；是全球最大的集装箱港口之一和重要船舶注册中心，香港国际机场客运量位居全球前列，货运量多年高居全球首位。回归以来，香港对外交往和国际影响进一步扩大，可以中国政府代表团成员或其他适当身份参与以国家为单位的政府间国际组织相关活动和有关国际会议、参加不限主权国家参加的政府间国际组织和国际会议，与外国签署互免签证、民用航空运输、避免双重征税、促进和保护投资、刑事司法协助等协定，在外国设立经济贸易办事处等。①

二是法治化。法治是现代社会治理的标志性方式。香港实行普通法制度，根据《基本法》享有独立的司法权和终审权，法治水平世所公认。在高水平的法治保障下，香港特区政府廉洁，个人权利和自由得到充分保护，社会治安良好，是世界上最安全的城市之一，拥有优质安全的生活、工作和营商环境，国际人才、资本、商业在此聚集发展，是香港成功的根基所在。

三是现代服务业发达。现代服务业已成为越来越多国家和地区经济社会发展的重要阵地，从一定意义上看，现代服务业的发展水平正成为衡量一个国家或地区综合竞争力及现代化程度的重要标志。香港服务业是其支柱产业，比重高达本地生产总值的92%左右；2018 年，香港的服务输出总值达 8920 亿元；2018 年，香港整体就业人数为 390 万，其中服务业就业人数达 340 万。② 香港服务业优势主要体现在金融及投资、物流管理及运

---

① 《中华人民共和国香港特别行政区基本法》第五章、第七章。

② 香港特别行政区政府统计处：《服务业统计摘要 2019 年》。

输服务、资讯科技服务、工程服务，以及会计、管理顾问及企业服务、法律、会展、设计及市场推广、影视娱乐等其他专业服务。香港服务业门类全、人才多、专业化和国际化程度高。许多服务行业全球领先，各个服务行业之间紧密联系、共生共荣，形成了完善的服务业生态体系和服务型经济体系，能够为不同经济行为提供全方位、一条龙的优质服务。

四是教育科技质量高、潜力大。香港 730 万人口，拥有 20 所高等教育院校，其中 8 所由大学教育资助委员会资助。① 香港高校在师资、生源和教学等方面国际化特色明显。高校老师来自世界各地，学术水平很高。比如香港科技大学的教师百分之百具有海外名校博士学位，香港中文大学 95% 的教师拥有海外名校的学历背景，其他高校也基本如此。香港高校与世界各地高校学术联系紧密。每个学校的研究教学各具特色和亮点。在科学和工程学方面，多所香港高校的计算机科学系、数学系及电子工程学系的排名均列入世界前 30 名。香港大学在临床医学、化学、植物和动物学等方面的研究居世界领先地位；香港科技大学在纳米材料、电子资讯等领域走在国际前沿；香港中文大学在生物医学科学、讯息科学、地球科学等方面居世界一流。根据 2019 年 QS 公布的 2020 年世界大学排名，香港有 5 所大学进入前 100 名，分别是香港大学（第 25 位）、香港科技大学（第 32 位）、香港中文大学（第 46 位）、香港城市大学（第 52 位）和香港理工大学（第 91 位）；内地有 6 所高校上榜，包括清华大学（第 16 位）、北京大学（第 22 位）、复旦大学（第 40 位）、浙江大学（第 54 位）、上海交通大学（第 60 位）、中国科技大学（第 89 位）；而我国台湾地区进入前 100 名的只有台湾大学这一所（第 69 位）。与中国香港类似的城市型经济体，如新加坡也只有 2 所大学（新加坡国立大学和南洋理工学院，并列第 11 位）上榜。由上可见，只有 730 多万人口的香港的高等教育无论是质还是量，

① 8 所受资助大学包括香港大学、香港中文大学、香港科技大学、香港城市大学、香港理工大学、香港浸会大学、香港岭南大学和香港教育学院。

都非常优秀，令人刮目相看。这为香港的科技发展提供了坚实丰厚的基础性支撑。香港的科研基础设施和研发实力扎实。特区政府成立了创新科技局统筹创新科技工作，还建设了数码港、科学园、应用科技研究院和5所研发中心。在中央政府的支持下，香港建立了16家国家重点实验室香港伙伴实验室和6家国家工程技术研究中心香港分中心；香港科研人员中将近200人入选国家科技计划专家库，2019年，香港科研人员完成或主要参与完成的项目共获得国家自然科学奖1项、国家科技进步奖4项，这些科研人员均是获奖成果的主要完成人。[①] 香港与世界著名研究机构合作紧密。瑞典的卡罗琳学院在香港设立了海外研究分支，麻省理工学院也在香港设立了第一家海外创新中心。香港还具有一定的有利于科技发展的制度环境，包括优良的法治水平、达到国际水准的知识产权保护制度、有众多提供全面专业服务的知识产权专家、是亚洲重要的知识产权交易中心等。

“一国两制”下，香港这些优势既是其本身长期繁荣发展的基础性条件，也是国家在新时代进行高质量发展的宝贵财富。在国家新一轮发展大潮中，要充分认识香港的独特优势和作用，充分发掘和运用好香港因素。香港也一定能够为国家强起来继续贡献积极力量。

二　香港融入国家发展大局的方式和途径

融入国家发展大局，就是要将“香港所长、国家所需”与“国家所长、香港所需”有机统一，做到国家发展带动香港发展、香港发展促进国家发展，要从思想观念、体制机制、基础设施、制度创新、战略规划、平台建设等多方面着力全方位推进，取得实效。

---

① 《香港高校参与完成5项成果荣获2019年度国家科学技术奖》，中国新闻网，2020年1月10日，http：//it. chinanews. com/ga/2020/01－10/9056708. shtml。

（一）更新观念认识

在香港融入国家发展大局的问题上，首先要破除陈旧观念的羁绊，树立正确的思想观念，使其成为香港和内地的主流认识。只有这样，行动起来才有方向、有力量、有成效。

一方面，内地各方面要正确认识香港在历史上对国家改革发展的重要贡献和新时代香港对促进国家进一步发展的独特作用。要深刻看到香港在国家改革开放 40 多年来发挥的不可替代的重要历史贡献，充分认识香港的优势和长处，充分发挥好香港的功能和作用，在国家从富起来走向强起来的历程中继续更好地发挥香港力量，这有利于国家的发展和长远利益。另一方面，香港社会各界要进一步增强国家意识，主动融入国家发展大局。正确认识国家发展和香港发展的关系，真正形成“香港好、国家好，国家好、香港更好”的社会主流意识，为香港融入国家发展大局营造良好的社会氛围，奠定正确的思想基础。近年来，香港社会越来越多的人士逐渐认识到香港必须融入国家发展大局才能实现自身可持续发展。特别是对于国家提出的“一带一路”倡议和粤港澳大湾区发展战略，香港从特区政府到社会各界反响热烈、反应积极，基本形成主流共识，那就是香港要发挥自身所长，抓住契机，积极投身国家这些发展战略，为国家所需贡献自身力量，并由此搭上国家发展的快车从而促进自身繁荣发展。

（二）发挥政府作用

实现香港融入国家发展大局，需要中央政府、特区政府以及内地有关地方政府在“一国两制”原则下，按照自身角色定位，积极作为，发挥好引领、推动、促进等主导性作用。

就中央政府而言，第一是明确方向。党的十九大报告及国务院政府工作报告均已鲜明提出要支持香港、澳门融入国家发展大局，为各部门、各地方和特别行政区指明了推进相关工作的方向，必须以此为依归，统一思想，认真贯彻落实。

第二是战略规划。中央政府在国家重大战略规划中，应充分考虑港澳因素，赋予港澳适当的定位、功能和作用。香港回归以来，中央政府在历次国民经济和社会发展的“五年规划”中，始终把保持香港繁荣稳定、加强与内地的合作发展作为重要内容。“十五计划”（2001～2005年）首次将保持香港长期繁荣稳定，巩固其国际金融、贸易、航运中心地位，加强其与内地的经济交流合作纳入国家整体发展战略。[①]“十一五规划”（2006～2010年）就支持香港与内地合作及支持香港本地产业发展做了进一步细化，内容更为明晰具体。[②]“十二五规划”（2011～2015年）纲要首次将保持香港、澳门长期繁荣稳定单独成章，专门论述。其中特别提出，支持香港、澳门充分发挥优势，在国家整体发展中继续发挥重要作用，并分三节围绕支持港澳巩固提升竞争优势、支持港澳培育新兴产业、深化港澳与内地经济合作进行深刻阐述，指导性、可操作性更强。[③]“十三五规划”（2016～2020年）继续专章阐述支持香港、澳门繁荣发展，明确要求发挥港澳独特优势，提升港澳在国家经济发展和对外开放中的地位和作用，支持港澳提升经济竞争力，深化内地与港澳的合作。[④]有关内容与时俱进，结合港澳的优势和需求，极具针对性。中央政府还以粤港澳大湾区发展规划为重要抓手，科学设定港澳在大湾区建设中的角色和定位，通过大湾区建设这个区域发展平台，构建粤港澳经济社会一体化，牵引和促进港澳融入国家发展

---

① 《中华人民共和国国民经济和社会发展第十个五年计划纲要》，《人民日报》2001年3月18日，第1版。

② 《中华人民共和国国民经济和社会发展第十一个五年规划纲要》，《人民日报》2006年3月17日，第1版。

③ 《中华人民共和国国民经济和社会发展第十二个五年规划纲要》，《人民日报》2011年3月17日，第1版。

④ 《中华人民共和国国民经济和社会发展第十三个五年规划纲要》，共产党员网，http://www.12371.cn/special/sswgh/wen/。

大局。国家在未来制定有关发展战略规划中，应继续把发挥港澳独特作用、引领港澳融入发展大局作为一个重要的考虑因素和规划内容。

第三是政策支撑。港澳融入国家发展大局是一个在“一国两制”前提下与祖国内地经济社会一体化的过程，需要不断创新“一国两制”实践，逐步破除阻滞经济要素自由流动的制度性壁垒，实施一系列促进和保障港澳与祖国内地融合发展的政策举措，并形成系统有效的有利于融合发展的体制机制。这些涉及大量中央事权，需要中央政府运用好法定权力，在国家层面的政策研究、制定、推行等方面发挥重要作用，以形成支持港澳与内地协同发展、融合发展所必需的完备、权威和有效的政策体系。

第四是统筹协调。港澳融入国家发展，是“一个国家、两种制度、三个关税区和三个法域”的特殊法政结构下港澳与祖国内地之间的全方位深度合作，有关合作若想要克服结构性障碍、有序有效推进，中央政府的统筹协调必不可少。只有在中央政府有力之手的统筹协调下，才能科学确定并发挥好各自的功能定位和优势作用，形成互利互惠互补互联互通的良好合作局面。为此，要建立权威的中央高层协调机制，并发挥中央港澳工作主管部门及国家发改委、商务部等经济职能部门的日常协调作用。

就香港特区政府而言，需要与时俱进、主动作为，凝聚内部共识，加强与中央政府和内地相关地方政府的联系交流，推进深入合作。根据香港《基本法》的规定，香港的政制架构是以行政长官为核心的行政主导体制。在融入国家发展问题上，行政长官和特区政府理应在香港社会发挥引领性、主导性作用。但由于种种原因，行政主导在香港的现实政治生活和经济社会管理中遇到这样那样的挑战，尚未牢固树立其地位，仍需不断努力。香港向来奉行“小政府”理念，政府对经济社会生活奉行积极不干预思想，但在新的形势下，香港要解决经济社会深层次矛盾，实现转型升级，政府更好更多地作为必不可少，因而政府传统理念和角色需要适时适度调整，整个社会要更好地维护行政长官和特区政府的权威，支持其依法施政。这是香港融入国家发展大局在特区层面的基础性条件。在此基础上，特区政府要引导和推动整个社会在融入国家发展问题上形成主流共识，并加强与中央政府各部门以及内地各有关省区市的对接，不断拓展和深化与内地各方面的联系，主动对接国家各项战略，寻找和创造各种合作机会，推动香港社会各界与内地达成并落地具体合作项目。以林郑月娥行政长官为首的特区政府在这方面表现良好，高度重视参与国家"一带一路"倡议、粤港澳大湾区建设、创新驱动等国家战略，主动加强推进与广东、四川、福建、北京和上海等相关省市的区域合作，拓展香港在内地发展的腹地，初步形成与内地全面深入合作的良好势头。

就内地相关地方政府而言，要进一步增强大局意识，深刻认识加强与港澳深度合作，促进港澳融入国家发展大局的重大意义。落实好粤港、闽港、川港、京港、沪港五个政府间的长效合作机制，与香港建立更加密切的协调沟通机制，发挥好各自比较优势，精准对接"一带一路"倡议、粤港澳大湾区建设、长江经济带发展和泛珠三角区域合作等战略，有效发挥香港特殊桥梁纽带作用，加快跨境产能协同合作，携手打造一批具有引领性的重大合作项目，共同拓展国际国内市场，率先落实国家出台的便利港澳居民在内地生活、就业的政策举措，实现互利合作共赢。

（三）强化基础设施互联互通

促进香港融入国家发展大局，与内地邻近地区建成经济社会共同体，基础设施互联互通的重要性不言而喻，需要重点加以推进。经过 20 多年的发展，香港与内地交通运输联系越来越密切，特别是粤港澳地区综合交通运输体系不断完善。铁路方面，在既有京九铁路的基础上，国家发展改革委会同交通运输部、中国铁路总公司编制印发《中长期铁路网规划》，规划了北京—赣州—深圳—香港（九龙）高速铁路、北京—广州—深圳—香港高速铁路。广深港高铁于 2018 年 9 月 23 日正式全线通车，标志着香港正式接入国家高铁网络。

公路方面，连接香港主要有4条公路，即京港澳高速、深港西部通道、深圳东部过境高速、港珠澳大桥。目前，京港澳高速、深港西部通道、港珠澳大桥已建成通车，深圳东部过境高速已进入工程收官阶段。

港口方面，香港港口与珠三角地区港口合作日益紧密，香港港口通过与珠三角地区港口的合资合作，拓展了港口发展空间，优化了港口资源结构和航线配置，提升了综合竞争力。未来香港港口与珠三角地区港口群之间应采取更紧密、创新的合作方式，形成分工明确、优势互补、共同发展的粤港澳大湾区港口群。

机场方面，目前香港机场已与内地46个机场建立了紧密的航线联系，今后香港与内地的航线网络应进一步扩展。

口岸方面，香港与深圳之间已有6个陆路边界口岸，第7个陆路口岸——莲塘/香园围口岸工程已近尾声，2022年内启用；广深港高铁香港西九龙站顺利实施“一地两检”法律安排。

下一步，根据粤港澳三地政府签订的《深化粤港澳合作推进大湾区建设框架协议》有关内容，中央将继续推进三地基础设施互联互通，强化内地与港澳交通联系，构建高效便捷的现代综合交通运输体系。特别是要发挥香港作为国际航运中心的优势，带动大湾区其他城市共建世界级港口群和空港群，优化高速公路、铁路、城市轨道交通网络布局，推动各种运输方式综合衔接、一体高效。强化城市内外交通建设，便捷城际交通，共同推进区域重点基础设施项目建设，打造更为便捷高效的区域交通圈。

（四）推进制度创新

全面深化香港与内地合作，构建区域经济社会共同体，促进香港融入国家发展大局，需要在“一国两制”原则下，不断进行制度创新，探索推进制度融合，破除有关制度壁垒，为各类要素自由流动提供坚实的制度保障。要指出的是，在“一国两制”宪制秩序下特别行政区与内地的制度融合，不是宏观意义上的特区资本主义制度与内地社会主义制度两种性质不同的社会制度的混同，而是要探索实现两地具体的经济社会治理制度等中观、微观制度的交融互动和有效协同。

严格来讲，香港回归祖国后，“一国两制”的实行和《基本法》的实施已将香港纳入中华人民共和国统一的宪制秩序，特别行政区制度在整体上融入了我国国家制度，成为中国特色社会主义国家制度的有机组成部分。但在具体实践中，由于香港与内地实行不同的社会制度、法律制度，属于不同的关税区和行政管辖区，在具体的经济社会合作交往中，客观上仍存在制约人员、资金、货物、讯息等要素自由流动的制度性壁垒，不利于香港全面融入国家发展，需要通过制度创新和融合，实现两地在中观、微观制度层面的有效融通，保障两地资源自由流动，促进经济社会一体化。

为此，要根据形势发展，进一步完善《基本法》实施制度机制，进一步建构国家高层统筹协调机制，进一步发展香港与内地交流合作的已有制度性安排（包括内地与香港建立更紧密经贸关系的系列安排，香港与广东、北京、上海、福建和四川等地政府间的合作安排等），进一步推进跨境金融、创新科技、出入境检验通关等具体合作领域的制度创新，进一步构建便利香港居民在内地生活、就业的制度体系等。总之，要在实践中以融合发展为导向，不断完善和创新有关制度机制，为香港融入国家发展大局提供有效的制度机制保障。

（五）对接国家战略

香港融入国家发展大局，关键要发挥自身所长，瞄准国家所需，在国家有关发展战略中找准自身定位，积极对接投入，贡献所长，并实现自身发展。比如，香港可以充分运用与相关地方政府间的合作机制，在国家的一些重大区域发展战略中发挥积极作用。目前香港已与北京、上海、广东、福建和四川五地建立了政府间合作机制，京港合作对应京津冀协同发展战略，沪港、川港合作对应长江经济带发展战略，粤港合作对应粤港澳大湾区发展战略，此外，沪港、川港、闽港合作还对应“一带一路”建设。通过与这些省市的深度合作，充分发挥香港的比较优势，促进有关战略的扎实推进。在粤港澳大湾区发展和“一带一路”建设中，香港尤其应该有所作为。

特别要指出的是，在国家创新驱动发展战略中，香港可以发挥自身优势，做出重要贡献。正如习近平在就香港两院院士来信做出的批示中指出，香港拥有较雄厚的科技基础，拥有众多爱国爱港的高素质科技人才，这是我国实施创新驱动发展战略、建设创新型国家的一支重要力量，要促进香港同内地加强科技合作，支持香港成为国际创新科技中心，支持香港科技界为建设科技强国、实现中华民族伟大复兴贡献力量。为此，一方面，中央政府要将香港科技创新力量作为国家创新体系和创新实力的重要组成部分，从国家整体科研布局和支撑香港自身发展两个层面，研究加强内地与香港科技合作的相关举措；另一方面，香港要重视向创新科技转型，加大科研投入和人才引进，加强与内地合作，更多参与国家重大科研项目，并把握内地广阔市场，加快将科研能力向生产能力转化。

（六）用好合作平台

香港融入国家发展大局，要依托重点平台作为抓手和切入点。目前我国已设立 18 个自由贸易试验区①，探索进一步扩大对外开放，构建开放型经济新体制。香港作为我国最自由、最开放的成熟经济体，这些自贸试验区的开发建设为其提供了与内地合作的广阔空间和舞台。香港自由港的成熟经验，是这些自贸试验区经济治理和对外开放政策机制建设的宝贵借鉴

① 分别设在上海、广东、天津、福建、辽宁、浙江、河南、湖北、重庆、四川、陕西、海南、山东、江苏、广西、云南、河北、黑龙江。

资源；香港与国际社会的广泛联系，是这些自贸试验区集聚外商投资的重要来源和通道。自贸试验区理应成为香港融入国家发展大局最易于和最需要用好的合作平台。

当然，在与自贸试验区平台进行合作中需要把握重点，从客观实际出发，有所选择和侧重，不必“全面开花”。从历史渊源和地缘优势考虑，香港更应该加大与广东自贸试验区的合作，特别是南沙片区和前海蛇口片区，其中深圳前海蛇口片区更是重中之重。前海毗邻香港，区位优势明显，自贸试验区与深港现代服务业合作区、保税港区在这里三区叠加，其初心就是为香港在内地发展开拓空间和腹地，承担着“依托香港、服务内地、面向世界”的战略使命，迄今为止，制度创新成果显著，深港合作已奠定良好基础，并且被广东省明确为粤港深度合作示范区和城市新中心，区域经济发展势头蓬勃，产业规划与香港优势对接，机遇众多，是香港融入国家发展的枢纽和桥头堡。香港特区政府和社会各界可进一步加强与前海的全方位深入合作，用好这一宝贵平台资源的杠杆作用，促进自身经济社会良性发展。

同时，落马洲河套地区正成为深港合作的新支点。深港两地政府于2017年签署《关于港深推进落马洲河套地区共同发展的合作备忘录》，在河套区域设立“港深创新及科技园”，解决了1997年深圳河裁弯取直后河套地区的土地利用问题。在此基础上，深圳提出在河套地区深圳河西侧拿出深圳特定区域与港方区域共同打造“深港创新科技特别合作区”，并为此成立了深圳市建设深港创新科技特别合作区领导小组，市委书记亲任组长，大力规划推进深港合作。这是深港合作向纵深发展的崭新平台，对支持香港建设国际创新科技中心意义重大。

此外，在国家“北有雄安、南有海南”的战略布局下，海南作为自贸试验区的后起之秀，面积广阔，对外开放势头强劲，还具有探索建设自由贸易港的定位优势，发展前景令人期待，值得香港高度关注，积极投入。事实上，香港特区政府已把握先机，与海南省政府达成协议，将在旅游、经贸、金融、会展、文化体育、青少年交流和教育、医疗、科技创新、治安管理、气象等十个方面开展务实合作，为香港在海南未来发展中发挥重要作用打下了基础。

香港融入国家发展大局，是新时代“一国两制”实践的重要方向，是香港保持长期繁荣稳定的必由之路，也是国家建设开放型经济新体制、全面建设社会主义现代化国家的必然要求。国家发展离不开香港，香港发展更离不开国家。对此，内地方面要充分认识香港对国家改革开放的历史贡献，充分认识香港的独特优势及其在国家新一轮改革开放中可以发挥的重大作用；香港方面要增强国家意识和爱国精神，积极对接国家发展战略，主动搭上国家发展快车。

在香港融入国家发展大局的进程中，中央政府、特区政府和内地有关地方政府应发挥主导性作用，通过方向引导、战略规划、政策支撑和统筹协调，形成强大的推进合力，并在基础设施互联互通、制度创新融合、对接国家战略和用好区域合作平台等方面着力，切实有效促进香港融入国家发展大局，让香港同胞与内地人民共担民族复兴的历史责任、共享祖国繁荣富强的伟大荣光。

第十章
共建粤港澳大湾区

粤港澳大湾区由珠三角九市及香港、澳门两个特别行政区组成，总面积5.65万平方公里，6800万常住人口，面积和人口在全球四大湾区中居首，机场旅客量及世界百强大学数位列第一，经济总量跻身全球大湾区第三。民间方面，香港科技大学创校校长吴家玮教授在20世纪90年代中期提出"香港湾区"（"港深湾区"）构想，认为"深港湾区"经过40多年的发展，将与京津、上海并立为21世纪中国的三个大都会。政府方面，2005年广东省提出发展"湾区"构想，此后"湾区"概念不时出现在政府规划或文件中。"粤港澳大湾区"这一概念于2015年首次出现在国家文件中，此后，"粤港澳大湾区"很快从概念、倡议转化为规划、实践，上升为国家重大发展战略，被赋予重要内涵和重大使命。共建粤港澳大湾区，是香港的重大机遇。

一 粤港澳大湾区与"一国两制"新实践

（一）粤港澳大湾区的演进过程

粤港澳大湾区经历了从湾区到湾区经济，到粤港澳大湾区城市群规划，最后上升为国家重大发展战略的过程。粤港澳大湾区的发展历程可分为三个阶段。

第一阶段（2005～2014年），从湾区到湾区经济。粤港澳三地政府官方文件中多次提出湾区概念。2005年广东省人民政府在《珠江三角洲城镇群协调发展规划（2004～2020）》中明确划分"粤港澳跨界合作发展地区"，并要求把发展"湾区"列入重大行动计划。之后，湾区发展陆续写入2008年国家发改委《珠江三角洲地区改革发展规划纲要（2008～2020年）》、2009年粤港澳三地政府共同参与的《大珠江三角洲城镇群协调发展规划研究》、2010年《粤港合作框架协议》等文件。2014年，深圳市政府工作报告提出聚焦湾区经济，构建区域协同发展新优势。由此可见，早在十年前，地方政府已经开始重视湾区建设和湾区经济的发展。

第二阶段（2015～2018 年），湾区建设上升为国家战略。国家层面，在规划制定、区域统筹等方面推进重大战略部署，构建粤港澳大湾区的顶层设计体系。2015 年 3 月“粤港澳大湾区”首次出现在国家有关部委联合发布的《推动共建丝绸之路经济带和 21 世纪海上丝绸之路的愿景与行动》文件中。2016 年国家“十三五”规划纲要提出“支持港澳在泛珠三角区域合作中发挥重要作用，推动粤港澳大湾区和跨省区重大合作平台建设”。国务院《2017 年政府工作报告》提出研究制定粤港澳大湾区城市群发展规划（见表 10－1）。国家发改委牵头负责规划编制工作，粤港澳大湾区正式从设想迈入实际规划和布局阶段。

表 10－1　2015～2017 年国家文件中关于粤港澳大湾区的论述

时间	规划或文件	主要内容
2015.03	国家发改委、外交部、商务部《推动共建丝绸之路经济带和 21 世纪海上丝绸之路的愿景与行动》	充分发挥深圳前海、广州南沙、珠海横琴、福建平潭等开放合作区作用，深化与港澳台合作，打造粤港澳大湾区
2016.03	《国务院关于深化泛珠三角区域合作的指导意见》	充分发挥广州、深圳在管理创新、科技进步、产业升级、绿色发展等方面的辐射带动和示范作用，携手港澳共同打造粤港澳大湾区，建设世界级城市群
2016.03	国家“十三五”发展规划	支持港澳在泛珠三角区域合作中发挥重要作用，推动粤港澳大湾区和跨省区重大合作平台建设
2017.03	国务院《2017 年政府工作报告》	要推动内地与港澳深化合作，研究制定粤港澳大湾区城市群发展规划，发挥港澳独特优势，提升在国家经济发展和对外开放中的地位与功能

资料来源：国务院网站。

粤港澳大湾区上升为国家战略，与以往相比有两大特点。一是强调与港澳融合。从以往提出湾区概念的广东省人民政府《珠江三角洲城镇群协调发展规划（2004～2020）》《珠江三角洲地区改革发展规划纲要（2008～

2020 年)》等文件，均未在名称上直接突出港澳，而这次明确把港澳加进来，目标是要推进粤港澳的深度合作，促进粤港澳的融合发展，保持港澳的繁荣稳定。二是国家主导，推进力度大。以往大多是在粤港澳三地政府的层面上提出，在推动落实上存在体制机制协调的困难，而现在是中央主导下的区域规划，是体现国家战略的发展规划，是新时代下国家追求高质量发展对粤港澳提出的新要求的体现。

大湾区建设被确认为国家战略后，开始进入规划编制阶段。2017 年 7 月，在习近平总书记见证下，国家发改委、广东省人民政府、香港特区政府、澳门特区政府在香港共同签署《深化粤港澳合作　推进大湾区建设框架协议》。2018 年，国务院总理李克强在党的十三届全国人大一次会议上做《政府工作报告》时指出，“出台实施粤港澳大湾区发展规划纲要，全面推进内地同香港、澳门互利合作”（见表 10－2）。与 2017 年相比，2018 年《政府工作报告》的表述有两个变化：一是“粤港澳大湾区城市群发展规划”变为“粤港澳大湾区发展规划”，更加突出湾区的概念，并且“研究制定”变为“出台实施”，表明已经到了规划落地的阶段；二是首次放在区域战略部分表述，与“京津冀协同发展”和“长江经济带”并列，可以看出，国家更为注重粤港澳大湾区在区域战略方面的布局安排。2018 年 3 月，习近平总书记在参加党的十三届全国人大一次会议广东代表团座谈会时指出：“粤港澳大湾区建设是党中央作出的一项重大决策。广东要抓住这一重大机遇，携手港澳，把粤港澳大湾区建成国际一流湾区和世界级的城市群。”[①] 2018 年 5 月，中共中央政治局常委、国务院副总理韩正在深圳主持召开扩大开放工作座谈会时指出，“粤港澳大湾区建设是习近平总书记亲自谋划、亲自部署、亲自推动的国家战略。要立足三地优势，加强三地联动，高质量高起点做好大湾区规划建设，打造国际一流湾区和世界

① 习近平总书记在参加广东代表团审议时指出，要抓住建设粤港澳大湾区重大机遇，携手港澳加快推进相关工作，打造国际一流湾区和世界级城市群。https：//baijiahao. baidu. com/s?id = 1597272244642875113&wfr = spider&for = pc。

级城市群”。表明国家对粤港澳大湾区建设的高度重视和殷切期许，强调三地联动，高质量、高起点做好大湾区的建设，目标是打造国际一流湾区和世界级城市群，粤港澳将成为引领中国湾区经济发展的示范区。

表10－2　2017～2018年国家有关文件、会议等对粤港澳大湾区的表述

时间	文件或会议	主要内容
2017.07	《深化粤港澳合作　推进大湾区建设框架协议》	在习近平总书记的见证下，国家发改委、广东省、香港、澳门在香港共同签署。提出七个合作重点领域，明确提出粤港澳三地将在中央有关部门的支持下，打造国际一流湾区和世界级城市群，这是目前为止关于粤港澳大湾区层级最高的一个协议
2017.10	中国共产党第十九次全国代表大会	支持香港、澳门融入国家发展大局，以粤港澳大湾区建设、粤港澳合作、泛珠三角区域合作等为重点，全面推进内地同香港、澳门互利合作，制定完善便利香港、澳门居民在内地发展的政策措施
2017.12	中央经济工作会议	将粤港澳大湾区列入2018年重点工作，明确提出“科学规划粤港澳大湾区建设”
2018.03	十三届全国人大一次会议	出台实施粤港澳大湾区发展规划纲要，全面推进内地同香港、澳门互利合作
2018.03	十三届全国人大一次会议广东代表团座谈会	粤港澳大湾区建设是党中央作出的一项重大决策。广东要抓住这一重大机遇，携手港澳，把粤港澳大湾区建成国际一流湾区和世界级的城市群
2018.03	国务院总理李克强会见中外记者	李克强总理强调把粤港澳大湾区建成世界级的大湾区，发挥三地各自独特的优势 国家发改委主任何立峰指出粤港澳大湾区是千年大计
2018.05	中共中央政治局常委、国务院副总理韩正在深圳主持召开扩大开放工作座谈会	粤港澳大湾区建设是习近平总书记亲自谋划、亲自部署、亲自推动的国家战略。要立足三地优势，加强三地联动，高质量高起点做好大湾区规划建设，打造国际一流湾区和世界级城市群

资料来源：根据公开资料整理。

第三阶段（2019年至今），《粤港澳大湾区发展规划纲要》正式发布，大湾区建设进入实施落实阶段。

（二）建设粤港澳大湾区的重要意义

粤港澳大湾区发展规划是国家战略，是我国发展到一定阶段的历史方向选择，背后隐含着国家重大发展逻辑。粤港澳大湾区发展的核心是服务国家发展大局，为国家在新时代发展探寻模式和积累经验。从这个角度看，建设粤港澳大湾区的重要意义有五个方面。

一是促进港澳融入国家发展大局。港澳是粤港澳大湾区最重要、最特殊的因素。以粤港澳大湾区来推进港澳融入国家发展大局，一方面是要充分把握“国家所需，港澳所长”服务国家发展，另一方面要以粤港澳大湾区为直接载体和平台，拓展港澳发展空间，解决港澳发展问题，确保“一国两制”行稳致远。

当前，香港和澳门经济、社会发展面临一系列挑战。香港近年来面临产业结构失衡、房价和生活成本高、阶层固化、就业供给和需求严重不平衡、居民收入增长几乎停滞等问题，陷入“深层次问题”的泥淖，综合竞争力下降、政治与社会不稳定。特区政府及社会各界虽也努力解决，但收效甚微。澳门博彩业“一业独大”的失衡格局没有根本改观，多年的适度多元发展仍然在探索当中。解决香港和澳门的这些问题，光靠港澳自身难度极大。

香港和澳门以粤港澳大湾区为最直接平台，融入国家发展大局，将进一步激发“一国两制”制度资源，发挥“一国”优势，推动粤港澳大湾区要素资源的优化高效配置。借助粤港澳大湾区建设，香港可进一步强化国际金融、航运、贸易与现代服务等产业优势，与内地的科技创新、高端制造、物流等产业互补融合；澳门可以拓宽与内地特别是珠江西岸城市的产业合作、空间开发合作，密切人才交流与交通网络，进一步提升旅游休闲、中葡经贸合作平台、国际金融等的竞争力，逐步促进经济适度多元发展。因此，粤港澳大湾区的建设可以为“一国两制”行稳致远保驾护航。

二是打造“一带一路”建设重要枢纽。党的十九大报告提出，要以

“一带一路”建设为重点，坚持引进来和走出去并重，遵循共商共建共享原则，加强创新能力开放合作，形成陆海内外联动、东西双向互济的开放格局。中国坚持对外开放的基本国策，坚持打开国门搞建设，积极促进“一带一路”国际合作，努力实现政策沟通、设施联通、贸易畅通、资金融通、民心相通，打造国际合作新平台，增添共同发展新动力。“一带一路”倡议是新时期我国全方位对外开放的旗帜和主要载体，同时也是推动经济全球化深入发展的重要平台。对外开放是国内沿线区域与国外沿线国家和地区通过现代运输方式和信息网络连接起来的相互开放战略，将会以新型的全球供应链方式改变经济发展模式。

粤港澳大湾区作为全球领先的湾区经济体，在国家参与全球治理和“一带一路”建设中能够发挥重要作用。首先，粤港澳大湾区的地理与交通优势在“一带一路”中有能力成为重要的门户枢纽。湾区是我国城市群最靠近“一带一路”沿线市场的地理节点，与东南亚地区隔海相望，基础设施最便利、已形成海陆空港多维立体的交通网络，港口集装箱年吞吐量、机场旅客年吞吐量等已跻身国际一流湾区行列。其次，粤港澳大湾区作为沿海地区起步早、开放程度高，特别是有香港和澳门两个自由港以及中国（广东）自由贸易试验区，国际规则和制度接轨程度也是最高的。粤港澳大湾区在参与“一带一路”沿线国家和地区的合作中，更能发挥对外开放的引领作用。最后，粤港澳大湾区有能力成为“一带一路”最重要的供应链枢纽，粤港澳大湾区供应链网络极其发达，在电子、建筑、能源、金融、电讯等行业处于国内领先地位，与其他地区相比，国际价值链中处于相对较高的地位，更有利于成为“一带一路”的供应链枢纽。

三是为国家创新驱动发展战略提供支撑。总体而言，我国经济发展正由要素驱动、投资驱动转向创新驱动。党的十八届五中全会明确了“创新、协调、绿色、开放、共享”五大发展理念，创新位于五大发展理念之首。习近平总书记多次强调创新之于国家发展的重要性，强调“坚持创新发展，就是要把创新摆在国家发展全局的核心位置，让创新贯穿国家一切工作，让创新在全社会蔚然成风。”党的十九大报告提出“加快建设创新型国家”的明确要求，指出“创新是引领发展的第一动力，是建设现代化经济体系的战略支撑”。可以说，创新驱动发展战略是完成国家“两个阶段发展目标”的重要保障。实施创新驱动发展战略，需要载体和平台支撑。粤港澳大湾区发展基础良好，经济实力雄厚，开放程度较高，产业结构高端，交通网络发达，生活环境优良。从创新机制、创新活力、创新主体和市场力量来看，粤港澳大湾区无疑是国家实施创新驱动发展战略最好的支撑。

四是全面打造国家对外开放升级示范区。当前改革开放进入“不惑之年”。一直以来，我国坚持“以开放促改革”的发展思路，未来仍将延续，但是需要新突破。自 2013 年实施自贸区战略以来，国家已经在自贸区这一层级上积累了足够的经验和教训，下一步如何进行对外开放升级，是摆在国家发展全局中的一个重要命题。

粤港澳大湾区一直是我国对外开放前沿阵地，始终走在改革开放的前列。2017 年 4 月，习近平对广东工作做出重要批示，要求广东“四个坚持、三个支撑、两个走在前列”，其中要“为全国推进供给侧结构性改革、实施创新驱动发展战略、构建开放型经济新体制提供支撑”。2018 年 3 月“两会”期间，习近平总书记在广东代表团座谈时表示，“开创广东工作新局面，最根本的还要靠改革开放”。因此，从国家战略和全局高度，粤港澳大湾区理应为国家对外开放升级继续探路。

粤港澳大湾区具备打造国家对外开放升级示范区的良好基础。湾区具有香港和澳门两个国际知名的自由贸易港，也有广东省三大自由贸易试验区集群，具备了在开放的制度条件下进一步探索改革创新的良好基础。当前，广东自贸区正积极引入港澳的制度资源和经济社会发展模式，粤港澳大湾区已经成为引领制度创新的试验平台和配套改革试验区，为促进粤港澳区域合作共赢、推进全国改革开放先行区战略迈出了坚实步伐。自贸区不断积累国际竞争新经验，有助于营造与国际规则相衔接的优良营商环境，推广符合国际规则的质量、技术、安全、环境、劳工等行业标准，提升对高标准国际规则的适应力。

五是发挥辐射带动功能，解决发展不平衡不充分的问题。党的十九大报告指出：目前我国发展不平衡不充分的一些突出问题尚未解决，发展质量和效益还不高。解决发展不平衡不充分的关键是缩小区域发展水平差异。广东的整体经济发展迅速，以广州、深圳为首的珠三角地区城市成为全国的焦点，大量人口和资金的流入使得该区域经济非常的活跃。但是非珠三角地区发展非常不平衡。2017 年广东 GDP 高居全国第一，人均 GDP 高达 12009 美元，但 21 个地级市中，有 12 个地级市的人均 GDP 低于全国平均水平，GDP 最高的深圳市是 GDP 最低的云浮市的 26 倍。就区域而言，2017 年粤东西北的 GDP 占全省的比重仅为 20.3%，其中东翼、西翼、山区分别占 6.8%、7.5%、6.0%。粤港澳大湾区建设应强化对粤东、粤西、粤北的辐射，带动其加快转型升级发展。

此外，粤港澳大湾区建设还应对“泛珠三角”地区发展产生辐射带动作用。2016 年 3 月《国务院关于深化泛珠三角区域合作的指导意见》要求，构建以粤港澳大湾区为龙头，以珠江—西江经济带为腹地，带动中南、西南地区发展，辐射东南亚、南亚的重要经济支撑带。粤港澳三地不同发展历史形成的特殊文化、制度资源，积淀成不同的创新理念和操作方式，共同带动更大区域的发展。

二　粤港澳大湾区的发展愿景和推进策略

与纽约、旧金山、东京三大世界级湾区相比，粤港澳大湾区还不是世界一流湾区。2021 年粤港澳大湾区 GDP 约 2 万亿美元，位列全球十大经济体。然而，若想实现人均 GDP 超过 5 万美元的目标（当前三大世界级湾区中，东京湾区人均 GDP 最低，约为 5.26 万美元），还需很长时间。因此，大湾区建设的重中之重是提高发展质量，“建设富有活力和国际竞争力的一流湾区和世界级城市群，打造高质量发展的典范”。

（一）发展愿景

概括而言，粤港澳大湾区的发展愿景有如下六个方面。

一是打造国际科技创新中心。大湾区国际科技创新中心是国家综合性科学中心、国家大科学装置布局、香港国际科技创新中心等重大举措的集合，其目标为构建国际化、开放型区域创新体系，涵盖四条主导路径：一是构建新机制，推动科技创新要素资源便捷流动，建立开放型科技创新体系。二是培育新主体，培育国家级科研工程中心和高等院校，培育高研发投入的民营企业和科创型企业，培育机制灵活、创新活跃的社会机构和团体。三是拓展新空间，构筑科技创新走廊和科技产业带，建设科创平台，成立城市创新科技联盟。四是打造新动能，打造无缝对接的大湾区信息基础设施，打造数字经济等新兴产业。

二是构建协同发展的现代产业体系。协同发展的现代产业体系是大湾区核心竞争力、综合竞争力的实体支撑，包括构建以金融为核心的现代服务业产业体系，构建以高科技为引领的先进制造业产业体系，打造制造与研发、软件与硬件有机整合的共享、高端产业价值链，发展新经济、新业态等。大湾区将建设“科技 + 金融”核心圈，打造世界级先进制造业基地，打造世界级现代服务业基地，发展海洋经济，打造粤港澳海洋经济合作圈。

三是构筑“一带一路”建设的重要支撑区。大湾区将“加快构建与国际接轨的开放型经济新体制，建设高水平参与国际经济合作新平台，构筑丝绸之路经济带和 21 世纪海上丝绸之路对接融汇的重要支撑区”。将加快建设开放型经济新体制先行区，打造高水平对外开放枢纽，推动金融领域开放率先突破等，充分发挥港澳自由港和单独关税区的特殊优势，利用港澳优质资源，为中国资本和中国企业“走出去”提供综合服务，推动“一带一路”项目落地。

四是共建优质生活圈。大湾区将“以改善民生为重点，提高社会管理和公共服务能力和水平，增加优质公共服务和生产生活产品供给，打造国际化教育高地，完善就业创业服务体系，加强人文交流、促进文化繁荣发展，推进区域旅游发展，支持澳门打造旅游教育培训基地，共建健康湾区，完善生态建设和环境保护合作机制，建设绿色低碳湾区”；将率先探索生态文明体系和绿色发展路径，率先构建绿色发展体系，着力打造绿色生态湾区；将发展高端旅游业，建设世界级旅游区；将在城市建设管理中应用大数据、云计算、物联网等信息技术，建设智慧城市；将建设国际社区和人才高地，打造国际人才、海归人员创业就业的首选之地。

五是推进基础设施互联互通。基础设施互联互通是大湾区建设的基本前提。其中，世界级空港群涉及空中航线的开拓，世界级海港群涉及远洋航线的整合；构建高通达性综合交通运输网，以轨道交通为核心打造通勤都会区将成为大湾区交通建设的重点，高铁、城轨、地铁的有机衔接成为重中之重；面向“泛珠三角”区域的公路大通道建设，城市间交通衔接，口岸通关便利化等将提上日程。此外，稳定安全的能源和水供应体系不可或缺，区域能源和供水合作将进一步深化。

六是加快重大合作平台建设。重大合作平台是大湾区建设实现政策创新和突破的重要空间。未来，大湾区将重点加快前海蛇口自贸试验片区暨前海深港现代服务业合作区、广州南沙自贸试验区、珠海横琴自贸试验片区等重大合作平台建设，及深港科技创新合作区落马洲河套地区、东莞滨海湾新区、东莞松山湖高新技术产业开发区、江门大广海湾经济区、中山翠亨新区（中山粤澳全面合作示范区）、惠州百里滨海现代产业带、佛山禅南顺（三龙湾）高端创新集聚区等特色平台建设。

（二）推进策略

大湾区的最大特点是“一国两制”，这要求大湾区建设必须努力破解现实难题。习近平指出：“建设好大湾区，关键在创新。”大湾区建设是一个复杂的系统工程，需要采取稳妥、审慎的推进策略。

一是先易后难。优先推进轨道交通、跨江跨海大桥等基础设施建设，打造通勤都会区；优先推动经济贸易领域合作，逐步向社会、文化等领域拓展；先解决人员和货物的通关问题，再逐步实现资金和信息的互联互通；在内地与港澳 CEPA 中率先开放制造业、法律与会计等服务业的准入限制，再推动证券、保险等金融领域的放开等。

二是先局部后整体。大湾区建设过程中涉及的制度创新，需要在特定区域（载体）进行局部探索和先行先试。大湾区建设要找到关键突破点，形成破局带动作用，再整体推进。目前，广东自贸试验区深圳前海蛇口、广州南沙、珠海横琴三个片区以及深港落马洲河套地区、中山翠亨新区、江门大广海湾、东莞松山湖等区域，港澳与内地合作基础较好，应善加利用。

三是先单向后双向。鉴于“两制”差异和港澳承载力有限，港澳与内地在短期内不可能实现“完全对等”的开放。从国家与区域发展大局和港澳实际出发，考虑政策实施效率，应先推动大湾区珠三角城市向港澳单向开放，单向为港澳企业和居民到珠三角城市提供便利措施，并不要求港澳对大湾区内地企业和居民提供对等的安排。待大湾区建设达到一定程度时，再考虑港澳对内地的同等开放举措。

四是注重用市场化、法治化方式解决问题。一方面，世界一流湾区无不是市场力量和政府作用共同发力的结果，市场力量是决定性的，因此应将市场视为解决区域合作中经济、社会、生态等问题的主导方式和基础手段，市场化方式应成为大湾区建设的方法论和工具库，充分体现在从思维到行动、从决策到执行的各个方面和环节。另一方面，大湾区的特殊性要求用法治化方式协调解决相关问题，法治化方式的核心要义是坚持“一国两制”、依照宪法和基本法办事；具体表现为“三个有机结合”：把坚持“一国”原则和尊重“两制”差异有机结合起来，把中央依法行使权力和特别行政区履行主体责任有机结合起来，把全面推进依法治国和维护特别行政区法治有机结合起来。

三　借助粤港澳大湾区建设推进香港新发展

粤港澳大湾区是有利于加快香港融入国家发展大局的重要国家战略，而香港能否实质融入湾区建设同时也影响着湾区整体发展，这是一个双向影响的过程。粤港澳大湾区建设确立的香港发展定位，对香港传统经济支柱产业、优势产业及新型产业发展带来新机遇。

（一）借助大湾区提升香港金融业

金融服务业一直是香港的“拳头产品”，也是继贸易及物流产业后的第二大传统经济支柱产业。2018 年，香港金融服务业增加价值占本地生产总值比重为 19.8%（见表 10－3），就业人数占总就业人数比重约为 6.8%。

表 10－3　香港金融服务业占本地生产总值比重

单位：%

年份		2013	2014	2015	2016	2017	2018
金融服务		16.5	16.7	17.6	17.8	19.0	19.8
	银行	10.4	10.5	11.1	11.2	12.3	13.1
	保险	2.9	3.0	3.2	3.7	3.7	3.6
	其他金融服务	3.2	3.2	3.3	2.9	3.0	3.1

资料来源：香港特区政府统计处。

香港是全球最活跃及流动性最高的证券市场之一，对资本流动不设限制，也没有资本增值或股息税。以市值计算，香港是亚洲第三大及全球第六大证券市场，是亚洲首屈一指的国际金融中心。根据英国与中国合作公布的全球金融中心指数（GFCI）公布数据，2018 年，香港排在纽约和伦敦之后，是全球第三大金融中心。正因为有了香港国际金融中心，大湾区金融产业相比国内其他城市群而言起点更好、发展空间更大。大湾区金融产业发展和政策调整将围绕“一带一路”融资需要、推动人民币国际化以及防范系统金融性风险发生三个重点进行。围绕这三个重点，香港即具备了先天优势，同时也为金融业进一步发展带来机遇。

一定意义上，香港在国家战略上已经被定位为“一带一路”建设的首要融资中心，这在 2017 年国家发改委与香港特区政府签署《国家发展和改革委员会与香港特别行政区政府关于支持香港全面参与和助力“一带一路”建设的安排》中可见端倪（见表 10－4）。《安排》明确了香港作为各方利益相关者的融资平台、绿色债券市场的发行平台、人民币跨境支付系统（CIPS）跨境人民币业务资金结算平台、内地企业“走出去”合作平台等。

表 10－4　《国家发展和改革委员会与香港特别行政区政府关于支持香港全面参与和助力“一带一路”建设的安排》相关内容

序号	内容
1	在符合相关金融市场规范及金融领域监管的基础上，促进各主要利益相关方（包括投融资方和项目营运方）通过香港平台共同合作，为“一带一路”建设提供所需资金和多元化的融资渠道，包括上市集资、银团贷款、私募基金、债券融资等服务
2	支持香港金融管理局基建融资促进办公室（IFFO）继续发挥作用，汇聚主要参与者，共同促进基础设施建设项目投融资
3	推动基于香港平台发展绿色债券市场，支持符合条件的中资机构为“一带一路”建设相关的绿色项目在香港平台发债集资；推动建立国际认可的绿色债券认证机构
4	配合人民币国际化的方向，充分发挥香港作为全球离岸人民币业务枢纽的地位，完善内地与香港之间的人民币跨境双向流动渠道，鼓励通过人民币跨境支付系统（CIPS）完成跨境人民币业务的资金结算，推动两地资本市场进一步互联互通，便利两地规范的跨境投资活动

续表

序号	内容
5	支持参与和助力“一带一路”建设的金融机构（含相关投资机构和多边发展银行）进一步加强与香港的合作联系，在符合相关法律规定、规则及程序的基础上，上述机构根据业务需要在香港设立分支机构及开展资金运作、市场营运等业务，鼓励已在香港设立办事处的机构进一步发展其在港业务
6	鼓励香港与内地企业、金融机构共同参与和助力“一带一路”建设项目，并与项目所在地的相关部门、企业、金融机构共同合作，进一步探索以“政府和社会资本合作模式”（Public Private Partnership,PPP）推动项目建设，并参照国际规范建立项目合作机制和协议范本，充分调动社会投资

在粤港澳大湾区建设格局下，香港融资中心以及人民币国际化平台的角色地位不变，同时，香港发展绿色金融、金融科技、人民币跨境交易业务等则都因大湾区建设而迎来重大利好。

一是绿色金融。绿色金融是指能产生环境效益以支持可持续发展的投融资活动。在保护生态安全、促进可持续发展已成为全球共识的背景下，绿色金融作为引导社会资本进行绿色投资的桥梁，不仅是促进经济绿色转型、培育新增长点的源泉，也是金融业发展的重要方向。根据联合国环境规划署2007年发布的《绿色金融产品与服务：北美洲的当前趋势和未来机会》（Green Financial Products and Services：Current Trends and Future Opportunities in North America），绿色金融相关产品和服务，主要分为三大类，即直接支持绿色产业的金融产品、商业银行开发的与个人节约能源和保护环境相关的金融产品和碳排放交易相关项目（见表10－5）。

表10－5　绿色金融产品与服务分类

类别	产品与服务
直接支持绿色产业的金融产品	环保和节能减排的项目融资；绿色信贷；绿色债券；绿色基金；环保科技风险投资等
商业银行开发的与个人节约能源和保护环境相关的金融产品	环保汽车贷款；绿色信用卡及节能项目融资的优惠利率贷款等
碳排放交易相关项目	碳排放中介、咨询、评估、投融资、信用担保、委托、交易等

资料来源：联合国环境规划署的《绿色金融产品与服务：北美洲的当前趋势和未来机会》。

大湾区有香港和深圳两大资本市场，加上深圳、广州、香港、澳门等城市在环保、绿色产业的发展走在前列，绿色产业及相关的绿色金融产品在全国都处于领先地位。2016 年，香港金融发展局发布《发展香港成为区域绿色金融中心》报告，建议受政府和公营机构管控的发行人发行基准“绿色债券”、成立绿色金融咨询委员会、举办有关绿色金融及投资的全球会议、借助大学和专业团体培育绿色金融人才，鼓励资产持有人和投资经理从气候和环保角度审视投资风险，提高香港股票市场、债券市场和私募基金市场的吸引力，吸引绿色企业及其投资者，以促进香港绿色金融的发展。

香港领展房地产投资信托基金在 2016 年 7 月公开发行 5 亿美元绿色债券，成为首次发行此类债券的香港企业。来自领展的数据显示，这批绿色债券获得超额认购近 4 倍。香港联交所上市公司北控水务集团有限公司于 2016 年 8 月完成发行的 7 亿元绿色公司债券，这是首单由境外非金融企业在境内发行的专门用于绿色项目的人民币债券，俗称“绿色熊猫公司债券”。本期债券期限为 8 年，发行利率为 3.25%，超额认购倍数高达 4.72 倍，获得了市场追捧。

粤港澳大湾区绿色金融的发展势头良好。《粤港澳大湾区发展规划纲要》明确提出“支持香港打造大湾区绿色金融中心，建设国际认可的绿色债券认证机构”以及“加强深港绿色金融和金融科技合作”。香港作为国际金融中心之一，金融机构实力雄厚，具有较强集资和融资交易能力。“一带一路”基础建设项目对绿色融资及绿色债券等融资需求增加，将进一步带动粤港澳大湾区内其他城市及全国绿色金融行业的发展，从而引领世界绿色金融行业的发展。

二是科技金融。所谓科技金融，泛指科技在金融服务中的应用，包括改变现行的金融服务提供者和顾客关系模式的应用。2015 年起，香港特区政府把科技金融作为科技和投资的重心，重点发展人工智能、区块链、网络安全、金融监管科技、保险科技和财富管理等方面。

香港发展科技金融主要有以下几个优势。第一，以香港为基地的地区性金融公司数量多，有利于香港为亚太地区新型和已成立的科技金融公司服务提供平台。第二，在 B2B 关系领域，如网络安全、大数据和分析学、金融监管科技和与区块链有关的金融服务发展潜力大。[①] 第三，金融业发达，法治环境良好，对知识产权保护力度强。截至 2017 年，在 100 家世界认可的科技金融中心之中，48 家科技金融中心的稳健发展是建基于香港完善的科技系统上。

目前，香港正大力推动以金融科技为主的新兴金融业态的发展。如香港证监会和保险业监管局于 2017 年 9 月推出监管沙盒，帮助市场加快推出新的金融科技产品及服务；又如，2016 年获发牌的 13 个储值支付工具运营商正积极推广和加强其支付产品及服务；再如，香港金融管理局将推出快速支付系统（Faster Payment System），让银行和储值支付工具运营商在同一支付平台上进行实时支付和转账。此外，香港特区政府继续鼓励持份者进一步推动金融机构与不同金融科技人才的联系，促进人才培育和交流。

需要看到的是，香港发展科技金融面临若干障碍。由于香港市场主要以零售客户和中小企业为主，除了资产和财富管理以外，对 B2C 金融科技公司缺乏吸引力，市场需求小。邻近的深圳是内地科技中心之一，也是全球科技中心之一，与香港形成一定的竞争关系，不利于香港吸引投资基金和优秀人才。若香港作为科技金融发展的整体，则以上劣势或障碍难以通过香港自身圆满解决。大湾区建设框架下，香港作为湾区的局部，则可借力消除自身不足。一方面，香港可通过与周边城市的合作联动，扩大香港需求市场；另一方面，通过深港合作，充分发挥香港上市制度、法律制度、基础研发等优势，以及深圳应用研发、制造业基础、市场需求等优势，构建“香港 + 深圳”科技金融深度合作示范区。如此，香港空间、人

---

① 香港金融发展局报告：《香港金融科技的未来》，2017 年 5 月。

才、产业链缺失等不足可通过城市间合作得以弥补，并通过发挥制度及金融基础优势，促进科技金融产业发展。

三是人民币跨境交易业务。香港是推动人民币国际化的第一首选平台。改革开放40余年，香港作为内地与国际联通的重要门户，已经成为全球人民币业务枢纽。从发展经验看，香港人民币跨境交易业务的壮大和发展离不开以下两大基础优势：第一，港口优势及与广东贸易依存关系，形成庞大的人民币资金需求及流动需求，为建立离岸人民币市场提供关键的、基础性的条件。第二，完善的支付体系和系统，包括人民币实时全额支付系统（RTGS），与港币RTGS系统、美元RTGS系统、欧元RTGS系统同时运行以及中国人民银行推出的人民币跨境支付系统，为人民币现代化支付提供硬件条件。

除自身良好的金融基础外，国家的大力支持对推动香港成为人民币交易平台发挥了重要作用。2004年起，香港银行获得提供个人人民币业务的交易资格。2009年，国家推行跨境贸易人民币试点计划，并于2010年扩大试点范围，香港银行可以向企业客户提供包括人民币存款证、人民币债券及贸易融资等人民币交易业务。2014年“沪港通”及2016年“深港通”的开通，2017年推行的“债券通”，进一步巩固香港作为内地与国际资本市场接轨的中介角色，并极大激活人民币跨境交易。

根据环球银行金融电信协会（SWIFT）统计数字，2017年全球超过70%的离岸人民币支付交易额是经香港处理的。2018年，香港的人民币即时支付结算系统的平均每日交易额保持在10000亿元人民币的高水平，代表香港的人民币资金池继续支撑大量的金融中介活动。

推进金融市场互联互通是大湾区金融产业发展的重点。香港作为内地和国际资本市场联通重要窗口的角色地位，在大湾区金融产业发展中起着其他城市不可比拟的关键作用。这与香港金融业基础优势相关，更由我国内地在相当长时间内不能大幅开放资本项目的客观现实所决定。香港成熟的国际金融体制具备建设人民币离岸市场、推进大湾区金融市场互联互通的理想条件。然而，香港能否胜任这一重要使命，决定于香港能否用好“一国两制”制度优势、能否发挥所长服务大湾区、能否通过与湾区内地城市紧密合作形成金融业增长极。

香港推进离岸人民币业务最大的障碍是经济腹地不足。香港在金融产业、资本市场、外汇交易市场、金融衍生品市场规模等与伦敦、纽约相比不在一个数量级，本土金融机构实力较弱、创新能力不足。在大湾区建设框架下，香港可以利用地缘优势，与湾区内地城市有效配合，共同承担历史使命，打造大湾区金融核心圈。

（二）借助大湾区发展香港科创产业

香港发展科技创新产业具有明显优势，特别是高校的基础研发能力更是走在世界前端，而高校和科研平台的作用不可忽视。香港拥有一批国际水平的高等教育院校和世界一流的学科建设项目。香港高校作为高端科创资源集聚的重要载体，也是科创成果输出的动力所在。截至2018年，国家依托香港高校，建设了16个国家重点实验室香港伙伴实验室和6个国家工程技术中心香港分中心。高校基础研发能力和重大科研平台两大优势结合，为香港科创成果输出奠定重要基础。如香港大学在肝炎疫苗、白血病、癌症治疗领域，香港科技大学在无人机、通信网络、大数据领域，香港理工大学在航空服务系统、导航系统领域，香港浸会大学在中医药、干细胞研究领域等，均取得了世界领先的成就。此外，香港完备的知识产权制度为科创成果转移、知识产权商品化等提供制度保护，有利于促进知识产权交易、推动香港发展成为亚洲知识产权贸易中心。

但在上述优势支撑下，香港科创产业发展成效未臻理想。除了耳熟能详的大疆科技、商汤科技外，香港培育的科创“独角兽”并不多。原因在于香港科创产业发展存在明显的劣势：一方面，由于产业结构单一、制造业严重缺乏而使得科技创新没有扎根的土壤和用武之地；另一方面，香港土地空间有限、科创人员人力成本及科创企业运营成本高昂。两方面原因决定了香港独自发展科创产业并不现实，需要寻求合作。2009 年到 2017 年，香港科技创新产业增加价值占本地生产总值的比重仅为 0.7%。

2018 年 8 月，在粤港澳大湾区建设领导小组全体会议上，国务院副总理、粤港澳大湾区建设领导小组组长韩正强调，“要积极吸引和对接全球创新资源，建设‘广州—深圳—香港—澳门’科技创新走廊，打造大湾区国际科技创新中心”。至此，香港除了原有的功能和定位外，也肩负“广州—深圳—香港—澳门”科技创新走廊重要节点功能。依托粤港澳大湾区及“广州—深圳—香港—澳门”科技创新走廊，香港可解决土地、成本、产业链等三大问题。

大湾区建设对香港科创产业最直接的作用，一是扩张香港科创产业发展的地理版图，二是实现香港与内地“优势互补”。空间上，香港可通过在湾区内选址、与当地政府合作共建科研平台或共同发展科创项目等手段予以解决。突破空间约束，人力成本过高的问题也迎刃而解。湾区内地城市科创领域用工成本特别是非高精尖科创专业人员的用工成本，明显低于香港本地。若香港在湾区内地城市建设科创实验平台，则可通过聘用当地员工极大地降低雇佣成本。合作对象上，广州、深圳、东莞等都可以成为香港的“最佳拍档”。珠三角地区在改革开放的政策指引下，以深圳、东莞、广州为核心的湾区城市快速成长为全球知名的电子信息产业集聚基地，产业体系完备。即便香港缺失制造业基础，但香港可通过珠三角电子信息产业配套体系与内地合作城市进行资源共享，依此便利，高效和低成本地进行几乎所有电子零部件的采购，从而降低科创成果在研发、中试、制造、生产、销售等诸多环节的成本，助力科创成果商品化。

借助大湾区发展香港科创产业，有如下几个方面的重点。

一是强化香港科技创新“超级联系人”作用。香港有充分的条件整合、联系本地、内地与全球顶尖科技企业和研发机构，担当湾区科技创新的“超级联系人”。第一是科技创新的“物流超级联系人”。发挥香港国际贸易网络优势，推动香港成为湾区科技创新的物流及商贸超级联系人。借助香港国际机场和港口货运，发挥香港在研发设备、研发材料、中间产品等环节的物流功能。在特定区域，内地海关对于来自香港（包括从海外进入香港）而湾区创新科技所需的原材料、设备和中间产品，不视为进口，给予免税。第二是科技创新的“技术超级联系人”。发挥香港适用香港法律、与国际市场直接对接的优势，规避部分国家对向中国内地出口技术产品的限制，如巴黎统筹委员会等国际组织和国家对中国内地企业进口方面的限制。在生物技术方面，内地的行业监管门槛高，限制了创新科技企业的发展，香港具有完善的监管法规政策以及较低的产品创新门槛，可吸引内地前沿技术进入香港发展。第三是科技创新的“资金超级联系人”。将香港风险投资资金引入湾区，使香港风险投资市场覆盖大湾区。吸引湾区内地企业和研发机构不定期赴港进行路演，以已经取得的科研成果，吸引风险投资进入，使研发活动得以持续和深入；完善湾区产权市场和证券市场，开展高科技企业的股份制改造，让风险投资通过出让其所占产权或股权兑现报酬，确保风险资本的顺利投资和依法获得相应的回报。

二是加强香港基础、原始研究与湾区产业对接。香港的大学和科研机构在国家科技重大专项、战略性新兴产业、重点领域核心关键技术突破、前瞻部署基础研究和前沿技术研究等五大范畴均有优势，应着重在这些领域加强与湾区产业对接。第一是国家科技重大专项。推动香港的纳米材料和纳米级结构器件、光通信及智能消费类电子产品技术，水体污染控制和治理技术、新药和给药系统研究与湾区大型科技创新企业对接，共同申请重大专项项目。加强产业研发，与湾区新一代信息产业相结合，推进建设高世代液晶面板、AM—OLED 面板等重大平板显示产业化项目建设，发展显示用关键材料与设备以及 PLED（高分子发光二极管）、全息激光、量子点、柔性显示等新兴显示技术产业，重点培育新型电子元器件、集成电路封装与生产、新一代移动通信终端与下一代互联网设备、专用电子设备等产业。第二是战略性新兴产业。结合香港在发光二极管技术、薄膜太阳能光伏技术、云计算、生物医学、纳米材料和电动汽车等方面的研究优势，与湾区其他城市共同推动新一代信息技术、生物技术、高端装备制造、新材料等产业成为新支柱产业。深度介入湾区有关城市新一代显示、新一代通讯技术、4G 和移动互联网、蛋白类生物药、高端医学诊疗设备、基因检测、现代中药、3D 打印等重大产业项目。第三是重点领域核心关键技术突破。结合香港现代农业科技创新、重点产业技术升级、现代服务业科技、民生科技、可持续能源资源环境技术的研发，与湾区高端软件产业对接。推进建设互联网、大数据、云计算、物联网等新兴领域的高端软件研发与产业化项目，深度介入湾区智能移动终端、通信网络及终端设备、高性能处理器、数字多媒体、北斗导航等领域的集成电路设计。第四是基础技术和前沿技术的前瞻性研究。与湾区新能源汽车产业对接，建设纯电动、插电式混合动力、增程式等新能源汽车整车项目与新型动力锂离子电池及管理系统项目，培育和发展特种用途电动汽车、短途纯电动汽车、燃料电池汽车以及下一代高比能动力电池；与湾区新材料产业对接，建设高性能金属基、陶瓷基、生物基复合材料与高性能纤维及其复合材料、新型工程塑料与塑料合金、高性能合成树脂等重大产业化项目；与湾区生物产业对接，建设重大医学诊疗设备产业化项目，共同推进传染病研究中心、孵化器等生物创新基地建设，搭建基因组学个体化医学研究中心，推进重组蛋白药物大品种与抗体药物、新型疫苗与诊断试剂、干细胞等领域关键技术的突破与产业化。此外，应以“港深创新及科技园”为产业对接载体，建立重点科研合作基地，协同发展科技创新、高等教育、文化创意等产业。联合顶尖高等院校、科研机构及企业建立科研合作基地，与世界各地优质的研究人才交流合作。

三是发挥香港科技创新综合信息服务中心功能。首先，加强香港资讯及通讯科技基础建设，强化电话网络数码化，加强宽带上网设施建设，推广多媒体信息服务（MMS）；推广资讯及通讯科技应用，提高社会渗透程度。增加公共流动电话用户与固定互联网用户；通过资讯网络增强科技经济活跃度，打造全球资讯网络中心，提升网络、通信技术以及以此为中介形成的全面系统的全球资讯服务。其次，提升跨国科技公司和大型科技企业收益，降低成本，激发其创意、创业与创新，协助个人与小型企业更快进入并参与全球经济活动；构建科技信息情报中心，充分发挥香港网络信息管治宽松的优势，收集世界顶尖核心技术信息情报，为湾区创新科技的原始研究与前沿技术开发提供更广泛、更有力的支撑。最后，推动“创新科技大数据联盟”建设，共建共享以提供科技文献、标准、情报等信息服务为主的科技信息平台。整合湾区相关信息行业协会、科技社团联盟、互联网专业协会等机构资源，推进粤港大数据共享和合作，逐步在市场监管、交通运输、税务等部门的大数据实现共享，引入适用香港的数据架构标准，加强粤港科技资源信息合作。

四是吸引内地科技公司进入香港发展。第一是吸引珠三角实力企业进入香港发展。推动已经度过创业阶段、具有一定实力的企业进入香港开拓发展，鼓励创新型企业在香港设立办事处、研发中心分部或者实验室等，着重把“生产—研发—设计—销售”产业链中除生产以外的环节延伸、拓展到香港，与香港的优势科技产业如 IC 产业加强合作，以香港作为湾区企业开展研发的另一选择和“走出去”拓展海外业务的重要平台，共同提升湾区创新科技发展，开拓国际市场。

第二是引导大湾区内地城市创新科技企业赴港上市。引导和促进大湾区内地城市创新科技企业赴港上市。在大湾区内地城市成长起来的创新企业赴港上市，可以进入国际融资平台，迅速与国际接轨并提高知名度，为增发、并购等奠定良好基础。深圳证券交易所在新兴领域中的可选标显著多于沪市，海外投资者对这个拥有中国众多新兴领域企业的市场青睐已久，促进更多的深交所上市企业采取“A + H”的模式赴港上市。

五是支持香港青年到湾区其他城市科技公司就业。引导香港青年到湾区其他城市科技创新公司就业，为其开拓更大的发展空间。第一，实施高科技公司见习计划。鼓励和支持香港有关机构与湾区内的华为、腾讯、中兴、华大基因等高新科技企业合作，组织安排本港青年（学生）到这些公司实习，通过这些公司了解湾区高科技产业的发展，培养青年的创新意识，提高技能水平与实践能力。第二，提供创新创业辅导。与湾区有关城市政府或机构合作，完善本港青年的创新创业培训辅导体系，制定明晰的创新创业行政手续指引，简化审批流程，建设低成本、便利化、全要素、开放式的创客空间，创建实体和网络相结合的创客城。推进粤港高校联合开展创新创业教育，鼓励高校、技工院校开设各类课程，适当加大对高校创新创业教育的资金支持，鼓励高等院校、技工学院等建设创客实践室，为有创业意愿的本港大学生提供实际操作与积累经验的机会，培育粤港创客人才队伍。构建开放式创新创业综合服务平台，为本港青年创客提供系统的法律、知识产权、财务、检验检测认证、技术转移、成果交易、产品推广和咨询等服务。第三，支持香港人才赴湾区就业。与湾区有关城市政府或机构合作，鼓励湾区新兴科技企业招收本港的大学毕业生；协助解决本港居民在湾区就业创业中遇到的障碍和问题；鼓励和支持本港青年应聘前海蛇口、南沙、横琴等自贸片区创新科技企业高级职员、技术专员、财务、法律顾问等职位。第四，共建科技人才交易机构。加强粤港人力资源服务机构合作，以线上线下相结合的智慧型运行方式建立粤港青年人才交易所。集成企业、高校、科研智库机构、境外机构科技人才大数据资源，强化市场对人才资源的决定性配置作用，打造粤港青年科技人才服务一体化平台。定期在广东和香港举办人才招聘大会，及时了解香港青年的就业需求，面向香港引进杰出青年领袖创新人才。鼓励湾区人力资源服务机构向香港主要媒体及时发布人才招聘信息，为求职者提供职位搜索、简历管理、职位定制、人才评测、培训信息等服务，积极为湾区科技企业提供一站式专业人力资源服务。

六是促进香港制度优势转化为竞争优势。第一是促进检验检测制度转化为创新科技竞争力。发挥香港检验检测的优势，为湾区其他城市在纺织品、成衣和鞋履、中药、建筑材料、食品、珠宝、环保、资讯及通讯科技等行业提供检验检测服务，整合香港有关资源，构建检验检测咨询服务平台，增强湾区创新科技竞争力。第二是促进知识产权保护制度转化为创新科技竞争力。依托香港知识产权保护与服务环境，创建高端知识产权服务平台。对标先进经济体的知识产权制度，建设符合国际标准的制度和实际审查能力。强化知识产权源头创造、运用管理和维权保护，发掘知识产权价值，推动知识产权资本化建设。加强知识产权咨询服务，为湾区其他城市的企业提供咨询服务，确保湾区科技竞争力得到法律保障。第三是促进国际标准制度转化为创新科技竞争力。借助香港“Q 唛”优质标志计划，提升产品和服务质量，协助企业改善管理体系，使湾区有关科技产品符合国际标准。加大采用国际标准的力度，稳步提高采用国际和国外标准的领域和数量，开展高新技术标准研究工作，重点在有创新成果和具有自主知识产权的高新科技领域制定标准。率先在内地城市打造质量高地，提升湾区科技产品质量及在国内外的知名度、信誉度和竞争力。第四是促进仲裁制度转化为创新科技竞争力。以香港国际顶级仲裁机构以及专业仲裁员为依托，发挥香港作为亚太地区的海商事仲裁中心地位的作用，为湾区创新科技相关的贸易提供最优质的仲裁服务。确保创新科技在销售、品牌创建提升等环节的有序发展得到良好的制度保障。

（三）借助大湾区做大香港专业服务业

专业服务及其他工商业支援服务业是香港四大支柱行业之一，多年来都是香港经济增长的重要原动力。香港专业服务主要包括法律服务、会计服务、核数服务、建筑设计及测量活动、工程活动、技术测试及分析、科学研究及发展、管理及管理顾问活动、资讯科技香港服务、广告、专门设计及相关服务等。其他工商业支援服务则指提供本经济体内其他公司使用的服务（即中间投产消耗）以及向公司及个别人士输出的服务。由于香港企业与东南亚等地区货物生产活动关系密切，香港工商业支持服务更是发展迅速。

拥有一支国际化队伍，是香港专业服务业的核心竞争力所在。国际层面，香港各行业专业工会会员在全球多个国家或地区均获得认可，意味着获得香港执业资格的专业人士可在世界范围内执业。以会计师行业为例，香港会计师工会会员在全球五个大洲的国家和地区获得认可，包括澳大利亚、加拿大、英格兰及威尔士、爱尔兰、新西兰、苏格兰、南非、津巴布韦等。此外，香港会计师工会会员可以申请代表美国国家会计委员会全国联合会/美国会计师会的美国国际资格评审委员会、特许公认会计师工会、澳洲会计师工会及国际会计师工会等团体的会籍并在当地取得执业资格。这是国际社会对香港专业人士执业素养的高度认可。

伴随两地经贸合作紧密发展，内地企业通过香港窗口"走出去"频繁，大湾区建设大大提升内地对香港专业服务输出的需求。CEPA 的签订，标志着内地专业服务业市场逐步向香港服务提供者开放。2017 年内地与香港在 CEPA 框架下签订的《CEPA 投资协议》和《CEPA 经济技术合作协议》，更是进一步降低了香港服务业提供者进入内地的限制。由此，越来越多香港专业服务机构进驻内地，为内地企业提供专业服务。

以法律服务业为例：根据 CEPA 规定，2016 年起，取得内地律师资格或法律执业资格并获得内地律师执业证书的香港居民，可以内地律师身份从事涉港民事诉讼代理业务及非诉讼法律事务。CEPA 对港澳居民律师法律服务范围的放开，为香港法律服务专业人士到内地发展提供了动力。截至 2018 年 6 月，香港律师事务所在内地设立了 72 家代表机构（其中 40 家为 2004 年 CEPA 实施后设立），22 家订立了联营协议的联营律师事务所。

《粤港澳大湾区发展规划纲要》提出了多项有利于港澳专业服务业在湾区发展的政策措施。例如提出"鼓励粤港澳共建专业服务机构，促进会计审计、法律及争议解决服务、管理咨询、检验检测认证、知识产权、建筑及相关工程等专业服务发展"，"在深圳前海、广州南沙、珠海横琴建立港澳创业就业试验区，试点允许取得建筑及相关工程咨询等港澳相应资质的企业和专业人士为内地市场主体直接提供服务，并逐步推出更多试点项目及开放措施”，“在 CEPA 框架下研究推出进一步开放措施，使港澳专业人士与企业在内地更多领域从业投资营商享受国民待遇”以及“建立行政咨询体系，邀请粤港澳专业人士为大湾区发展提供意见建议”等。

依托粤港澳大湾区建设，香港专业服务业发展机遇主要体现在两个方面：第一，借助国际化优势，香港专业服务机构及专业人士可以为境外资本、企业及市场新业态进入湾区内地城市提供专业咨询和引导；第二，借助语言、文化等相通的优势，香港专业服务可为湾区内地城市企业“走出去”提供帮助，协助其适应世界发展舞台。

第十一章
深度参与“一带一路”建设

香港是国际化城市，其命运与全球化体系息息相关。20 世纪 80 年代撒切尔夫人和里根大力推行新自由主义经济思想，而香港的经济发展是随着 20 世纪 80 年代新自由主义的兴起所推动的全球化而腾飞的。香港是全球城市网络的重要节点，是中国与世界其他国家交流合作的交汇之地，是全球人员往来与交流的战略性枢纽。可见香港是全球化体系的受益者。然而，随着 2016 年英国开始进入“脱欧”进程，主张“美国第一”的特朗普就任美国总统，再到 2018 年美国发起的针对中国乃至全球的贸易战，原本引领世界全球化的英美出现了“逆全球化”思潮，现有全球化体系受到强烈冲击。作为中国倡导的新型全球化，“一带一路”建设无疑给香港提供了新的发展机遇，对香港拓展服务空间有着重大意义。

一　“一带一路”建设给香港带来重大发展机遇

粤港澳大湾区的协同发展将为中国香港带来新的发展机遇。大湾区一体化有助于提升香港腹地的地理空间延展，在有了更广袤腹地的条件下，“一带一路”作为国家主导的新型全球化探索与实践，给香港提供了拓展其全球辐射能力的巨大空间。2015 年，国务院授权国家发改委、外交部、商务部联合发布《推动共建丝绸之路经济带和 21 世纪海上丝绸之路的愿景与行动》。作为 21 世纪海上丝绸之路的重要门户城市，香港独特的政治制度、行政管理体系、更自由的国际经贸制度和更完善的法律制度都将为我国“一带一路”建设提供巨大的便利。在“逆全球化”思潮尘嚣甚上的大环境下，积极参与“一带一路”建设，是香港维持并提升其全球城市地位的历史性机遇。

（一）“逆全球化”思潮泛起

由美国主导的世界全球化格局，大体分为两个阶段：1980 年以后到

2016年的全球化高速发展阶段以及2016年至今的“逆全球化”思潮泛起阶段。而由我国主导的新型全球化“一带一路”贯穿于这两个阶段之中。在中美贸易摩擦持续升级，特朗普政府推行“逆全球化”的趋势下，国际秩序有可能发生重大变革，这对于“一带一路”的全球推进无疑是严重的危机，但从另一个角度讲，“一带一路”也有机会成为在单边主义和贸易摩擦尘嚣甚上之时，支持双边或多边联动、支持全球经贸和平共处和平等互利的旗帜，成为在美国主导的“逆全球化”时代背景下，支持推进全球化的新标杆。

20世纪70年代，大西洋两岸遭遇经济危机，凯恩斯主义政治共识和经济政策受到挑战，到了20世纪80年代以美国和英国为代表的西方国家大力推行私有化、自由化和市场化为特征的新自由主义经济思想。英美等国通过解除管制、给资本家大幅减税、打压工会和公共服务外包等方式加速了资本的全球流动，一个全球化的“地球村”初步形成。一方面，英美等西方国家通过国际组织和条约例如世界银行、世界贸易组织、国际货币基金组织和《欧洲联盟条约》等方式使得新自由主义政策在全球推行。另一方面，逐利的本质导致全球资本自由地进行空间产业布局并完成了资本循环，由此形成了一套网络社会，而城市则是这套网络体系的节点，是全球资本主义关系在当地资本累积的场所。

“全球城市”作为一个学术词汇和研究对象最早是由法国社会学家和哲学家亨利·列斐伏尔在1970年提出的。他认为所谓“全球城市”应当是一个权力中心和决策中心。20世纪80年代，世界“全球化”进程加速以后，“全球城市”这一词汇才再度被反复提及和研究。在此大背景下，纽约和伦敦被认为是世界上最主要的“全球城市”，甚至有些学者认为，只有纽约和伦敦才能称得上是“全球城市”，而纽约和伦敦的连线无疑是世界城市网络里的主轴。

西方主导的全球化趋势逆转，“全球城市”面临空前挑战。2016年英国举行“脱欧”公投，并宣布启动脱欧程序。与此同时，特朗普以反全球化的形象获得了美国选民的青睐，使得“逆全球化”思潮尘嚣甚上并跻身西方主流政治。特朗普多次威胁美国企业不要外迁，否则会付出高昂代价，这不仅让全球资本的自由流动受到了干预，也让原先的全球化进程逆势而行。[①] 2018 年，美国特朗普政府更是发动了堪称史上最大金额的贸易冲突，对中国、欧盟、加拿大和墨西哥等多个国家和地区发动贸易战，其中对中国的征税额度最大，影响最深远。

（二）“一带一路”倡议具有重要意义

“一带一路”倡议是中国坚持对外开放的重要抓手。2013 年 9 月和 10 月，中国国家主席习近平在出访中亚和东南亚国家期间，先后提出共建“丝绸之路经济带”和“21 世纪海上丝绸之路”的重大倡议，合称“一带一路”倡议。自提出以来，“一带一路”的概念得到广泛传播、“一带一路”的主张日益得到认同，更多国家和地区积极参与“一带一路”建设。无论是理念认知，还是实践推进，“一带一路”建设都取得了世所公认的成就，充分体现了中国道路和中国智慧。“一带一路”倡议是中国适应现有国际秩序新趋势，更加积极主动开放的大举措，是目前全球贸易保护主义尘嚣甚上的破局之棋。

在价值层面，“一带一路”建设充分体现了习近平所主张的“构建人类命运共同体”的理念。“构建人类命运共同体”是对人类文明走向、全球未来发展格局面临的机遇及挑战所给出的中国方案，是蕴含中华文明和中国智慧的、全新的全球利益观、持续发展观、全球治理观，是中国参与全球治理恪守的核心理念和基本原则，突出表现在以下几个方面。

第一，“一带一路”建设是实现中华民族伟大复兴中国梦的重要组成

① 《特朗普：美国企业留在本土有优惠外迁将受罚》，中国新闻网。https：//world. huanqiu. com/article/9CaKrnJYYLZ。

部分，是中国主导推动的经济全球化。从国际关系看，“一带一路”建设涉及国家地缘政治安全、国防军事安全、能源通道安全、经济产业安全，以及破除以美国为首的西方国家对中国崛起的围堵等，是集合了经济、政治、军事、外交、文化等诸多因素的综合性重大国家发展策略。从国内发展看，“一带一路”建设的核心要义是保持国家经济稳健增长的同时提升国家综合影响力，适应中国经济外溢发展和“走出去”的强劲动力，在加大产品和服务对外输出力度的同时，逐步提升社会和文化影响力，是“形成全面开放新格局”的重中之重。因此，“一带一路”建设是着眼于实现中华民族伟大复兴中国梦的大智慧、大韬略、大布局，具有鲜明的现实性和针对性，也具有历史纵深的宏观性和长远性，对推进我国现代化建设和重塑中国世界领先地位具有重大而深远的意义。今后相当长一段时期，“一带一路”建设将是国家重要的主导策略之一。当然，“一带一路”建设不仅需要解决各种问题，应对各种挑战，也面临来自外部，特别是既得利益者的挤压排斥，需要更强有力的支撑。

第二，“一带一路”建设是中国参与全球治理的重要方式。参与全球治理是中国未来发展的最大机遇，也充满挑战。回顾历史，全球治理体系正在经历“二战”结束后最大的变革。“二战”结束后形成美苏为首的“冷战”格局，随着20世纪90年代初苏联解体而形成美国“独霸”格局。中国经过40余年的改革开放，不仅成为仅次于美国的第二大经济体，而且在局部领域的发展已经超越美国，故此美国将中国视为竞争对手。

对中国来说，世界发展格局仍是重要的战略机遇期，但是机遇中有挑战，正如习近平总书记在党的十九大报告所指出的，“世界正处于大发展大变革大调整时期，和平与发展仍然是时代主题。世界多极化、经济全球化、社会信息化、文化多样化深入发展，全球治理体系和国际秩序变革加速推进，各国相互联系和依存日益加深，国际力量对比更趋平衡，和平发展大势不可逆转。同时，世界面临的不稳定性不确定性突出，世界经济增长动能不足，贫富分化日益严重，地区热点问题此起彼伏，恐怖主义、网络安全、重大传染性疾病、气候变化等非传统安全威胁持续蔓延，人类面临许多共同挑战。”

中国如何应对这一挑战？习近平总书记在党的十九大报告中指出，“中国秉持共商共建共享的全球治理观，倡导国际关系民主化，坚持国家不分大小、强弱、贫富一律平等，支持联合国发挥积极作用，支持扩大发展中国家在国际事务中的代表性和发言权。中国将继续发挥负责任大国作用，积极参与全球治理体系改革和建设，不断贡献中国智慧和力量。”“一带一路”建设遵循“共商共建共享”的基本原则，蕴含着“中国智慧和力量”，是中国促进全球治理体系变革、“积极参与全球治理体系改革和建设”的重要方式。

第三，“一带一路”建设是“构建人类命运共同体”的重要路径。习近平总书记呼吁，“各国人民同心协力，构建人类命运共同体，建设持久和平、普遍安全、共同繁荣、开放包容、清洁美丽的世界。”“要同舟共济，促进贸易和投资自由化便利化，推动经济全球化朝着更加开放、包容、普惠、平衡、共赢的方向发展。要尊重世界文明多样性，以文明交流超越文明隔阂、文明互鉴超越文明冲突、文明共存超越文明优越。要坚持环境友好，合作应对气候变化，保护好人类赖以生存的地球家园。”人类命运共同体内涵极其丰富，涵盖了国与国、人与人、人与自然的关系，关键词是“和平、安全、繁荣、开放、包容、普惠、平衡、共赢、共存、友好”。“一带一路”建设是国家民族友好、经济产业友好、社会文化友好、生态环境友好的国际合作，是“推动经济全球化朝着更加开放、包容、普惠、平衡、共赢的方向发展”的中国策略和中国行动，是构建人类命运共同体的重要路径。

（三）“一带一路”建设开拓香港发展空间

“全球城市”强调一个跨国的城市网络和交易网络的形成，是后工业化时代的高端服务业例如金融业的生产场所和提供相关服务的聚集中心。

金融业以及其相关产业例如会计、法律、广告、商贸、信息咨询和投资管理等服务性产业高度聚拢，在对象城市形成了中央商务区（CBD）产生集聚经济效应。无论是跨国城市网络和交易网络的形成还是高端服务业的聚拢都得益于一个高度全球化的世界经贸体系。

西方先进的技术和资本对中国内地造成了巨大冲击，而最先受惠于西方资本的则是香港，再由香港把技术和资本通过流空间延展到以深圳为代表的内地。全球化和资本的自由流动保障了这种由势能到电能的正常转换，新自由主义所鼓励的解除管制、私有化、自由化和市场化也让香港成为全球最自由的经济体之一，乃至全球性的金融中心。由此可见，作为世界重要门户城市，香港的兴衰和全球化息息相关。在美国主导的“逆全球化”的时代背景下，作为世界重要的中国门户城市和亚洲重要的“全球城市”——香港该何去何从?

事实上，“逆全球化”已经对香港产生了较大影响。一方面美国计划重新审查香港独立关税区地位，一旦香港被认定为非独立关税区，将严重影响到香港自由港的地位。另一方面，“逆全球化”对香港的转口贸易产生了负面影响。据美国国家统计数据显示，2018 年来自中国的进口贸易额为 5395 亿美元，而根据中国海关总署的统计，2018 年中国对美出口贸易额为 4784 亿美元，两者之差很大一部分原因是经过中国香港转口到美国的贸易额。对中国而言，这些转口贸易全部计入对中国香港而非美国的出口；而对美国而言，则全部以原产地计入来自中国的进口。可见，一旦中美贸易摩擦加大，将会严重打击中国香港的转口贸易。此外，香港的贸易及物流业是香港四大支柱产业当中最大的，所创造的增加值占香港 GDP 的 22%，并雇用 19% 的总就业人数①。仅从外贸角度就能看出，“逆全球化”对于香港的打击不可谓不大。

“一带一路”建设尤其是“21 世纪海上丝绸之路”建设，将为香港在

① 数据来源于香港贸易发展局网站。

“逆全球化”思潮尘嚣甚上的情况下拓展出新的发展空间。“一带一路”建设是涉及土地、人才、技术、资金、信息等诸多要素的重大国际工程，而这些要素的聚拢和集散是香港维持自身“全球城市”地位的关键所在。从地理位置看，香港所在的粤港澳大湾区是“一带一路”建设的重要枢纽和战略支点，“亚洲的地理形状可比喻为一个大漏斗，粤港枢纽处于中间位置，漏斗上方是内地、日本、韩国，下方是东盟和印度，因此，对整个亚洲而言，粤港是沟通亚洲上下的桥梁，贯通亚洲南北的大枢纽，香港倘继续完善与广东的基建对接，打通信息流、人流、物流和资金流，其枢纽角色将举足轻重，位置难以取代。”① 有效整合深港的经济产业实力和航空海运资源、港澳的国际网络和海外人脉，将对东南亚国家形成强大的发展外溢效应和经济辐射功能，提高整合国内外两个市场和两个资源的效率和水平。这种功能整合的过程，就是香港为推进“一带一路”建设提供平台和支撑的过程，也是打造粤港澳大湾区的重要战略意义所在。

从跨境人流量来看，印度尼西亚、马来西亚、菲律宾、新加坡、泰国、越南和印度均有大量游客来往于香港，东南亚和南亚的访港游客总数多于北美洲、南美洲、欧洲和非洲。东南亚和南亚地区目前已经反超了北亚地区和中国台湾地区，是除了中国内地以外与香港往来最多的地区。除了人流来往，东南亚和香港的物流来往也是除了中国内地以外与香港贸易往来最多的地区。建设“21 世纪海上丝绸之路”，是以港口等基建为主，打通运输大通道，促进贸易畅通的大手笔国际交流合作项目。从物流来看，香港与东南亚和南亚地区之间的贸易一直以来是香港对外贸易的重点。2018 年，香港对外贸易额前九的国家或地区中，东南亚和南亚地区国家占了四席，依次是新加坡、印度、马来西亚和泰国，合计占比为香港总贸易额的 11. 11%，比 2016 年的 10. 35% 提高了 0. 76 个百分点，体现了香港在拓展发展空间方面向东南亚和南亚地区辐射的趋势。受到中美贸易摩擦的转口贸易也正在往南亚和东

① 《城市单打独斗的时代已经过去——访冯国经》，《中国经济》2010 年第 2 期。

南亚地区加码。现时，香港转口贸易货值排名前十的来源地有五个是南亚和东南亚地区国家，分别是马来西亚、印度、泰国、菲律宾和新加坡。中国内地与南亚和东南亚国家的贸易往来也多经香港转口。

从资金流来看，2017 年，香港对外直接投资（OFDI）中，新加坡位列第五，香港对新加坡投资额已经超过了对美国、英国和日本的投资额，仅次于内地和部分免税岛国。目前，越来越多的香港企业正在“抢滩登陆”东南亚和东亚市场，金融、服务、地产、制造业均有涉及。在“逆全球化”大背景下，香港的独立关税区地位受到了质疑，转口贸易受到了打压，作为“全球城市”的优势正在被缩减，抓住“一带一路”这个新的历史机遇，参与“一带一路”的全球化建设是香港维持自身“全球城市”地位，拓展发展新空间的必由之路。

（四）“一带一路”建设激活香港独特优势

根据《推动共建丝绸之路经济带和 21 世纪海上丝绸之路的愿景与行动》所提出的国际合作重点为政策沟通、设施联通、贸易畅通、资金融通和民心相通。沟通、联通、畅通、融通和相通，将激活香港现代服务业的优势。现代服务业一般指代金融、会计、法律、广告、商贸、信息咨询和投资管理等，都是高附加值的信息服务业，参与“一带一路”建设有利于更好地发挥香港现代服务业的优势，巩固香港在城市网络中的“全球城市”地位。

2003 年，WTO 框架下的《内地与香港关于建立更紧密经贸关系的安排（CEPA）》正式签署并且实施。内地通过与香港建立自由贸易区，使香港的产品和服务能够以与其他地区相比更加优惠的条件进入内地市场，也因此确立了香港背靠内地腹地，面向全球的“超级联系人”角色。此后，这一制度安排在实践中不断补充完善，目前共签署了十个补充协议以及“广东协议”“服务贸易协议”“投资协议”“经济技术合作协议”和“货物贸易协议”等，推进了广东尤其是珠三角在服务业领域对香港的开放。

香港对外是举世闻名的贸易自由（免税）港，对内与内地建立自由贸易区并拥有进入内地市场的优惠政策，随着“一带一路”建设的持续推进，中国香港作为联系国际经济与中国内地的门户和枢纽作用越来越强。

“一带一路”建设有助于激活香港的国际商业网络优势和法律制度优势。香港企业所具备的跨国运作水准，与其长期在开放的环境中成长密不可分，这些企业帮助香港构建了高度发达的全球商业网络。随着“一带一路”建设的深入，将深化香港的国际商业网络优势，进一步地连接中外企业“引进来”和“走出去”。

“一带一路”建设有助于激活香港的法律制度优势。香港沿用英式普通法，是办理业务合约、处理国际纠纷和参与国际仲裁的理想地点，香港作出的判决在全球多个不同司法辖区内均具效力。以香港国际仲裁中心为例，2010 年之前，香港国际仲裁中心的主要客户几乎都是西方客户。2012 年，中国内地客户的比重已经有大幅上升，香港国际仲裁中心这一年处理了 293 宗仲裁案件，其中 68% 涉及国际当事人，32% 属国内仲裁，总争议金额 18 亿美元左右。此后的年份数据显示，中国内地当事人，无论在所涉案件数量还是当事人数量上，均呈现稳步上升趋势。2014 年，在香港国际仲裁中心 110 个适用《机构仲裁规则》管理的仲裁案件中，有 62 个案件共计 81 位中国内地当事人。到了 2017 年，新受理的仲裁案件中，这三个数字分别上涨为 156、85 和 152 个。2017 年，香港国际仲裁中心所仲裁的全部案件中有一半以上的案件至少有一方当事人来自中国内地。随着“一带一路”的推进，香港有机会凭借其法律制度的优势，吸收与日俱增的内地客户，成为全球的仲裁中心城市。

“一带一路”建设有助于激活香港的国际要素资源。香港拥有熟悉国际规则、法律和惯例的优势。香港也有语言优势，通用英语和粤语，普通话的普及程度也越来越高。多元的文化和语言使得香港对“一带一路”沿线国家和地区具有足够的吸引力。结合香港与“一带一路”沿线国家和地区所累积的国际资源，香港的国际影响力将和“一带一路”的推进成正相关关系。香港的优势产业将在“一带一路”中发挥作用，能够大幅度提升金融、航运、贸易和资讯产业的全球影响力。“一带一路”的建设将激活香港的要素资源优势，为香港的外溢发展消除障碍，营造比此前更好的发展环境，为香港培育新增长点、拓宽发展新空间提供了契机。

二　在“一带一路”建设中发挥香港特殊功能

“一带一路”是香港发展最新的历史机遇，香港也能在“一带一路”建设中发挥特殊的作用。香港对于“一带一路”建设和推广拥有我国其他城市无法比拟的优势，香港拥有更为成熟的国际商业网络，更加国际化的金融体系，自由贸易港优势和法律制度及现代服务优势。如果说“逆全球化”大趋势“收窄”了香港“全球城市”发展的门，那么“一带一路”建设则为香港强化世界网络节点“开大”了窗。

（一）促进“一带一路”建设中的贸易畅通

香港特别行政区行政长官林郑月娥指出，“香港在国家推进‘一带一路’建设中担当重要的角色：它不仅是‘一带一路’建设的一个重要节点，也同时拥有区位优势、开放合作的先发优势、专业化优势和文脉相承的人文优势。”① 这些优势理应合理运用到我国“一带一路”项目，为推进“一带一路”建设做出特殊贡献。中国香港的经济体规模排在全球第37位，2018年CDP为2.85万亿港元，是全球前七大商贸地区，其进出口额和整体商品贸易额都排全世界第七位。2017年香港的商品进口额度为4.72万亿港元，出口额度为4.16万亿港元，进出口总额高达自身GDP的3.15

---

① 张盼：《深度对接　并船出海》，《人民日报》（海外版）2018年2月5日，第4版。

倍。香港以其自身比较小的经济体量支撑起了影响世界的商品贸易规模。

“一带一路”建设将着力解决投资贸易便利化问题，消除投资和贸易壁垒，包括降低非关税壁垒，共同提高技术性贸易措施透明度，提高贸易自由化便利化水平；拓宽贸易领域，优化贸易结构，挖掘贸易新增长点，促进贸易平衡；推动新一代信息技术、生物、新能源、新材料等新兴产业合作等。香港是国际贸易中心、国际航运中心和国际资讯中心，具有发达的国际贸易网络、连续十三年被评为世界最繁忙的国际货运机场、世界第七繁忙的货运海港，也是内地最重要的转口港，全球重要的商用服务输出地。贸易及物流是香港四大经济支柱之首，将助力“一带一路”推动贸易畅通。未来，内地与东南亚国家之间的贸易总量与领域将得到进一步扩大，香港在地理上和国际贸易资源上的优势，无疑将在其中发挥核心枢纽作用。

作为我国最重要的转口贸易港和离岸贸易港，香港无疑是“一带一路”建设中消除投资和贸易壁垒的重要突破点，可以为“一带一路”建设提供高效的国际高端物流和发达的国际贸易网络。香港因贸易而起，因贸易而兴，其经济的基本功能是自由贸易港，“贸易思维”则是香港根深蒂固的经济价值观。拥有发达的生产者服务业是香港的一个非常鲜明的特点，所谓生产者服务业例如金融、法律、会计、担保、广告、商贸、信息咨询和投资管理等，这些和国际商贸物流有关的服务为香港打造国际网络、服务“一带一路”贸易奠定了基础。香港沿用英式普通法，在吸引西方资本方面具有很大法治优势，也因此构建了一个良好的营商环境，香港在全球营商环境指数的排名中一直名列前茅，这些都吸引着全球的企业通过香港与内地发生贸易联系。

中国与“一带一路”共建国家或地区的贸易合作一定是寻求共赢的。因此，构建自由贸易区网络，包括加速签署区域全面经济伙伴关系（RCEP）并扩大其范围，以更快推动贸易畅通是一个大趋势。香港是全球著名自由贸易港、独立关税区，利伯维尔场法制完善，并通过 2003 年的

CEPA 和之后的十多次补充协议以及《服务贸易协议》，与内地建立了更加紧密全面的贸易关系。同时，香港也是东南亚地区国家最重要的贸易伙伴之一。而且，香港处于连接东亚、北亚与东南亚、南亚、大洋洲的贸易、航运枢纽的中心，具有天然的地理优势。中国要推动自由贸易区网络的构建或签署 RCEP，香港完全可以发挥其在软件、硬件及地理位置上的优势，在其中起到核心的作用，为“一带一路”贸易畅通铺路。

（二）促进“一带一路”建设中的资金融通

2019 年，香港已经连续第 24 年被《经济自由度指数》评为全球最自由经济体，而且分数是历史上第二高。在《华尔街日报》和美国传统基金会所推出的全球最自由经济排行榜中，香港在所有细则项目例如营商自由度、贸易自由度、财政自由度、政府自由度、货币自由度、投资自由度、金融自由度、财产自由度、廉政自由度和劳动自由度等方面都远领先于综合排名第 110 名的中国内地。

诚然，经济自由度高并不能代表经济发达，经济管制多也并不能代表落后，但香港能以其高自由度的国际经贸制度给中国提供发展的新思路，为国家经济发展提供了另一种解决方案。在比较政治经济学领域，经济体的制度一直是一个重点考虑的因素。制度是一种强制性共同遵守的规范，比如内地城市遵守内地的制度，香港遵守香港的制度。香港的资本主义制度对比于内地制度则显示出了其“制度的特殊化”（制度在空间上的特殊安排）。这种“制度的特殊化”通过其制度灵活性给香港这座城市带来了发展红利。“制度的特殊化”的优势例如香港对于内地更低的各类税赋和自由兑换货币等，为资本的空间生产提供了便利和税收优惠，加速了巨量的内地资本和海外资本在香港聚拢。

“一带一路”建设将深化金融合作，推进亚洲货币稳定体系、投融资体系和信用体系建设；推动亚洲债券市场的开放和发展；允许符合条件的中国境内金融机构和企业可以在境外发行人民币债券和外币债券等。“一带一路”项目很多是投资大、投资回收期长的项目，加上目标国政治与市场不稳定、汇率波动大等因素，项目融资难成了一个大家共同认识到的问题。主要表现在贷款门槛高、利率高、融资模式单一，以及人民币国际化水平低、汇率风险大。香港是全球著名金融中心，相比内地城市拥有本币可自由兑换、市场准入宽松和营商环境友好和不设资本限制等天然优势。香港无外汇管制，这给外资银行和外商投资提供了巨大便利。

作为全球三大金融中心之一，香港拥有稳定的银行体系和资本市场，国际银行与投资机构云集，金融从业人士众多而且素质高，对国际资本市场情况、资本运作、国际法律等非常了解，这些正是“一带一路”建设中的资金融通所需要的。“一带一路”建设面临着融资难、建设资金缺口大、人民币国际化程度不足等问题，香港能作为减缓甚至解决这些问题的关键钥匙。香港是人民币离岸中心，应当借助香港国际货币互换、结算、投资、管理等经验，对人民币在“一带一路”国家中的使用、人民币国际化起到重要的推动作用。一方面，我国在“一带一路”建设中的资金融通上，应当充分利用香港成熟的运营机制、完善的法律制度，对“一带一路”项目进行投资，让香港发挥其在投资融资、项目资金管理、资金风险管理等方面的丰富经验。另一方面，可以通过香港汇集了大量的国际金融机构总部的特点，为“一带一路”建设提供必不可少的服务、人才、信息和资金，促进“一带一路”建设中的资金融通。

（三）促进“一带一路”建设中的科技创新

十九大报告中，创新位列“五大发展理念”之首，“创新驱动发展战略”仅次于“科教兴国战略”和“人才强国战略”。科教是创新载体，人才是创新主体，三大战略密切相关，都是国家重大战略。2016 年，《国家创新驱动发展战略纲要》提出在 2020 年进入创新型国家行列。党的十九大报告提出第一阶段（2020～2035年）的发展目标之一是“跻身创新型国家前列”，目标更清晰也更高远。实施创新驱动发展战略、建设创新型国家，不是“闭门造车”和“自娱自乐”，而是要立足国内、放眼全球、对标先进，创新开放，形成高地，着力吸引和聚集全球高端要素和创新资源。作为自由港，国际化和开放性是香港的两大特征，具有服务国家创新战略的功能和实力，同时也将在服务国家的过程中实现自我提升与发展。综合而言，香港可着重在以下三个方面发力，促进“一带一路”建设中的科技创新。

一是聚焦全球高端创新要素资源。创新是在资本、技术、人才、信息等要素的集聚下，通过交流、碰撞、融合、协作产生的。要素的集聚程度越高，创新发生的可能性越大，创新的层级越高，创新的可持续性越强、对经济社会的发展贡献也就越大。旧金山湾区之所以能成为全球的科技创新中心，正是因为那里集聚了全球的高端创新要素资源。而且从世界范围来看，由于“马太效应”，全球高端要素资源大都集中于发达国家或经济体，发展中国家极难超越。内地体制机制与发达国家或地区有着较大差异，对这些要素资源的流入形成障碍或掣肘，但是香港已经是发达经济体，实行与发达国家或地区相似乃至相同的制度，城市文化呈现东西融合特征，营商环境和生活环境为发达国家或地区的公司及个人所熟悉。这就使得那些看好中国内地市场和发展前景的公司和个人，会选择进入香港，并以香港为中介拓展内地市场和空间。因此，香港有机会、有可能成为全球高端创新要素资源的汇集地。

高端人才是创新发展的第一要素。我国在市场需求、产业链和成果转化方面积累了较好基础，但引领科技革命发生、推动全产业链升级、核心技术研发所需的高端创新科技人才十分紧缺。香港在吸引高端创新科技人才方面具有明显优势，应该成为国际高端创新科技人才的聚集地。此外，引进高端科技研发机构至关重要。瑞典卡罗琳医学院、美国麻省理工学院近年来分别在香港设立创新研发中心。香港制度优势加上内地市场优势，能够吸引更多国际科研机构，带来更多前沿技术，进一步提高内地与香港科技产业的国际化水平。

二是构建开放式创新网络和全球创新生态系统。创新是一个系统性工程，创新网络必须是开放式、全球性的。香港发达的全球商业网络，为构建开放式创新网络和全球创新生态系统奠定了基础。创新创业企业、人才、高校、风险投资、科技企业、科技服务机构等要素以全球市场需求为导向，通过内部合作，形成动态平衡、高效的创新网络，进而不断拓展、升级为全球创新生态系统。

发达的资讯对于科技创新必不可少。香港是世界资讯网络的重要枢纽，最前沿的科技信息以及金融、教育等领域的资讯，都会第一时间在香港汇聚。充分利用香港国际资讯中心功能，实现更大范围的实时信息资讯共享与交流，将有力促进创新科技的发展。

丰富的风险投资是科技创新的重要支撑。香港是一个开放的资本市场，具有完善的法治环境，与国际接轨的投资规则，是国际风险资本集聚之地。香港是亚洲最大的创业投资资金中心，创业资金主要来自外地，投资也主要在香港以外的地方如中国内地、韩国、日本、印度、新加坡以及澳大利亚，为更大区域提供科技创新投资服务。

三是提供强有力的知识产权保护。知识产权是竞争力。近年来，我国逐渐意识到知识产权保护对科技创新的重要性，不断从法律和政策层面推进知识产权保护。但内地知识产权保护依然任重道远，知识产权保护不足对科技创新发展形成较大掣肘。而香港的知识产权立法和保护一直走在世界前列，香港完善的法律制度和司法体系能够为科技创新提供充分的知识产权保护，能够协调规范科技研发中的伦理道德问题（比如基因研究在样本提取、使用和试验等问题），对互联网、集成电路等前沿技术的立法和保护更是国际领先。香港法律适用主要国际知识产权条约，如《保护工业产权巴黎公约》《专利合作条约》《与贸易有关的知识产权协议》等。这些国际公约是香港专利法的一部分。香港《版权条例》《商品说明条例》等对侵犯知识产权的条款规定非常细，香港法院对侵犯知识产权的案件判罚很重，海关等执法部门执行力度强，对侵权主体起到了巨大震慑作用，能够有效保护产权所有者权益，促进知识产权合法交易与合作。

（四）促进“一带一路”建设中的民心相通

“一带一路”不仅是经济贸易的合作，更涉及中国人民与世界各国人民之间的文化交流和沟通，既要让本国文明充满勃勃生机，又要为他国文明发展创造条件，让世界文明百花园群芳竞艳。只有凝聚人心，尊重各国民族文化与习俗，尊重多元的价值观，求同存异，才能真正实现“一带一路”建设对中国和共建国家的双赢，实现民心相通。香港是具有世界知名度的“东方之珠”，其特殊的城市历史便利了中西方的文化交流。“港式美食”是筷子与刀叉的结合，是中西结合的经典代表。香港是全球化程度最高的中国城市，自 19 世纪开放以来，香港汇集了来自全球各地的人才和企业在这里工作、生活和贸易往来，很多人通过香港这个平台逐渐对内地、对中国文化、对中华民族有了更深的了解。

香港历来与海上丝绸之路沿线的东南亚国家或地区有着密切的往来，在香港可以轻松找到菲律宾家政、巴基斯坦店主和印度商人。香港依托其地缘优势，成为东南亚移民的向往之地，完全有希望建设成为我国南海的一个文化高地。香港可以依托其强大的国际会展业、国际化的高校群体、英语普及度高以及高自由度的传媒业等优势，做大自身南海的文化高地地位，促进我国在“一带一路”建设中与共建国家的民心相通。

一是做大做多以“一带一路”为主题的大型国际会议、会展。香港是国际会展之都，展会的国际化程度在全国处在领先地位。香港需以“一带一路”目标国家为重点合作对象，通过会展洽谈国际级项目、增强人文交流、消减各国间的政策壁垒以及信息不对称现象。

二是成为“一带一路”国家的人才培养高地。香港的高校群体有国际化程度强、世界知名度高、世界大学排名靠前、国际交流多、英语授课能力强等特点。这些特点对于香港招收国外留学生，尤其是“一带一路”共建国家的留学生无疑是有巨大吸引力的。可以加大在“一带一路”共建国家的宣传力度，扩大香港高校对于留学生的招收规模，培养更多熟知中国文化的人才。目前“一带一路”如火如荼地进行，我国有诸多项目在共建国家落地，而中国培养的留学生在里面起到了不可忽视的作用。比如在埃塞俄比亚的东方工业园，“一带一路”建设正在把中国的经验传授给非洲，带动当地繁荣。仅在东方工业园就给埃塞俄比亚提供了超过4000 个工作岗位，而管理这些工人的就是埃塞俄比亚籍的留学生。这些留学生懂中文，在中国学会了先进的制造技术，又有着和本地工人的沟通无障碍的天然优势。通过中方和这些留学生以及工人的共同努力，仅两年，埃塞俄比亚就有了规模的制鞋工厂，制鞋技术跃升至全球中等水平，埃塞俄比亚也因此拥有了完整的皮革产业链。

三是成为中外文化的交流中心。香港拥有英语普及度高的优势，有助于减少“一带一路”建设中的沟通成本，增强双边文化交流，对于“一带一路”的知名度和宣传也能起到正面作用。香港传媒产业发达，资讯行业自由。一方面香港是全世界了解中国的一个窗口。另一方面香港的港剧和粤语歌曾风靡了超过十亿人口的内地，虽然随着内地的高速发展，港剧和粤语歌已无如此突出的影响力。然而，“一带一路”共建国家还有许多地区面临着娱乐产业落后的局面，进一步传播香港形象和品牌，通过其强大的软实力把“香港风”再度燃起和“中国风”一并输出至“一带一路”共建国家。

四是建成中外人民向往的“美食天堂”。中华美食闻名于世界，由于广东海外华侨数量众多，使得粤菜更是成为海外中餐的代表而广受好评。香港本身就汇集了粤菜、中国其他菜系和西餐，香港有基础作为一个美食桥头堡代表我国对“一带一路”国家输出美食外交，以美食促进文化交流和民心相通。

三 参与“一带一路”建设是香港的必由之路

现时，由西方国家主导的全球化趋势逆转，这对于中国香港这座举世闻名的“全球城市”是一个巨大的挑战。“一带一路”建设是中国主导的全球化，香港因全球化而生，因全球化而兴，积极参与“一带一路”建设将给香港带来重大发展机遇。抓住“一带一路”建设的良机是香港21世纪最重大的历史性机遇，尤其是在“逆全球化”思潮涌现的世界大环境下，香港的发展进入了关键的时间节点，危机与机遇并存。随着“逆全球化”思潮尘嚣甚上，香港的拓展空间会被进一步打压，要素资源优势有可能被蚕食。随着美国挑起的中美贸易摩擦升级，香港的转口贸易已经受到了明显打击，更严重的是美国计划重新审查香港独立关税区地位。

参与“一带一路”建设则是香港维持“全球城市”地位、加快城市发展、拓展发展空间、激活要素资源优势的破局之举。香港完全有条件成为连接中国和“一带一路”共建国家的核心门户、海上丝绸之路的主要节点。同时，香港也能在“一带一路”建设中发挥自己独有的作用。香港相比内地城市具有诸多无可替代的优势。香港拥有更为发达的生产者服务业，例如金融、法律、会计、担保、广告、商贸、信息咨询和投资管理等服务都是亚洲顶级，这些服务为香港打造了一个通达全球的国际商业网络，并可以更加有效地服务于“一带一路”的贸易畅通、资金融通和民心相通。香港具有独立关税区，是转口贸易港和离岸贸易港，是世界最自由的经济体之一，拥有稳定的银行体系和资本市场，拥有良好的国际知名度和英语普及度。香港以粤港澳大湾区为腹地，可以充分发挥“一国两制”的灵活性，与内地城市取长补短。香港在地理位置上又是承接中国和东南亚国家的重要节点，对东南亚国家有着巨大的影响力，和东南亚国家之间的人流、物流、资金流和信息流往来密切，这些都是香港在“一带一路”

建设中能发挥的独特作用。

“一带一路”是和平之路、繁荣之路、开放之路、创新之路、文明之路。香港是国际化的大都市，国际高端资源要素汇聚，开放水平高，人文交流的经验丰富，在全球经济社会发展与文明交流的价值链中有重要的地位，应该充分利用香港的经济、社会与人文功能，以促进“一带一路”共商、共建与共享，推动中国引领新时期的全球化。

第十二章
共担历史责任　共享伟大荣光

香港的繁荣发展是中华民族伟大复兴的重要组成部分。同时，实现中华民族伟大复兴，需要香港与祖国内地优势互补、共同发展，需要香港同胞与内地人民守望相助、携手共进。在中国革命、建设和改革开放的各个历史阶段，在中国人民为民族复兴所进行的艰苦卓绝的奋斗中，香港都做出过巨大贡献。在国家推进“两个一百年”奋斗目标、贯彻新发展理念的新时代，在国家加快建设创新型国家、实施区域协调发展、加快完善社会主义市场经济体制、建立开放型经济新体制等方面，香港都能够发挥独特优势，做出新的贡献。国家统一是中华民族伟大复兴的重要一环。香港回归祖国是国家迈向完全统一的历史性一步。在推进国家统一方面，“一国两制”在香港的成功实践，将起到示范作用，积累丰富实践经验，并促进大陆与台湾的互动交流。中华民族的伟大复兴，也必然意味着中华文化软实力的强大，对外广泛传播，增强国家和民族的国际正面形象和话语影响。香港中西文化荟萃，对外文化交流渠道广泛，对于中华文化的复兴发展和国际传播能够发挥重要作用。

实现中华民族伟大复兴，是中华民族近代以来最伟大的梦想。1840年，中英鸦片战争爆发，清政府战败，香港岛被英国占领，标志着中国进入半封建半殖民地时代，中华民族遭遇“三千年未有之大变局”，进入苦难的近代史，振兴中华成为一代又一代先辈英烈为之探索奋斗的崇高理想和伟大目标，开启了中华民族百年历史转型和民族复兴的宏大篇章。经过无数仁人志士抛头颅、洒热血，前赴后继地不懈探索和斗争，特别是中国共产党团结带领全国人民，进行了艰苦卓绝的奋斗，建立了中华人民共和国，赢得了民族解放和独立，并进行了社会主义现代化建设的探索，实行改革开放，走上中国特色社会主义的康庄大道，中华民族的面貌为之一新。如今，中国特色社会主义进入新时代，中华民族比历史上任何时期都更接近伟大复兴。1997 年，国家恢复对香港行使主权，香港回归祖国，一洗国耻，成为中华民族伟大复兴之路上一个光辉的里程碑。香港回归以来，“一国两制”成功实践，香港保持繁荣稳定，日渐融入国家发展大局，成为中华民族伟大复兴的重要贡献力量和重要组成部分。习近平指出："香港、澳门与祖国内地的命运始终紧密相连。实现中华民族伟大复兴的中国梦，需要香港、澳门与祖国内地坚持优势互补、共同发展，需要港澳同胞与内地人民坚持守望相助、携手共进。"①

一　香港对中华民族伟大复兴的历史贡献

100 多年来，虽然广大香港同胞身处英国殖民统治下，但始终拥有一颗中国心、满腔故土情，家国情怀不改，爱国热情不减，在中国革命、建设和改革开放的各个历史阶段，都为中华民族伟大复兴的艰苦奋斗做出了独特贡献。

香港是中国资产阶级旧民主革命的重要发源地之一。我国近代革命先行者孙中山在香港就读中学和大学，其间逐渐形成推翻帝制的民主革命思想，并从此走上革命道路。1894 年孙中山在美国檀香山成立兴中会，次年在香港中环设立兴中会总部机关，并以香港为基地，全力策划和发动广州起义。起义失败后，1899 年孙中山又在香港成立兴汉会，并于次年在惠州发动第二次武装起义。起义仍未成功，革命党人退往香港。孙中山屡败屡战，锲而不舍，接续发动武装革命。从 1895 年到 1911 年，孙中山等革命党人共发动 10 次武装起义，其中 6 次以香港为基地。② "在历次武装起义中，香港既是策划和指挥中心，又是筹集和分配经费和军火的中心，海外和内地革命同志的联络和招募中心，也是每次起义失败后，革命党人逃避清廷报复的避难所，可以说，1911 年辛亥革命的成功，与香港同胞的贡献

① 习近平在 2013 年 3 月 18 日会见香港特别行政区行政长官梁振英、澳门特别行政区行政长官崔世安时的谈话要点，见《人民日报》2013 年 3 月 19 日。

② 刘英志：《香港与中国革命》，《江汉大学学报》1997 年第 2 期。

是分不开的。”①

在国民大革命时期，香港工人阶级进行了波澜壮阔的斗争，展现了空前的反帝爱国热情。1921 年中国共产党成立，提出了彻底反帝反封建的民主革命纲领，中国革命面貌焕然一新。工人运动很快在全国范围轰轰烈烈展开，而香港海员大罢工则成为第一次工人运动高潮的起点。1922 年 1 月，为反抗英国资本家的剥削和压迫，香港海员举行大罢工。在全国工人阶级的声援和支持下，经过 56 天不懈抗争，罢工取得了完全胜利。香港海员大罢工，是中国工人阶级第一次有组织地与帝国主义势力直接较量，鼓舞了工人阶级的战斗信心和勇气，推动了全国工人运动的发展。1925 年 5 月 30 日，上海发生了震惊全国的“五卅惨案”，激起全国人民的反帝怒火，中华全国总工会发动广州和香港工人爱国大罢工。香港工人提出要“与帝国主义决一死战”，25 万香港工人参与罢工。省港大罢工从 1925 年 6 月开始，直到 1926 年 10 月北伐军占领武汉才结束，坚持 16 个月之久，是中国工人运动史上规模最大、持续时间最长、影响最大的罢工，在世界工人运动史上都是罕见的，充分体现了香港同胞血浓于水的爱国之情。

第二次国内革命战争时期，香港成为国内革命力量的重要保存地。1927 年，“八一南昌起义”余部在广东潮汕失利后，周恩来、叶挺、聂荣臻、贺龙、刘伯承、林伯渠、李立三、恽代英、郭沫若、吴玉章、彭湃等许多领导人都先后撤到香港，在这里重新组织革命斗争或回上海党中央。②这一历史阶段，中国共产党和共产国际与苏联的联系、上海党中央与南方和西南方的革命联系，都只有取道香港。同时，香港也成为国民党左派进步势力与国民党反动派进行斗争的重要活动基地和落脚点。

1937 年，中国进入全面抗战的历史新阶段。在长达 14 年艰苦卓绝的抗日战争中，广大香港同胞同全国人民一道，与日本帝国主义侵略者进行

① 刘英志：《香港与中国革命》，《江汉大学学报》1997 年第 2 期。
② 姚曙光：《香港与中国革命的独特关系》，《云梦学刊》1996 年第 3 期。

了不屈不挠的斗争，为夺取抗日战争的最后胜利做出了巨大贡献。抗战前期，香港成为华东、华北地区重要战略物资、工业设备、军政人员向西南地区后方转移的重要中转站，成为反法西斯盟国加强对中国战场联系、了解和支持的窗口，成为海外侨胞和国际友人支持帮助中国抗战的一个通道，成为中国共产党南方工作委员会的一个重要活动基地。[①] 香港同胞为了支持祖国抗战，积极捐款捐物，并全力进行抗战宣传，不少青年组成回乡服务团，投身抗战第一线。香港新界原居民子弟、港九地区的工人、农民和热血知识分子等还组成了东江纵队港九独立大队，在香港对日寇进行游击战争。在日军占领香港后，港九独立大队在八路军、新四军驻港办事处的领导下，依靠香港民众的支持和帮助，营救滞港的爱国民主人士和文化界、知识界知名人士及其家属 800 多人。

解放战争时期，香港是中国共产党扩大对外宣传的重要阵地，是解放区开拓贸易渠道、取得紧缺物质的重要来源地，也是中国民主力量的汇合地。1948 年到 1949 年，在中国共产党党组织的护送下，在港的大批民主人士进入解放区，并到北平出席召开的中国人民政治协商会议，共商建国大计。

中华人民共和国成立后，中央对香港实行暂不改变现状、“长期打算，充分利用”的方针。由于中央正确的战略方针，英国成为第一个承认中华人民共和国并撤销对国民党政府外交承认的西方国家。在其影响下，锡兰[②]、挪威、丹麦、以色列、阿富汗、芬兰、瑞典、瑞士、荷兰、印度尼西亚相继承认中华人民共和国，美国孤立中华人民共和国的图谋受到严重挫折。此后，香港作为中国从国外引进资金和技术的渠道、开展进出口贸易的窗口、开拓中外民间往来的中介，为粉碎西方帝国主义对中华人民共和国的经济封锁、促进中国经济的恢复和发展，发挥了巨大作用。

---

① 姚曙光:《香港与中国革命的独特关系》,《云梦学刊》1996 年第 3 期。

② 锡兰于 1972 年改名为斯里兰卡。

改革开放以来，广大香港同胞通过投资、贸易和多种形式的合作，在国家发展外向型经济、推动产业结构转型、技术进步、创造财富、增加就业、完善社会主义市场经济体制、促进教育文化体育事业发展等方面，都发挥了不可替代的作用，为国家改革开放和现代化建设做出了巨大贡献。

由上可见，在中华民族站起来、富起来的历史阶段，香港都做出了独特而重要的贡献。在我国进入中国特色社会主义新时代、阔步迈向中华民族伟大复兴、实现中国梦的历史新阶段，“一国两制”下的香港必将发挥更大作用，做出更大贡献。

二　香港与“两个一百年”奋斗目标

中华民族的伟大复兴就是要实现中国共产党提出的“两个一百年”奋斗目标，即到中国共产党成立 100 年时（2021 年）全面建成小康社会，到中华人民共和国成立 100 年时（2049 年）建成富强民主文明和谐的社会主义现代化国家。“两个一百年”已成为全国各族人民共同的奋斗目标。党的十九大报告进一步提出全面建成社会主义强国的时间表、路线图，作出“两个阶段”战略安排：第一个阶段，从 2020 年到 2035 年，在全面建成小康社会的基础上，再奋斗 15 年，基本实现社会主义现代化。第二个阶段，从 2035 年到 21 世纪中叶，在基本实现现代化的基础上，再奋斗 15 年，把我国建成富强民主文明和谐美丽的社会主义现代化强国。至此，中华民族伟大复兴的中国梦得以实现。在这一伟大奋进历程中，需要全国各族人民和各个地区凝心聚力，共同奋斗、共享荣光。香港作为直辖于中央人民政府的一个特别行政区，香港同胞作为中华民族的重要一分子，理应汇入为中华民族伟大复兴而奋斗的滚滚历史洪流，为实现“两个一百年”奋斗目标作出独特而重要的贡献。

为决胜全面建成小康社会，夺取新时代中国特色社会主义伟大胜利，稳步迈向“两个一百年”奋斗目标，党的十九大报告做出了一系列战略部署。其中，明确提出必须坚定不移把发展作为党执政兴国的第一要务，为此，贯彻新发展理念，建设现代化经济体系是当务之急，包括深化供给侧结构性改革、加快建设创新型国家、实施乡村振兴战略、实施区域协调发展战略、加快完善社会主义市场经济体制、推动形成全面开放新格局等方面。[①] 而在这些大多数方面，香港恰恰有优势做出积极贡献。例如，在加快建设创新型国家方面，香港具有较强的科研优势，中央支持香港建设国际创新科技中心，香港特区政府正抓住契机，着力推动创科发展，不断完善香港创科生态环境，发挥香港“一国两制”和国际化的独特优势，并与大湾区其他城市合作互补，为国家的创新发展做贡献。在完善区域协调发展战略方面，香港特区政府与北京、上海、福建、广东、四川等地建立了密切的政府间合作机制，并在北京设立办事处，在广东、上海、成都和武汉设立经济贸易办事处，分别下设驻辽宁、天津、深圳、福建、广西、重庆、陕西、山东、浙江、湖南、河南联络处，覆盖了东中西南北各经济区域，全面推进与全国各地方的交流合作，为区域经济合作和协调发展助力。在加快完善社会主义市场经济体制方面，香港拥有成熟发达和典型的市场经济体制，对市场机制的运用经验丰富，在我国改革开放的历程中，为内地以市场为导向的改革提供了宝贵的参考和借鉴，也必定能为今后我国进一步完善社会主义市场经济体制提供更多有益的经验和支持。在推动形成全面开放新格局方面，香港国际化优势明显，对外经贸联系密切广泛，在国家“一带一路”建设、拓展对外贸易、扩大服务业对外开放、建设自贸试验区和自由港、构建开放型经济新体制等领域都能够做到“国家所需、香港所长”的有机结合，发挥好自身独特优势，为国家新一轮改革开放做出新贡献。

① 见中国共产党第十九次全国代表大会报告第五部分。

三　香港与国家统一

中华民族在5000多年的历史发展进程中，始终把国家统一作为共同的追求。中国历史上虽然出现过暂时的割据局面和分裂状态，但国家统一始终是历史演进的主旋律。党的十九大报告继续把完成祖国统一列为党的三大历史任务之一，并与实现中华民族伟大复兴中国梦这一目标统一起来，明确实现祖国完全统一是我们党在新时代的神圣历史任务，充分体现了最广大人民和中华民族的根本利益。习近平指出，“实现祖国完全统一，是实现中华民族伟大复兴的必然要求”。也就是说，没有实现祖国完全统一，就谈不上真正意义上的中华民族伟大复兴，中华民族所企盼的中国梦也不圆。①

近代以来，中国陷入半封建半殖民地，遭列强蹂躏，国家四分五裂。在中国共产党的领导下，革命先烈抛头颅洒热血，各族人民不懈奋斗，建立了中华人民共和国，实现了民族独立，但由于历史原因，香港、澳门和台湾长期与祖国分离。1997年香港回归，是中华民族走向国家统一的历史性一步，成为中华民族复兴史上浓墨重彩、光辉灿烂的一笔。1999年澳门也回到祖国怀抱，国家统一又迈进了一大步。目前只有台湾还与祖国分离，随着祖国的不断繁荣富强，台湾最终会回到祖国怀抱，国家实现完全统一，中华民族实现伟大复兴。

“一国两制”在香港的成功实践，必将为推进国家和平统一积累经验、做出示范。“一国两制”思想最初萌发于解决台湾问题，后来首先应用于香港、澳门问题的解决。20世纪60年代，根据毛泽东主席对解决台湾问

① 刘军川：《中华民族伟大复兴必然要求实现祖国完全统一》，《学习时报》2017年12月25日，第1版。

题的基本主张和思想，周恩来总理将中国共产党对台政策归纳为“一纲四目”。“一纲”即台湾必须统一于中国。“四目”包括：（1）台湾统一于中国，除外交必须统一于中央外，台湾之军政大权、人事安排悉委于蒋介石；（2）台湾所有军政及经济建设经费不足之数悉由中央拨付；（3）台湾的社会改革从缓，一俟条件成熟并征得蒋之同意后进行；（4）互约不派特务，不做破坏对方团结之事。①“一纲四目”是“一国两制”的思想雏形。党的十一届三中全会后，党的第二代领导集体提出和平统一台湾的方针，并逐步形成“一国两制”思想理论。1979 年 1 月，邓小平在访美期间明确表示：“我们不再用‘解放台湾’这个提法了，只要台湾回归祖国、我们将尊重那里的现实和现行制度。”叶剑英委员长在 1981 年 9 月 30 日发表了关于台湾回归祖国、实现和平统一的九条方针，明确了统一后的台湾享有高度自治权的“特别行政区”地位，指出台湾现行经济、社会制度不变，生活方式不变，同外国的经济、文化关系不变，并强调私人财产、房屋、土地、企业所有权、合法继承权和外国投资不受侵犯。② 特别是 1982 年修改《中华人民共和国宪法》，删除“解放台湾”提法，增加了设立特别行政区的条文。1982 年 1 月，邓小平指出，以叶剑英委员长名义提出来的九条方针，实际上就是“一个国家，两种制度”。1984 年，邓小平进一步将这一科学概念概括为“一国两制”。

“一国两制”构想后来首先用于解决香港问题，并在这一过程中得到进一步丰富和发展。在“一国两制”方针的指引下，全国人大制定了香港基本法，确立了特别行政区制度，将“一国两制”原则予以法律化、制度化和具体化。“一国两制”从构想变为现实，成为中国特色社会主义理论和实践的重要组成部分。实践是检验真理的唯一标准。香港回归以来，在中央政府和祖国内地的大力支持下，在特别行政区政府和社会各界的共同

① 徐启基：《略论“一纲四目”主张》，《江西社会科学》1999 年第 11 期。

② 茅加琦：《“九条方针政策”代表中国最广大人民的根本利益》，《台湾研究》2001 年第 3 期。

努力下，“一国两制”实践在香港取得了举世公认的成功，表明其不仅是解决香港、澳门问题的最佳制度安排，也为探索“一国两制”台湾方案，推进祖国和平统一提供了重要经验和启示。为此，要在新时代新形势下，针对新情况新问题，牢记“一国两制”的根本宗旨是维护国家主权、安全、发展利益和保持香港长期繁荣稳定。全面准确贯彻落实“一国两制”，不动摇、不变形、不走样，把坚持“一国”原则和尊重“两制”差异、维护中央权力和保障香港特别行政区高度自治权、发挥祖国内地坚强后盾作用和提高香港自身竞争力有机结合起来，任何时候都不能偏废，确保“一国两制”始终沿着正确方向前进。

在新时代“一国两制”的新实践中，一个关键着力点是有效推动香港融入国家发展大局。为此，要以粤港澳大湾区建设、粤港澳合作、泛珠三角区域合作等为重点，全面推进内地同香港、澳门互利合作。港澳融入国家发展大局，形成大湾区经济社会共同体，不仅是国家区域经济发展战略，同时也是进一步促进“一国两制”下的国家统合（integration）的必然要求。随着港澳融入国家发展大局，港澳将与祖国内地同发展、共繁荣、同呼吸、共命运，有力维护和巩固国家统一。同时，在“一国两制”实践下，香港作为国家的特别行政区，有维护国家宪法尊严、国家统一和领土完整的宪制责任。香港特别行政区要履行好这些职责，遏止“港独”等分离主义思潮和违宪违法行为，促进爱国爱港力量的发展壮大，增进广大香港同胞对祖国的向心力、凝聚力，实现人心回归，进一步夯实国家统一的基石。

“一国两制”在香港的成功实践，可为和平解决台湾问题提供示范，并为探索祖国和平统一的制度设计提供经验。此外，由于历史的原因，香港与台湾有着密切的联系，香港还可为促进大陆与台湾的互动交流发挥积极的桥梁纽带作用。香港在促进国家统一方面将发挥不可替代的历史性作用。

四　香港与中华文化的发展和弘扬

文化是一个国家、一个民族的灵魂。文化兴则国运兴，文化强则民族强。习近平指出："一个国家、一个民族的强盛，总是以文化兴盛为支撑的，中华民族伟大复兴需要以中华文化发展繁荣为条件。"中华优秀传统文化是中华民族的突出优势，是孕育和提出中国梦的重要源泉和精神因子，实现中国梦是弘扬和光大中华优秀传统文化的内在要求和重要使命。文化软实力已成为现代国际竞争与合作中国家综合实力的重要组成部分，中华民族伟大复兴也必然意味着中华文化的发展繁荣和复兴，并在世界广泛传播流布，在国际上产生积极而深远的正面影响，为人类文明做出新的重要贡献。

香港对于中华民族伟大复兴过程中中华文化的发展和弘扬有着自身的独特优势，能够发挥重要促进作用。一方面，香港文化对内地文化的发展可以提供有益的借鉴参考。新时代中国特色社会主义须大力推进中国特色社会主义文化建设，激发全民族文化创新创造活力，建设社会主义文化强国。发展中国特色社会主义文化，就是以马克思主义为指导，坚守中华文化立场，立足当代中国现实，结合当今时代条件，发展面向现代化、面向世界、面向未来的，民族的科学的大众的社会主义文化，推动社会主义精神文明和物质文明协调发展。一百多年来，由于历史的因缘际会，香港东方文化与西方文化、传统文化与现代文化相互碰撞、渗透，逐步走向对话和融合，最终成为东西文化交融共存、交相辉映的典范之地。这也是香港独特魅力所在，传统与现代、本土与国际在这个动感之都荟萃一堂、熠熠生辉，对于香港的持续繁荣稳定作用巨大。同时，香港的文化发展模式、历程、特色、经验和教训等对于国家发展面向现代化、面向世界、面向未来的社会主义文化能够起到很大的借鉴帮助作用。因此，在"一国两制"

新的实践中，要不断推进香港与内地在文化领域广泛而深入的交流合作，在吸收借鉴人类一切优秀文明成果、繁荣发展中华文明和中华文化的过程中，充分利用好香港的平台、渠道和枢纽作用。

另一方面，中华文化的对外传播是中华民族伟大复兴的重要方面，对此香港可以做出独特贡献。香港文化界洞悉国际文化态势，熟悉文化经济规律，对外文化联络渠道广泛，国际文化盛事众多，大众传媒发达，具有较强的文化辐射力，可以扮演中外文化交流和中华文化对外传播的窗口和桥梁角色。通过香港的国际渠道，也可以提高中华文化对外传播力，助力中华文化走向世界，提升中国传媒在国际舆论中的话语权，增强中华文化的国际影响力。而且，香港在文化产品的生产和对外贸易方面经验丰富，对于向世界展示和推销中国优秀文化产品，讲好“中国故事”，实现“中国内涵、国际表达”都有不可替代的重要作用。

“一国两制”下的香港是中华民族伟大复兴特殊贡献力量，同时也是中华民族伟大复兴的不可分割的重要组成部分。香港基本法规定，“一国两制”在特别行政区的实践 50 年不变。从 1997 年算起，“一国两制”在香港的 50 年实践，刚好与 21 世纪中叶建成中国特色社会主义现代化强国、实现中华民族伟大复兴在时间上有序衔接，这一历史时刻的“巧合”从一个侧面深刻表明了香港发展与国家复兴的不解之缘。在未来“一国两制”事业新征程上，如同习近平所指出，“我们既要把实行社会主义制度的内地建设好，也要把实行资本主义制度的香港建设好”，香港的繁荣稳定将与国家发展的大历史紧密相连，香港好、国家好，国家好、香港更好，只要包括香港同胞在内的中华儿女勠力同心，共担民族复兴的历史责任，携手奋进，中华民族伟大复兴的中国梦就一定能成功实现，香港同胞必能与全国人民共享祖国繁荣富强的伟大荣光！

附　录

1. 国家五年发展规划纲要对香港定位的论述

国家规划纲要	有关论述
“九五”（1996 ~2000）	在我国对香港、澳门恢复行使主权后，其现行社会制度不变，享有高度的自治，并成为中国的单独关税地区，实行财政独立，继续保持自由港地位，其经济和社会发展不纳入中央政府的规划。 保证香港和澳门参加国际双边和多边经贸活动，继续保持香港的国际金融、贸易、航运中心的地位
“十五”（2001 ~2005）	继续按照“一国两制”方针和基本法，全力支持香港、澳门特别行政区政府依法施政，维护香港、澳门的长期繁荣稳定。 巩固和加强香港国际金融、贸易、航运中心的地位，加强港澳台与内地的经济合作及交流
“十一五”（2006 ~2010）	保持香港、澳门长期繁荣稳定。 坚持“一国两制”、“港人治港”、“澳人治澳”、高度自治的方针，严格按照特别行政区基本法办事，加强和推动内地同港澳在经贸、科教、文化、卫生、体育等领域的交流和合作，继续实施内地与香港、澳门更紧密的经贸关系安排，加强内地和港澳在基础设施建设、产业发展、资源利用、环境保护等方面的合作。 支持香港发展金融、物流、旅游、资讯等服务业，保持香港国际金融、贸易、航运等中心的地位
“十二五”（2011 ~2015）	继续支持香港发展金融、航运、物流、旅游、专业服务、资讯以及其他高增值服务业，支持香港发展成为离岸人民币业务中心和国际资产管理中心，支持香港发展高价值货物存货管理及区域分销中心，巩固和提升香港国际金融、贸易、航运中心的地位，增强金融中心的全球影响力 支持港澳增强产业创新能力，加快培育新的经济增长点，推动经济社会协调发展。 支持香港环保、医疗服务、教育服务、检测和认证、创新科技、文化创意等优势产业发展，拓展合作领域和服务范围 加强内地和香港、澳门交流合作，继续实施更紧密经贸关系安排。 深化粤港澳合作，落实粤港、粤澳合作框架协议，促进区域经济共同发展，打造更具综合竞争力的世界级城市群。 支持建设以香港金融体系为龙头、珠江三角洲城市金融资源和服务为支撑的金融合作区域，打造世界先进制造业和现代服务业基地，构建现代流通经济圈，支持广东在对港澳服务业开放中先行先试，并逐步将先行先试措施拓展到其他地区。 加快共建粤港澳优质生活圈步伐。 加强规划协调，完善珠江三角洲地区与港澳的交通运输体系。 加强内地与港澳文化、教育等领域交流与合作

续表

国家规划纲要	有关论述
"十三五"（2016 ~2020）	支持香港巩固和提升国际金融、航运、贸易三大中心地位，强化全球离岸人民币业务枢纽地位和国际资产管理中心功能，推动融资、商贸、物流、专业服务等向高端高增值方向发展。支持香港发展创新及科技事业，培育新兴产业。支持香港建设亚太区国际法律及解决争议服务中心
"十三五"（2016 ~2020）	支持港澳参与国家双向开放、"一带一路"建设，鼓励内地与港澳企业发挥各自优势，通过多种方式合作走出去。加大内地对港澳开放力度，推动内地与港澳关于建立更紧密经贸关系安排升级。深化内地与香港金融合作，加快两地市场互联互通。加深内地同港澳在社会、民生、文化、教育、环保等领域交流合作，支持内地与港澳开展创新及科技合作，支持港澳中小微企业和青年人在内地发展创业。支持共建大珠三角优质生活圈，加快前海、南沙、横琴等粤港澳合作平台建设。支持港澳在泛珠三角区域合作中发挥重要作用，推动粤港澳大湾区和跨省区重大合作平台建设

2. 香港特区政府历年施政报告对香港定位的论述（1997 ~ 2019）

年度	有关论述
1997	香港的发展策略，一定要遵循自由经济的原则，一定要维持稳健理财的原则，同时，要竭力维持良好的法治制度。在这个基础上，我们要保持香港高增值的竞争能力，保持香港经济发展的生命线，保障每一位市民的切身利益。
1998	无论是为了谋求今日走出低谷，还是为了策划我们未来的长远发展，香港经济主要出路在两方面：第一，要致力保持香港作为国际商业都会的地位；第二，要全面加强与内地的合作。 在国家现代化过程的不同阶段，香港的角色和功能也会有所改变，因此，我们必须重新部署和定位。要考虑的问题包括：香港如何继续强化中国与世界交往的桥梁功能；以及香港作为一个国际性大都会，如何在国家以至亚太区发挥首要商业城市的作用。 随着香港回归祖国，我们有必要替香港确立鲜明的定位。我们看到纽约和伦敦分别是美洲和欧洲的首要国际都会，而且都是国际金融中心、旅游名城、跨国公司的总部集中地，以及国际信息和运输中心。我认为香港将来不但可以成为我国的主要城市之一，更可以成为亚洲首要国际都会，享有类似美洲的纽约和欧洲的伦敦那样的重要地位。
1999	我两年来多次讲到政府的长远目标，就是要为香港明确定位。去年，我在施政报告里认定香港将来不但是中国主要城市，更可成为亚洲首要国际都会，享有类似美洲的纽约和欧洲的伦敦那样的重要地位。 和这两大城市相比，香港已相当程度上具备了很多类似的基础条件，例如，我们是国际金融中心，也是旅游胜地。在贸易和运输方面，我们在国际处于领先的地位。这些都是我们的经济支柱。只要我们巩固和加强已有的经济支柱，扩大领先优势，香港应当可以在这些领域中，保持甚至进一步确立在世界上举足轻重的地位。届时，香港作为世界级都会，将和纽约、伦敦一样，在全球一体化的经济中，发挥重要的枢纽功能，成为跨国集团总部的集结地，为广大地区服务。

续表

年度	有关论述
1999	另一方面，我们也应该承认，香港与世界级的大都会相比，仍有一段差距，尤其在人才和生活环境等方面。 但香港也具有一些独特的优势：我们背靠发展蓬勃的祖国内地，是中西多元文化的交汇点，社会高度自由开放，又具有较完备的各种体制，我们定可以在原有优势和基础上，发展出各种先进的、知识密集的行业，树立新的经济支柱，增强实力，为香港再绘宏图。
2000	特区政府分析环境变化，掌握大局，提出香港的远景目标，是成为中国一个主要城市和亚洲首要的国际都会；换句话说，香港将成为亚洲最富吸引力的营商基地、大家安居乐业的理想家园。
2001	特区政府成立的策略发展委员会，经过对比研究，明确了香港的定位：就是背靠内地，面向全球，作为我国一个主要城市和亚洲的国际都会，提供高增值的服务。 香港的前进方向，就是在原有基础上巩固自己的强项，同时应用新知识、新技术，推动新的增长。 香港定位和发展方向，主要任务可归纳为五点：一是大力投资于教育；二是加强软、硬件基础设施，改善营商环境；三是优化生活环境；四是采取积极措施为社会上的弱势社群纾困；五是对政府架构进行必要的调整和改革，提高施政水平。
2003	我们的方向和定位十分明确，就是要背靠内地、面向世界，建立香港为亚洲的国际都会，巩固和发展香港的国际金融中心、工商业支持服务、信息、物流和旅游中心的地位，运用新知识、新技术，提供高增值服务，推动新的增长。 更明确地讲，强化与内地的经济关系，注重人才投资，加快服务业的提升，是振兴香港经济的主要内容。 香港是亚洲的国际都会。 这一个定位是香港的精神和特质的概括，也是香港的重要竞争优势。 我们会继续采取适当措施，巩固和强化此一优越地位。 香港拥有公平和独立的司法制度，政府和市民奉行法治。 我们决心确保公平的竞争环境、坚持“大市场、小政府”方针、保持简单的低税制。 我们决心维持香港一直引以为荣的高效率政府和良好的营商环境，保障资金自由流通。
2004	我在历年的《施政报告》中，说明了香港经济发展的思路。 我们确立了“背靠内地、面向世界；善用香港优势，巩固支柱产业；运用新知识、新技术，向高增值提升”的策略路向，推动香港发展成为亚洲的国际都会，如同北美洲的纽约和欧洲的伦敦。
2005	早在 1996 年，我已建议香港要成为名副其实的国际大都会，为中国内地、亚洲以至全世界提供服务。 过去几年的施政报告不断探索，分析这次特别漫长和痛苦的经济转型的成因，以及为推动转型而应该确立的策略和路向。 社会各界逐渐形成共识，最终确定香港今后的发展必须背靠内地、面向世界，建设一个提供优质服务的国际都会。

续表

年度	有关论述
2005/2006	香港是高度外向型的经济，我们的发展策略，就是“背靠内地，面向世界”，致力加强自身优势，在“大市场、小政府”的原则下，鼓励企业精神和公平竞争，巩固香港作为亚洲国际都会和国家重要的国际金融、贸易、交通运输及信息中心的地位。 香港是亚太地区的重要国际金融中心，我们会继续采取措施巩固这个关乎香港兴衰的地位。
2007	香港要迎接全球化时代，首先必须在国家发展中找到适当的重要角色。全球化与中国崛起已合而为一，香港适应全球化与融入内地，并非两相矛盾的发展道路。香港既已回归祖国，更应当建设成为一个能够在中国和平兴起中担当重要角色，能够在国际社会中发挥积极作用，能够令香港人引以为傲的世界都会。 国家“十一五”规划纲要，明确表示“支持香港发展金融、物流、旅游、资讯等服务业，保持香港国际金融、贸易、航运业中心的地位”，这肯定了香港的优势产业以及在国家发展中的重要功能。
2007/2008	必须从国家的将来看香港，为自己做出正确定位。我们既有自由市场规律，又讲求企业社会责任；既有现代化价值观，又有传统家庭核心价值；既有民主政治，又不会牺牲社会秩序与管治质素；既追求经济增长，亦关注环境文化保育；既有个人自由、多元思想，亦有民族国家观念；既是中国城市，也是全球城市。香港必将继续为国家做出自己独特的贡献，也将为保持香港自身的长期繁荣稳定和发展，打下更为坚实的基础。
2008/2009	建设国际金融中心，推动经济发展，是我们经过深思熟虑的策略定位。在环球金融比较动荡的时期，我们要处变不惊，审视本身的条件，才能认清方向，巩固香港作为国际金融中心的地位，探索前路。 香港法制健全、资金自由出入、资讯流通、金融业人才荟萃、经济充满活力，这些都是香港发展为国际金融中心的基本条件。与此同时，国家的经济发展与改革开放，为加强香港金融业的深度和广度提供了新的机遇。国家的经济快速扩张和走向国际化，亦需要善用香港这个在我国唯一与伦敦、纽约鼎足而立的国际金融中心。在这些基础之上，我们会在今次金融海啸中发掘新机遇及继续拓展新兴市场，务使金融业作为香港经济发展重要支柱的地位，更加稳健。
2009/2010	香港是成熟和开放的资本主义市场经济体，在面对全球化竞争时，必须时刻提升自己的竞争力，走向高增值的知识型经济，维持领先优势，创造更多优质工作机会。以“创新”及“知识”为本的产业，不只限于经机会提出的六项优势产业，也包括传统的四大支柱产业，即金融、旅游、贸易及物流和专业服务。四大支柱产业发展成熟，占香港本地生产总值60%。要持续发展，我们必须竭尽所能，巩固和加强与四大支柱相关的人流、物流、资金流和信息流。

续表

年度	有关论述
2010/2011	为确保香港在国家“十二五”时期能进一步发挥其独有的优势和功能，我们致力提升香港的国际金融、贸易和航运及物流中心地位，发展六项优势产业。 金融业是香港传统四大支柱产业之一，占本地生产总值约 16%。我们的目标，是发展香港成为汇聚资金及人才的国际融资、资产管理和离岸人民币业务中心，在亚洲时区内提供世界级、全面而优质的金融服务。
2011/2012	香港的战略定位是国家的全球金融中心。我们会推行措施，以加强香港金融竞争力。
2013	国家的“十二五”规划明确支持香港巩固和提升国际金融、贸易、航运中心的地位。过去 30 年，香港参与内地改革开放，功在国家，利在香港。凭借香港的优势，配合适度有为的政府作用，香港可以发展多元产业，满足港人创业、投资、经营和就业需要。我们要将产业“做多做阔”：要“做多”，必须发挥优势，增加现有产业的业务量；要“做阔”，就要在现有产业内增加门类，并且开拓新的产业。 我们会巩固及拓展离岸人民币业务，特别是人民币跨境贸易结算、离岸人民币债券和证券产品的发行。 我们会巩固香港在亚太区资产管理中心的领先地位，并发展为更全面的基金及资产管理中心。 我们会积极进一步吸引合适的国际法律、仲裁和调解机构在香港设立办事处，提升香港作为亚太区法律服务枢纽的地位，并巩固香港作为国际法律服务中心的功能，从而推动经济。 我们会继续优化香港的海、陆、空交通设施和衔接，巩固和提升香港作为区内人流、物流枢纽的地位。
2014	我于去年的《施政报告》宣布成立金发局，作为高层次和跨界别的咨询平台，就推动香港金融业更大发展向政府提出意见。金发局已向政府提交首轮报告，在多个方面分析金融业的机遇与挑战，详述香港作为国际金融中心的未来发展定位及策略方向，并提出人民币业务、资产和财富管理、房地产投资信托基金等方面的建议。 我决定再次启动成立创新及科技局的工作，并与各界共同制订香港创新及科技发展的目标和政策，我殷切希望得到立法会的支持。
2015	在经济方面，香港有独特的“一国”和“两制”的双重优势。香港既是中国的一部分，益于国家的高速发展，享有国家给予的优惠，同时亦享有和内地城市不同制度的优势。用好这些优势，香港不仅可以提高发展速度，同时可以配合国内外的发展需要，继续壮大固有的龙头产业，并培育新的产业，丰富产业内容，做到百业兴旺，让青年人学以致用，让所有人各展所长。 贸易、金融、航运、旅游、专业服务是香港的主要产业。香港的大小产业，都有一个共同优势，就是在中国内地和外国之间的联通作用，是国内外的“超级联系人”。香港要发展好经济，必须同时重视国内外的经济联系。

续表

年度	有关论述
2015	香港是主要环球金融中心之一，也是中国领先的国际金融中心，我们要用好这“两个中心”的优势。 政府为创新及科技发展提供五个策略环境，包括为企业、科研机构及大学提供世界级的科技基建；为产、学、研持份者提供财政支援，将研发成果商品化；培育人才；加强与内地及其他地方在科技方面的合作；以及缔造充满活力的创新文化。
2016	在国家“十三五”规划建议中关于香港部分，提出深化区域合作，其中粤港合作是重中之重。 现时，粤港合作机制除了由我和广东省省长领导的粤港合作联席会议外，就前海、南沙和横琴三个自贸试验区片区，亦分别归属于深港、穗港和港珠合作会议，由政府高层统筹，深化持续合作发展，以充分把握庞大机遇。 三个片区各有特色：前海是深港现代服务业合作区；面积最大的南沙以推动粤港深度合作、建设粤港科技创新转化平台等为主导；而横琴则重点发展文化创意及旅游休闲产业。 香港在这些产业已累积了不少国际经验，亦拥有充裕的专业服务人才，可以提升与广东省以及三个片区的伙伴合作关系，在“一国两制”的原则下，为港人港企开拓更大的发展空间和机遇。 香港开放程度高、对外关系广泛，人脉关系密切，在国家众多城市当中，有“两制”的特色。 特区政府将积极参与和配合国家落实“一国两制”策略。集资融资平台：香港可以为各地提供基础设施建设所需的资金，也有多元化的融资渠道，包括上市集资、银团贷款、私募基金、一般债券、点心债、伊斯兰债券等。 商贸物流平台：香港拥有庞大的商业人脉网络，也是亚洲最重要的会议展览中心、采购中心、商业配对中心，可以协助各地政府和企业物色商业伙伴，成为“一带一路”的主要商贸物流促进平台。 专业及基础设施服务平台：香港可以为“一带一路”沿线地区提供顾问服务和参与运营管理。 香港企业可以按自身的优势参与合适的项目，单独或联合参与投资和产业园区建设。 促进民心相通：香港可以利用高度国际化和英语普及程度高的优势，搭建教育、文化及青年交流平台。 贸易环境：在政府与政府层面，香港将充分利用“一国两制”和高度自治的优势，加强与“一带一路”沿线主要贸易伙伴经贸联系，推动高层互访，并缔结自由贸易协定（自贸协定）及“促进和保护投资协定”（投资协定）。 “一带一路”办公室：政府将成立由我主持的“一带一路”督导委员会，负责制定香港参与“一带一路”的策略和政策，并设立“一带一路”办公室，负责推动研究工作，统筹协调相关政府部门及贸发局、旅游局等机构，以及与中央部委、各省市政府、香港的业界、专业团体和民间团体联络。 创新及科技：香港发展创科事业，有“一国”和“两制”的双重优势。 除吸引国际顶尖的研究机构外，香港可以更积极地在国家和地方层面，与内地合作。 香港创科发展将向下游出发、发展产业、支持。 创科初创企业、发展数码及“智慧城市”、成立创科生活基金等。

续表

年度	有关论述
2017	为全面参与并把握当中的机遇，发挥“国家所需，香港所长”的优势，特区政府将会加强与中央政府的沟通，进一步掌握“一带一路”建设的政策方向和落实情况，并与企业和商业合作，将政策转为商机。 我们现正与中央政府协商，以期与国家发展和改革委员会（国家发改委）在年底前签署香港参与“一带一路”建设的全面协议，涵盖金融、基础设施、经贸交流、民心相通、项目对接和争议解决，以及“粤港澳大湾区”建设等方面，列举具体措施，作为双方合作的方针和蓝本，当中会探讨搭建“一带一路”建设项目的资讯分享平台，让企业更好地掌握相关资讯，促进项目对接和定期沟通的平台，加强沟通协商，并监督协议落实执行。 特区政府会积极参与推进大湾区建设，为香港推动产业多元化创造有利条件，特别是在拓展创新及科技发展方面。 此外，我们会争取为港人在大湾区学习、就业、创业、营商、生活以至养老提供更多便利，促进两地人流、物流、资金流和讯息流，使大湾区能够成为港人的优质生活圈。
2018	香港一直被多家国际机构评为最开放、自由和具竞争力的城市。 在“一国两制”的独特优势下，我们会继续尊重经济规律，奉行市场动作和推动自由贸易，并锐意发展新的经济增长点。 国家“十三五”规划支持香港巩固和提升国际金融、航运、贸易三大中心地位，发展创科事业，建设亚太区国际法律及解决争议服务中心。 国家的“一带一路”倡议和由国家主席习近平亲自谋划、亲自部署、亲自推动的粤港澳大湾区建设为香港经济发展带来无限机遇。 特区政府会做好“促成者”和“推广者”的角色，抓紧机会，以香港所长，服务国家所需，并积极联系世界，开拓更大商机。 香港已确立为“一带一路”建设中首选平台和重要节点。 秉承香港的独特优势和面对的机遇和挑战，我们制订了五个“一带一路”的策略重点，包括（一）加强政策联通；（二）充分利用香港优势；（三）用好香港专用服务中心的地位；（四）促进项目参与；（五）建立伙伴合作，以推进与内地和“一带一路”相关国家及地区伙伴的协作。 商务和经济发展局（商经局）会在政府推动“一带一路”工作上担当牵头和协调统筹的角色，并正招聘“一带一路”专员专责相关工作。 大湾区建设为香港带来经济新增长点，并可开拓出香港居民生活空间的机遇。 随着广深港高铁香港段、港珠澳大桥和莲塘/香园围新陆路口岸相继开通，粤港澳“一小时生活圈”的布局已基本完备。 中央自去年起陆续宣布多项便利港人在内在居住、工作和学习的措施，特别是今年 8 月国务院推出的港澳台居民居住证申领，更大大丰富了这个“生活圈”。
2019	除了继续支持香港传统四大支柱行业，即金融服务、旅游、贸易及物流和专业及其他工商业支持服务，我们亦致力推动创新及科技、文化及创意和环保产业。 在维持自由市场经济的前提下，政府积极发挥“促成者”和“推广者”角色，增加土地供应、投资人才培训、推动对外事务、优化营商环境和落实税务宽减措施，借此提升香港的竞争力。 政府亦致力把握“一带一路”倡议和粤港澳大湾区带来的机遇，为香港经济带来新增长点，为香港企业和专业服务业拓展更大的市场。

资料来源：根据香港特区政府历年施政报告整理。

3. 有关文件对粤港定位和粤港合作的论述

文件名称	有关论述
《珠江三角洲地区发展改革规划纲要（2008～2020年）》	战略定位 探索科学发展模式试验区。赋予珠江三角洲地区发展更大的自主权，支持率先探索经济发展方式转变、城乡区域协调发展、和谐社会建设的新途径、新举措，走出一条生产发展、生活富裕、生态良好的文明发展道路，为全国科学发展提供示范。 深化改革先行区。继续承担全国改革“试验田”的历史使命，大胆探索，先行先试，全面推进经济体制、政治体制、文化体制、社会体制改革，在重要领域和关键环节率先取得突破，为实现科学发展提供强大动力，为发展中国特色社会主义创造新鲜经验。 扩大开放的重要国际门户。坚持“一国两制”方针，推进与港澳紧密合作、融合发展，共同打造亚太地区最具活力和国际竞争力的城市群。创新国际区域合作机制，全面提升经济国际化水平，完善内外联动、互利共赢、安全高效的开放型经济体系。 世界先进制造业和现代服务业基地。坚持高端发展的战略取向，建设自主创新新高地，打造若干规模和水平居世界前列的先进制造产业基地，培育一批具有国际竞争力的世界级企业和品牌，发展与香港国际金融中心相配套的现代服务业体系，建设与港澳地区错位发展的国际航运、物流、贸易、会展、旅游和创新中心。 全国重要的经济中心。综合实力居全国经济区前列，辐射带动能力进一步增强，形成以珠江三角洲为中心的资源互补、产业关联、梯度发展的多层次产业圈，建设成为带动环珠江三角洲和泛珠江三角洲区域发展的龙头，成为带动全国发展更为强大的引擎。 推进与港澳更紧密合作 推进重大基础设施对接。本着互惠互补的原则，加强与港澳的协调合作，充分发挥彼此的优势，支持与港澳在城市规划、轨道交通网络、信息网络、能源基础网络、城市供水等方面进行对接。加快建设广深港客运专线，尽快开工建设港珠澳大桥、深圳东部过境高速公路和与香港西部通道相衔接的高速公路等基础设施，积极推进莲塘/香园围口岸规划与建设，积极推进深港空港合作等项目。支持港口、码头、机场等基础设施建设、运营和管理等方面的合作。支持共同规划实施环珠江口地区的“湾区”重点行动计划。积极开展与港澳海关合作，深化口岸通关业务改革，探索监管结果互认共享机制，加强在打击走私、知识产权保护方面的合作。支持广东省与港澳地区人员往来便利化，优化“144小时便利免签证”。 加强产业合作。全力支持在珠江三角洲地区的港澳加工贸易企业延伸产业链条，向现代服务业和先进制造业发展，实现转型升级。同时支持劳动密集企业顺利过渡，并协助港资企业拓展内地市场，以增加应对外部环境急剧变化的能力。深化落实内地与港澳更紧密经贸关系安排（CEPA）力度，做好对港澳的先行先试工作。支持粤港澳合作发展服务业，巩固香港作为国际金融、贸易、航运、物流、高增值服务中心和澳门作为世界旅游休闲中心的地

续表

文件名称	有关论述
《珠江三角洲地区发展改革规划纲要（2008～2020年）》	位。坚持上下游错位发展，加强与港澳金融业的合作。支持港澳地区银行人民币业务稳健发展，开展对港澳地区贸易项下使用人民币计价、结算试点。鼓励共同发展国际物流产业、会展产业、文化产业和旅游业。加大开展银行、证券、保险、评估、会计、法律、教育、医疗等领域从业资格互认工作力度，为服务业的发展创造条件。支持珠江三角洲地区企业到香港上市融资。支持科技创新合作，建立港深、港穗、珠澳创新合作机制。规划建设广州南沙新区、深圳前后海地区、深港边界区、珠海横琴新区、珠澳跨境合作区等合作区域，作为加强与港澳服务业、高新技术产业等方面合作的载体。鼓励粤港澳三地优势互补，联手参与国际竞争。 共建优质生活圈。鼓励在教育、医疗、社会保障、文化、应急管理、知识产权保护等方面开展合作，为港澳人员到内地工作和生活提供便利。推动专业技能人才培训的合作。完善粤港澳三地传染病疫情信息通报与联防联控、突发公共卫生事件应急合作机制和食品、农产品卫生事件互通协查机制。支持建立劳动关系协调合作机制。共同建立绿色大珠江三角洲地区优质生活圈。鼓励建立污染联防联治机制，开展治理环境污染、共建跨境生态保护区、保护水库集水区。支持粤港共同研究合作发展清洁能源及可再生能源，实施清洁生产等方面的合作，建设具有经济效益的区域能源供应销售网络。确保输港澳农副产品和供水的优质安全。支持粤港澳合作推行清洁能源政策，逐步实现统一采用优于全国其他地区的汽车燃料、船舶燃油与排放标准，力争改善珠江三角洲地区空气质量。支持发展珠江三角洲区域的循环经济产业，鼓励粤港澳开展物料回收、循环再用、转废为能的合作，研究废物管理合作模式。 创新合作方式。加强与港澳协调沟通，推动经济和社会发展的合作。支持粤港澳三地在中央有关部门指导下，扩大就合作事宜进行自主协商的范围。鼓励在协商一致的前提下，与港澳共同编制区域合作规划。完善粤港、粤澳行政首长联席会议机制，增强联席会议推动合作的实际效用。坚持市场为主、政府引导的原则，进一步发挥企业和社会组织的作用，鼓励学术界、工商界建立多形式的交流合作机制。
《粤港澳大湾区发展规划纲要》	一，基本原则。“一国两制”，依法办事。把坚持“一国”原则和尊重“两制”差异有机结合起来，坚守“一国”之本，善用“两制”之利。把维护中央的全面管治权和保障特别行政区的高度自治权有机结合起来，尊崇法治，严格依照宪法和基本法办事。把国家所需和港澳所长有机结合起来，充分发挥市场化机制的作用，促进粤港澳优势互补，实现共同发展。 二，战略定位。内地与港澳深度合作示范区。依托粤港澳良好合作基础，充分发挥深圳前海、广州南沙、珠海横琴等重大合作平台作用，探索协调协同发展新模式，深化珠三角九市与港澳全面务实合作，促进人员、物资、资金、信息便捷有序流动，为粤港澳发展提供新动能，为内地与港澳更紧密合作提供示范。 三，发展目标。开放型经济新体制加快构建，粤港澳市场互联互通水平进一步提升，各类资源要素流动更加便捷高效，文化交流活动更加活跃。 四，空间布局。极点带动。发挥香港—深圳、广州—佛山、澳门—珠海强强联合的引领带动作用。

续表

文件名称	有关论述
《粤港澳大湾区发展规划纲要》	优化提升中心城市。以香港、澳门、广州、深圳四大中心城市作为区域发展的核心引擎。 巩固和提升香港国际金融、航运、贸易中心和国际航空枢纽地位，强化全球离岸人民币业务枢纽地位、国际资产管理中心及风险管理中心功能，推动金融、商贸、物流、专业服务等向高端高增值方向发展，大力发展创新及科技事业，培育新兴产业，建设亚太区国际法律及争议解决服务中心，打造更具竞争力的国际大都会。 五，建设国际科技创新中心。推进“广州－深圳－香港－澳门”科技创新走廊建设，探索有利于人才、资本、信息、技术等创新要素跨境流动和区域融通的政策举措，共建粤港澳大湾区大数据中心和国际化创新平台。 向港澳有序开放国家在广东建设布局的重大科研基础设施和大型科研仪器。 支持粤港澳有关机构积极参与国家科技计划（专项、基金等）。 实施粤港澳科技创新合作发展计划和粤港联合创新资助计划，支持设立粤港澳产学研创新联盟。 允许香港、澳门符合条件的高校、科研机构申请内地科技项目，并按规定在内地及港澳使用相关资金。 研究制定专门办法，对科研合作项目需要的医疗数据和血液等生物样品跨境在大湾区内限定的高校、科研机构和实验室使用进行优化管理，促进临床医学研究发展。 香港、澳门在广东设立的研发机构按照与内地研发机构同等待遇原则，享受国家和广东省各项支持创新的政策，鼓励和支持其参与广东科技计划。 支持香港私募基金参与大湾区创新型科技企业融资，允许符合条件的创新型科技企业进入香港上市集资平台，将香港发展成为大湾区高新技术产业融资中心。 充分发挥香港在知识产权保护及相关专业服务等方面具有的优势，支持香港成为区域知识产权贸易中心。 六，加快基础设施互联互通。支持香港发展船舶管理及租赁、船舶融资、海事保险、海事法律及争议解决等高端航运服务业，并为内地和澳门企业提供服务。 巩固提升香港国际航空枢纽地位，强化航空管理培训中心功能。 七，构建具有国际竞争力的现代产业体系。支持香港在优势领域探索“再工业化”。 发挥香港在金融领域的引领带动作用，巩固和提升香港国际金融中心地位，打造服务“一带一路”建设的投融资平台。 支持香港打造大湾区绿色金融中心，建设国际认可的绿色债券认证机构。 支持香港机构投资者按规定在大湾区募集人民币资金投资香港资本市场，参与投资境内私募股权投资基金和创业投资基金。 支持香港开发更多离岸人民币、大宗商品及其他风险管理工具。支持内地与香港、澳门保险机构开展跨境人民币再保险业务。 支持符合条件的港澳银行、保险机构在深圳前海、广州南沙、珠海横琴设立经营机构。 巩固提升香港作为国际高端会议展览及采购中心的地位，支持澳门培育一批具有国际影响力的会议展览品牌。

续表

文件名称	有关论述
《粤港澳大湾区发展规划纲要》	支持大湾区企业使用香港的检验检测认证等服务。 支持香港发挥海洋经济基础领域创新研究优势。 八，建设宜居宜业宜游的优质生活圈。支持粤港澳高校合作办学，鼓励联合共建优势学科、实验室和研究中心。 鼓励港澳青年到内地学校就读，对持港澳居民来往内地通行证在内地就读的学生，实行与内地学生相同的交通、旅游门票等优惠政策。 研究开放港澳中小学教师、幼儿教师到广东考取教师资格并任教。 支持新建香港故宫文化博物馆、西九文化区戏曲中心等重点文化项目，增强香港中西合璧的城市文化魅力。支持香港通过国际影视展、香港书展和设计营商周等具有国际影响力的活动，汇聚创意人才，巩固创意之都地位。 支持港澳青年融入国家、参与国家建设。强化内地和港澳青少年的爱国教育，加强宪法和基本法、国家历史、民族文化的教育宣传。 鼓励香港发挥中西方文化交流平台作用，弘扬中华优秀传统文化。 支持香港成为国际城市旅游枢纽及“一程多站”示范核心区，建设多元旅游平台。 完善区域公共就业服务体系，建设公共就业综合服务平台，完善有利于港澳居民特别是内地学校毕业的港澳学生在珠三角九市就业生活的政策措施，扩宽港澳居民就业创业空间。 鼓励港澳居民中的中国公民依法担任内地国有企事业单位职务，研究推进港澳居民中的中国公民依法报考内地公务员工作。 支持港澳医疗卫生服务提供主体在珠三角九市按规定以独资、合资或合作等方式设置医疗机构，发展区域医疗联合体和区域性医疗中心。 深化中医药领域合作，支持澳门、香港分别发挥中药质量研究国家重点实验室伙伴实验室和香港特别行政区政府中药检测中心优势，与内地科研机构共同建立国际认可的中医药产品质量标准，推进中医药标准化、国际化。 加强跨境公共服务和社会保障的衔接，探索澳门社会保险在大湾区内跨境使用，提高香港长者社会保障措施的可携性。 严格依照宪法和基本法办事，在尊重各自管辖权的基础上，加强粤港澳司法协助。 九，紧密合作共同参与“一带一路”建设。落实内地与香港、澳门 CEPA 系列协议，推动对港澳在金融、教育、法律及争议解决、航运、物流、铁路运输、电信、中医药、建筑及相关工程等领域实施特别开放措施，研究进一步取消或放宽对港澳投资者的资质要求、持股比例、行业准入等限制，在广东为港澳投资者和相关从业人员提供一站式服务，更好落实 CEPA 框架下对港澳开放措施。 在 CEPA 框架下研究推出进一步开放措施，使港澳专业人士与企业在内地更多领域从业投资营商享受国民待遇。 强化香港全球离岸人民币业务枢纽地位。 支持香港成为解决“一带一路”建设项目投资和商业争议的服务中心。 支持香港、澳门依法以“中国香港”“中国澳门”名义或者其他适当形式，对外签署自由贸易协定和参加有关国际组织，支持香港在亚投行运作中发挥积极作用。

续表

文件名称	有关论述
《粤港澳大湾区发展规划纲要》	支持丝路基金及相关金融机构在香港、澳门设立分支机构。 发挥香港国际金融中心作用，为内地企业走出去提供投融资和咨询等服务。 支持内地企业在香港设立资本运作中心及企业财资中心，开展融资、财务管理等业务，提升风险管控水平。 支持香港与佛山开展离岸贸易合作。 十，共建粤港澳合作发展平台。（一）优化提升深圳前海深港现代服务业合作区功能。 支持香港交易所前海联合交易中心建成服务境内外客户的大宗商品现货交易平台，探索服务实体经济的新模式。 加强深港绿色金融和金融科技合作。 建设跨境经贸合作网络服务平台，助力企业走出去开拓国际市场。 联动香港打造国际法律服务中心和国际商事争议解决中心。 支持在深圳前海设立口岸，研究加强与香港基础设施高效联通。 扩大香港工程建设模式实施范围，推出更多对香港建筑及相关工程业界的开放措施。 （二）发展特色合作平台。 支持落马洲河套港深创新及科技园和毗邻的深方科创园区建设，共同打造科技创新合作区，建立有利于科技产业创新的国际化营商环境，实现创新要素便捷有效流动。 支持东莞与香港合作开发建设东莞滨海湾地区，集聚高端制造业总部、发展现代服务业，建设战略性新兴产业研发基地。

资料来源：综合整理。

4. 2002～2019 年 CEPA 及国家对香港政策发展的主要进程

年份	主要政策和进程
2002	1 月 《内地与香港关于建立更紧密经贸关系的安排》（CEPA）的磋商在北京启动。 外经贸部副部长安民与香港特区财政司司长梁锦松共同主持第一次高层会议。
2003	6 月 CEPA 在香港签署，国务院总理温家宝出席签署仪式。 11 月 中国人民银行与香港金融管理局合作备忘录签字仪式在北京人民大会堂举行，国务院副总理黄菊出席。 中国人民银行行长周小川和香港金融管理局总裁任志刚在合作备忘录上签字。 12 月 CEPA 联合指导委员会在北京展开首次会议，为 2004 年 1 月 1 日实施《安排》做准备。
2004	1 月 内地对 273 个税号（2001 年税号，按 2004 年税则转换，香港则为 374 个税号）的原产香港的产品实行“零关税”。 内地等 18 个服务行业扩大对香港的开放。 内地海关与香港有关部门之间建立了“原产地证书电子联网核查系统”。 2 月 经中国人民银行允许，香港多家银行正式开始办理个人人民币存款、兑换和汇款业务。

续表

年份	主要政策和进程
2004	5 月　持《往来港澳通行证》《因公往来香港澳门特别行政区通行证》的内地出入境旅客免填《出入境登记卡》。 8 月　商务部副部长安民与香港特区财政司司长唐英年在北京签署《CEPA 扩大开放的磋商纪要》。 8 月　商务部、国务院港澳办联合下发《关于内地企业赴香港、澳门特别行政区投资开办企业核准事项的规定》，支持包括民营企业在内的有能力的各种所有制的内地企业赴香港、澳门投资、开办企业。 10 月　CEPA 补充协议签署。根据补充协议，自 2005 年 1 月 1 日起，内地对《第二批内地对原产于香港进口货物实行零关税的产品清单(现有生产产品)》中列明的原产香港的进口货物实行零关税；允许香港永久性居民中的中国公民依照内地有关法律、法规和行政规章，在内地各省、自治区、直辖市设立个体工商户，无需经过外资审批。 11 月　国家工商总局发布《港澳居民在内地申办个体工商户登记管理工作的若干意见》。具备中国公民身份的香港永久性居民自 2005 年 1 月 1 日起，可在内地申请注册个体工商户。 11 月　内地与香港在北京签署《保险监管合作协议》。
2005	1 月　内地增加对 713 种原产香港的产品实行“零关税”。 1 月　内地在法律、会计、医疗、视听、建筑、分销、银行、证券、运输、货代和个体工商户等 11 个领域，在 CEPA 原有开放承诺的基础上，进一步对港放宽市场准入的条件；同时新增加专利代理、商标代理、机场服务、文化娱乐、信息技术、职业介绍、人才中介机构和专业资格考试等 8 个领域对香港扩大开放。 10 月　CEPA 补充协议二签署，在 2003 年签署的《安排》和 2004 年签署的《安排》补充协议的基础上，内地进一步扩大对香港开放。 11 月　中国人民银行再次宣布扩大为香港银行办理人民币业务提供平盘及清算安排的范围。
2006	1 月　内地对原产于香港的产品全面实行“零关税”。 1 月　内地在法律、会计、视听、建筑、分销、银行、证券、旅游、运输和个体工商户 10 个领域在原有开放承诺的基础上，对港进一步放宽市场准入的条件。 3 月　WTO 区域贸易协定委员会第 42 次会议结束对内地与香港、澳门《关于建立更紧密经贸关系的安排》的审议。这是中国内地第一个通过 WTO 审议的自由贸易协议。 6 月　CEPA 补充协议三签署。根据补充协议三，在服务贸易领域，从 2007 年 1 月 1 日起，内地在法律、会展、信息技术、视听、建筑、分销、旅游、运输和个体工商户等领域原有开放承诺基础上，进一步采取 15 项具体开放措施。在贸易投资便利化领域，为借鉴香港保护知识产权的经验，推进内地知识产权保护工作，推动内地与香港在知识产权保护领域的合作，双方决定将知识产权保护工作列入《安排》贸易投资便利化领域，并将进一步探讨具体合作内容。

续表

年份	主要政策和进程
2007	6 月　CEPA 第四份补充协议签署。 内容包括 40 项涵盖 28 个服务领域的开放措施，全部措施将于 2008 年 1 月 1 日起生效。 CEPA 补充协议四有三个特点：一是开放领域更多。 新增了摄影、体育、环境等 11 个领域的开放内容，内地对香港服务贸易的开放领域已达 38 个。 二是开放程度更高。 在医疗、保险、银行、证券、旅游、个体工商户等原有 17 个领域开放承诺的基础上，进一步放宽了香港服务提供者进入内地市场的准入条件。 目前 CEPA 共包括 192 项开放措施，开放程度进一步提高。 三是开放模式更多样。 在与管理咨询相关的服务、会展、文娱领域允许以跨境交付方式提供服务。
2008	7 月　CEPA 补充协议五签署。 根据补充协议，在服务贸易方面，内地将在 17 个领域共采取 29 项具体措施，进一步对香港扩大开放。 在 17 个服务领域中，新增的领域包括采矿和勘探相关的服务领域。 所有服务贸易的开放措施于 2009 年 1 月 1 日生效。 补充协议五还推出了 3 项贸易投资便利化措施和 2 项专业资格互认措施。
2009	1 月　国家发展和改革委员会公布《珠江三角洲地区改革发展规划纲要（2008 ~2010 年）》，把粤港合作明确为国家政策。 5 月　CEPA 补充协议六签署，将于 10 月 1 日起正式实施。 根据协议，内地同意推出 29 项市场开放措施，涉及 20 个服务领域，其中“研究和开发”“铁路运输”为两个新增领域，使 CEPA 涵盖的服务领域总数由 40 个增至 42 个。 6 月　香港金融管理局与中国人民银行就内地与香港跨境贸易人民币结算试点业务签订相关补充合作备忘录，开展跨境贸易人民币结算试点，为人民币迈向国际化跨出重要的一步。
2010	4 月　香港行政长官和广东省省长在北京签署《粤港合作框架协议》。 这是首份获得国务院批准、就粤港两地合作签署的纲领性文件，将《珠三角规划纲要》中关于深化粤港合作的宏观策略，转化为具体政策措施，进一步明确粤港两地分工及角色，为日后的合作提供清晰指引。 5 月　CEPA 补充协议七签署。 主要开放措施包括：香港服务提供者可以独资形式在内地 5 省市设立医院，12 类香港法定注册医疗卫生专业人员可到内地短期执业；在北京和上海设立的香港独资或合资旅行社，可申请试点经营两地户籍居民前往港、澳团队旅游；香港银行在内地设立代表处一年以上便可申请设立外商独资银行或外国银行分行等。 7 月　为配合跨境贸易人民币结算试点范围的扩大，中国人民银行与香港金融管理局签订《补充合作备忘录》(四)，将双方的相关合作扩展到跨境贸易人民币结算试点扩大后的业务范围，并同意在人民币相关境外业务开展过程中继续加强合作。 与此同时，中国人民银行与中国银行(香港)有限公司签订修订后的《关于人民币业务的清算协议》，明确香港人民币业务参加行可以按照本地法规为企业和机构客户提供人民币银行业务。

续表

年份	主要政策和进程
2010	8 月　国务院批复《前海深港现代服务业合作区总体发展规划》，明确把前海建设成为粤港现代服务业创新合作示范区，要充分发挥香港国际经济中心的优势和作用，利用前海粤港合作平台，推进与香港的紧密合作和融合发展，逐步把前海建设成为粤港现代服务业创新合作示范区，在全面推进香港与内地服务业合作中发挥先导作用。
2011	12 月　CEPA 补充协议八签署。两地受惠的服务业范围由 44 个增至 47 个，受惠措施超过 300 项。新增的 3 个新服务业范围，包括跨学科的研究与实验开发服务、与制造业有关的服务，以及图书馆、博物馆等文化服务领域。补充协议八共有 32 项服务贸易开放和便利贸易投资的措施，包括 16 个服务领域的 23 项开放措施，以及加强两地在金融、旅游和创新科技产业等领域的合作，补充协议八也完善了货物贸易原产地标准和放宽了“香港服务提供者”的定义及相关规定。
2012	7 月　CEPA 补充协议九签署，共有 48 个服务领域 338 项措施，在服务贸易领域，内地在法律、会计、建筑、医疗、个体工商户等 21 个原有领域将进一步开放，并在教育服务新领域加入开放措施。
2013	8 月　CEPA 补充协议十签署，笔译和口译、电信、视听、分销、环境等 28 个领域进一步放宽市场准入的条件，新增加复制服务和殡葬设施的开放措施。双方同意进一步加强商品检验检疫等领域的合作，支持研究粤港共同推进知识产权交易与融资与合作。
2014	12 月　CEPA 广东协议签署，“商业存在”的服务模式有 62 个部门对香港实行国民待遇。“商业存在”服务模式的负面清单，涵盖 134 个服务贸易部门，共保留 120 项与国民待遇不符的限制性措施。
2015	11 月　服务贸易协议签署，为提高投资便利化水平，内地同意对香港服务提供者在内地投资本协议对香港开放的服务贸易领域，公司设立及变更的合同、章程审批改为备案管理，备案后按内地有关规定办理相关手续。
2017	6 月　CEPA 投资协议签署，为保护投资者在对方的投资，逐步减少或取消双方之间投资实质上所有歧视性措施，保护双方投资者权益，设立“投资便利化及争端解决”篇章。
2018	12 月　CEPA 货物贸易协议签署，对“产品特定原产地规则”进行界定，设立了粤港澳大湾区便利化措施专章。
2019	11 月　内地与香港签署 CEPA 服务贸易协议的修订协议，在金融、法律、建筑等多个领域进一步取消或降低对香港服务提供者的准入门槛，放宽对自然人流动、跨境交付等服务贸易模式的限制措施，扩大相关专业领域人才资格互认范围，为香港人士在内地执业创造了便利条件。

资料来源：根据国家商务部台港澳司网站资料整理。

5. 2001～2019 年粤港合作主要进程

年份	进程
2001	粤港合作联席会议举行第 4 次会议。就多项加强粤港合作的事宜达成共识：边境口岸管理、环境保护、东江水质、信息网络互联及香港国际机场和珠海机场的合作。其后签订意向书，在珠三角的南沙合作发展高新技术产业及运输和物流服务。粤港政府亦同意共同注资兴建深港西部通道，预期可于 2005 年或之前竣工。
2002	粤港合作联席会议举行第5 次会议。粤港双方将继续以加强制造业、服务业及口岸合作为重点合作内容。联手积极推进“大珠三角”、“泛珠三角”区域合作推介工作，推进跨境大型基础设施建设和前期工作，推进粤港科技、教育和人才交流与合作。确定下一步双方重点推进以下 18 个合作事项和合作项目：如粤港携手推进“泛珠三角”区域合作、深化粤港口岸合作、加快推进深港西部通道工程建设、继续推进港珠澳大桥和广深港高速铁路的前期工作、举办粤港经济技术贸易合作交流会等。
2003	粤港合作联席会议第六次会议召开。广东省省长和香港特区行政长官主持会议。双方商讨了在 CEPA 框架下，如何建立粤港合作新架构新机制，拓展合作新思路，提高合作水平，并确定一批具体合作项目。提出增设发展策略协调小组，拓展合作发展思路，提升“前店后厂”水平，重点加强 12 个方面合作，积极推进港珠澳大桥工程等合作思路。
2004	粤港合作联席会议第七次会议召开。对如何进一步抢抓 CEPA 先机、全面加强粤港合作的有关事宜，进行了深入交流和磋商，双方达成广泛共识，并确定了 14 个重点合作项目。今后 10～20 年，努力实现将包括粤港在内的大珠三角建成世界上最繁荣、最具活力的经济中心之一，广东要发展成为世界上重要的制造业基地之一，香港要发展成为世界上重要的以现代物流业和金融业为主的服务业中心之一的目标。要着重做到“三个加强”“三个推进”：即加强制造业合作，加强服务业合作，加强口岸合作；携手推进“泛珠三角”区域合作和联合推介“大珠三角”，推进跨境大型基础设施建设和前期工作，推进粤港经贸、科技、教育和人才交流与合作。
2005	粤港合作联席会议第八次会议召开。议题集中在加强粤港服务业合作、支持广东企业到香港发展、加强粤港跨界大型基建项目合作、加强粤港民间合作等 14 个方面，食品安全、信息合作首次进入双方合作议题。
2006	粤港合作联席会议第九次会议召开。决定下一步将重点推动“五个上新水平”，即推动经贸合作，民生合作，跨界大型基础设施建设与口岸合作，大珠三角、泛珠三角区域合作，科技教育文化合作上新水平。
2007	粤港合作联席会议第十次会议召开。签订了 6 项协议，涉及服务业、节能环保、社会福利、信息化、知识产权和食品安全等领域。双方同意加快服务业领域的交流合作，充分利用香港在服务业领域的优势以及广东省产业结构调整和产品升级换代的契机，在高端层面实现“对接”。

续表

年份	进程
2008	粤港合作联席会议第十一次会议召开。同意进一步拓展与市民息息相关的合作领域，包括跨境大型基础建设及口岸合作、促进两地人流和物流、经贸、环保、创新及科技等范畴。
2009	粤港合作联席会议第十二次会议召开。双方同意在落实《珠三角规划纲要》、跨境大型基建及口岸合作、环境保护、经贸、金融、医疗科技、教育、旅游、城市规划及发展等合作范畴取得实质成果。
2010	粤港合作联席会议第十三次会议召开。双方同意在有关领域包括“粤港合作框架协议”“共建优质生活圈”及“基础设施建设”区域合作规划、区域合作、金融、经贸、跨界基础设施、教育、医疗、环保和旅游等方面，都取得实质进展。
2011	粤港合作联席会议第十四次会议召开。明确下一步粤港双方将重点推进七个方面合作。着力推动深圳前海、广州南沙等重点合作区建设；深化服务业合作；加强先进制造业合作；加快港珠澳大桥、广深港高速铁路、深港西部快速轨道等跨境基础设施建设和口岸通关便利化；深化医疗卫生、教育、文化产业、食品安全、应急和养老等社会民生领域合作；加大共建大珠三角优质生活圈力度；进一步完善粤港合作机制，提升粤港合作机制化水平。
2012	粤港合作联席会议第十五次会议在广州举行。会议主题是回顾总结过去一年粤港合作进展情况，把握粤港合作新机遇，研究部署下一阶段推进落实《粤港合作框架协议》和促进率先基本实现粤港服务贸易自由化的有关工作。
2013	粤港合作联席会议第十六次会议在香港举行。双方将突出重点、以点带面：一要扎实推进 CEPA 实施和服务业对港澳开放、先行先试。二要促进法律、会计、教育培训、质量技术等专业服务领域合作。三要深化金融服务合作。四要拓展在高等教育、医疗服务、文化创意、知识产权、环境保护、社会福利等社会民生领域合作。五要合作推进广州南沙、深圳前海、珠海横琴三大高端平台建设，继续探索深港落马洲河套地区开发模式。同时，全面深化经贸合作，联手推进企业转型升级，加快港珠澳大桥、港深西部快速轨道、莲塘（香园围）口岸等规划建设，深入推进通关便利化，为促进粤港服务贸易自由化创造良好条件。
2014	粤港合作联席会议第十七次会议在广州举行。重点推进六个方面合作：一是确保年内率先基本实现服务贸易自由化，争取中央批准在广东率先对港实施“准入前国民待遇加负面清单”管理模式。二是促进法律服务、会计服务、职业培训、规划和建筑等专业服务领域合作。三是深化金融服务领域合作，共同研究通过“沪港通”推动粤港两地股票市场交易，继续推动粤港跨境人民币业务开展，争取国家继续降低香港保险机构进入广东的市场门槛。四是拓展旅游服务、知识产权保护、质量技术等方面商贸服务合作。五是加强社会民生领域合作，支持香港中文大学（深圳）发展建设，将原有的粤港传染病防治交流合作专责小组提升为粤港医疗卫生合作专责小组，拓展社会福利合作、生态环保合作，加强跨界基础设施衔接合作。六是加快推进重点合作平台建设，推进深圳前海、广州南沙、珠海横琴开发建设。两地相关部门签署了《粤港文化交流合作发展规划（2014 ~2018）》《粤港清洁生产合作协议》《粤港共建新型研发机构项目合作框架协议书》等 5 份合作协议，大力加强文化、节能、科研等领域的合作。

续表

年份	进程
2015	粤港合作联席会议第十八次会议在香港举行。 大力度深入推进粤港更紧密合作。 一是加快推进广东自贸试验区建设，二是深度推进粤港服务贸易自由化，加强金融、旅游、法律、会计、规划、建筑等专业服务领域合作，三是携手参与国家“一带一路”建设，依托香港国际航运中心、贸易中心、金融中心地位，加快粤港企业联手“走出去”步伐。 粤港两地相关部门在会上签署了《粤港食品安全工作交流与合作协议》《加强跨境贸易电子商务合作协议》《粤港知识产权合作协议(2015 ~2016)》《粤港姊妹学校合作协议》《客船搜救中心合作计划》等5 份合作协议。
2016	粤港合作联席会议第十九次会议在广州召开。 重点抓好五大方面的合作：一是深入推动服务贸易自由化，二是携手参与国家“一带一路”建设，三是加快推进广东自贸试验区等重点合作平台建设，四是加强创新创业合作，五是携手推进粤港澳大湾区建设。 会后，粤港双方签署了《粤港携手参与国家“一带一路”建设合作意向书》《粤港医疗卫生交流合作安排》《粤港共同推进广东自贸试验区建设合作协议》《2016 ~2020 年粤港环保合作协议》《粤港食品安全风险交流合作协议》《粤港旅游合作协议》《海事调查合作协议》《有关深化旅客卫生检疫联防，服务深港通关便利的合作安排》《粤港质量及检测认证工作合作协议》等9 份合作协议。
2017	粤港合作联席会议第二十次会议在香港召开。 会议指出，双方重点加强六个方面合作：一是共同配合做好粤港澳大湾区规划编制工作。 二是推动大湾区产业协同发展。 三是深入推进科技创新合作。 四是携手参与“一带一路”建设。 五是扎实抓好重点合作平台建设。 六是持续深化社会民生领域合作。
2019	粤港合作联席会议第二十一次会议在广州召开。 粤港将重点加强五个方面的合作：一是加快推进交通基础设施互联互通。 二是共同打造国际科技创新中心。 三是加快推进营商规则衔接。 进一步优化营商环境，探索粤港服务贸易全面自由化。 四是携手拓展“一带一路”沿线市场。 五是共同建设宜居宜业宜游的优质生活圈。

资料来源：综合整理。

参考文献

1. 周恩来：《周恩来外交文选》，中央文献出版社，1990。

2. 邓小平：《邓小平文选》第三卷，人民出版社，1993。

3. 胡锦涛：《坚定不移沿着中国特色社会主义前进为全面建成小康社会而奋斗——在中国共产党第十八次全国代表大会上的报告》，2012。

4. 习近平：《决胜全面建成小康社会夺取新时代中国特色社会主义伟大胜利——在中国共产党第十九次全国代表大会上的报告》，2017。

5. 习近平：《在第十二届全国人民代表大会第一次会议上的讲话》，2014。

6. 习近平：《在庆祝香港回归祖国20周年大会暨香港特别行政区第五届政府就职典礼上的讲话》，2017。

7. 习近平：《会见香港澳门各界庆祝国家改革开放40周年访问团时的讲话》，2018。

8.《中华人民共和国国民经济和社会发展第十个五年计划纲要》，2001。

9.《中华人民共和国国民经济和社会发展第十一个五年规划纲要》，2006。

10.《中华人民共和国国民经济和社会发展第十二个五年规划纲要》，2011。

11. 中华人民共和国国家发展和改革委、中华人民共和国外交部、中华人民共和国商务部：《推动共建丝绸之路经济带和21世纪海上丝绸之路的愿景与行动》，2015年3月。

12. 中华人民共和国商务部：《内地与港澳关于建立更紧密经贸关系的安排》（CEPA），2003。

13. 香港特别行政区政府：《一九九七年施政报告》，1997。

14. 香港特别行政区政府：《一九九八年施政报告》，1998。

15. 香港特别行政区政府：《一九九九年施政报告》，1999。

16. 香港特别行政区政府：《二零零零年施政报告》，2000。

17. 香港特别行政区政府：《二零零一年施政报告》，2001。

18. 香港特别行政区政府：《二零零三年施政报告》，2003。

19. 香港特别行政区政府：《二零零四年施政报告》，2004。

20. 香港特别行政区政府：《二零零五年施政报告》，2005。

21. 香港特别行政区政府：《二零零五至零六年施政报告》，2006。

22. 香港特别行政区政府：《二零零六至零七年施政报告》，2007。

23. 香港特别行政区政府：《二零零七至零八年施政报告》，2008。

24. 香港特别行政区政府：《二零零八至零九年施政报告》，2009。

25. 香港特别行政区政府：《二零零九至一零年施政报告》，2010。

26. 香港特别行政区政府：《二零一零至一一年施政报告》，2011。

27. 香港特别行政区政府：《二零一一至一二年施政报告》，2012。

28. 香港特别行政区政府：《二零一三年施政报告》，2013。

29. 香港特别行政区政府：《二零一四年施政报告》，2014。

30. 香港特别行政区政府：《二零一五年施政报告》，2015。

31. 香港特别行政区政府：《二零一六年施政报告》，2016。

32. 香港特别行政区政府：《行政长官 2017 年施政报告》，2017。

33. 香港特别行政区政府：《行政长官 2018 年施政报告》，2018。

34. 香港特别行政区政府：《行政长官 2019 年施政报告》，2019。

35. 广东省人民政府、香港特别行政区政府：《粤港合作框架协议》，2010 年 4 月。

36. 广东省人民政府：《实施〈粤港合作框架协议〉2011 年重点工

作》，2011。

37. 广东省人民政府：《实施〈粤港合作框架协议〉2012年重点工作》，2012。

38. 广东省人民政府：《实施〈粤港合作框架协议〉2013年重点工作》，2013。

39. 广东省人民政府：《实施〈粤港合作框架协议〉2014年重点工作》，2014。

40. 广东省人民政府：《实施〈粤港合作框架协议〉2015年重点工作》，2015。

41. 广东省人民政府：《实施〈粤港合作框架协议〉2016年重点工作》，2016。

42. 广东省人民政府：《实施〈粤港合作框架协议〉2017年重点工作》，2017。

43. 香港金融发展局报告：《香港金融科技的未来》，2017年5月。

44. 智经研究中心（香港）：《十二五期间广东经济结构转型与香港的机遇（研究报告）》，2011年8月。

45. 陈广汉：《港澳珠三角区域经济整合与制度创新》，社会科学文献出版社，2008。

46. 陈丽君主编《内地金融发展与香港金融》，广东人民出版社，2001。

47. 封小云：《回归之路：香港经济发展优势重审》，香港城市大学出版社，2017。

48. 国家统计局：《新中国六十年统计资料汇编》，中国统计出版社，2010。

49. 黄绍伦：《移民企业家：香港的上海工业家》第三章“工业技术和资源”，上海古籍出版社，2003。

50. 林祖基主编《资本市场融资与运作：如何参与香港资本市场》，海天出版社，1998。

51. 马庆泉：《中国证券史：1978～1998》，中信出版社，2003。

52. 莫文光、杨瑞辉：《中国证券市场透视》，上海财经大学出版社，1997。

53. 齐鹏飞：《“一国两制”在香港、澳门的成功时间及其历史经验研究》，人民出版社，2016。

54. 深圳市史志办公室：《深圳改革开放实录》，深圳报业集团出版社，2015。

55. 王赓武主编《香港史新编》（上下册），三联书店（香港）有限公司，1997。

56. 谢百三主编《证券市场的国际比较：从国际比较看中国证券市场的根本性缺陷及其矫正》，清华大学出版社，2003。

57. 袁建伟：《网络构建、商业拓展与文化创新》，中华书局（香港）有限公司，2012。

58. 《中国金融年鉴》1998年（总第12卷）。

59. 《港澳经济年鉴2004》，港澳经济年鉴社，2004。

60. 蔡冠深：《从地缘经济学看香港结构转型及发展前景》，《东北大学学报》（社会科学版）2006年第6期。

61. 常智峰、汪小勤：《CEPA对珠三角及内地经济的影响》，《市场周刊：财经论坛》2004年第8期。

62. 陈东：《也论〈服务贸易总协定〉（GATS）框架下的法律服务对外开放——兼论中国的立法取向》，《东南学术》2001年第6期。

63. 冯邦彦：《一九八九年香港经济展望》，《港澳经济》1989年第2期。

64. 付杰、袁婷、张琦：《香港社会流动研究文献综述》，《大珠三角论坛》2016年第2期。

65. 盖叶文：《颇具潜力的香港资本市场》，《经济与管理研究》1994

年第5期。

66. 高天明：《中国旅游与对外开放》，《旅游研究》2016年第6期。

67. 华如兴、钱卫东、吴栋：《香港的债券市场——现状与发展》，《清华大学学报》（哲学社会科学版）1997年第4期。

68. 李楚祥：《亚洲金融风暴对香港经济的影响》，《东南亚纵横》1998年第2期。

69. 李俊峰：《香港经济衰退的原因及治理对策》，《郑州航空工业管理学院学报》2002年第4期。

70. 李伟迪：《论过渡时期国内因素对香港经济的影响》，《吉首大学学报》（社会科学版）1998年第2期。

71. 李业广：《内地企业在香港上市十年回顾和展望》，《中国中小企业》2004年第1期。

72. 林新强、Wang Min：《首家内地香港合伙联营律所诞生记》，《中国法律》2015年第4期。

73. 刘鹤：《两次全球大危机的比较研究》，《比较》2012年第5期。

74. 刘学功：《走信息高科技产业之路——论香港产业结构转型》，《成都信息工程学院学报》2006年第1期。

75. 刘学强：《学习香港　发展罗湖　建设罗湖　服务香港——在香港因素与深圳罗湖发展研讨会上的讲话》，《特区经济》2007年第7期。

76. 刘英志：《香港与中国革命》，《江汉大学学报》1997年第2期。

77. 刘志刚、尹浩华：《中国加入世贸组织对香港经济发展的影响》，《武汉科技大学学报》（社会科学版）2003年第1期。

78. 卢燕：《CEPA：香港经济发展的新契机》，《商业研究》2005年第17期。

79. 茅加琦：《“九条方针政策”代表中国最广大人民的根本利益》，《台湾研究》2001年第3期。

80. 欧树军：《滑坡灾害：香港治理的历史经验》，《社会科学文摘》

2012 年第 7 期。

81. 齐鹏飞：《香港好，祖国好；祖国好，香港更好——基于香港和祖国内地经济关系之历史发展的再思考》，《港澳研究》2016 年第 1 期。

82. 唐涯：《极简香港经济史》，《中国中小企业》2015 年第 6 期。

83. 王春新：《CEPA 及其对香港经济的影响》，《国际金融研究》2003 年第 8 期。

84. 王辉：《香港与内地的经济关系》，《武当学刊》（哲学社会科学版）1997 年第 13 期。

85. 王晋斌、金鑫：《经济周期与金融周期双重冲击下的世界经济》，《安徽大学学报》（哲学社会科学版）2017 年第 1 期。

86. 王丽华：《CEPA——香港经济走出困境的重要契机》，《长江论坛》2003 年第 4 期。

87. 王学龙：《粤港澳大湾区科技金融发展现状、问题与建议》，《2018 世界经济特区发展（深圳）论坛——改革开放再出发论文集（中英文双语）》，2018 年。

88. 徐启基：《略论“一纲四目”主张》，《江西社会科学》1999 年第 11 期。

89. 姚曙光：《香港与中国革命的独特关系》，《云梦学刊》1996 年第 3 期。

90. 张光南、陈广汉：《香港对外贸易与经济增长和产业结构升级——“一国两制”和改革开放的成功结合与实践》，《国际经贸探索》2009 年第 1 期。

91. 张跃卿：《两次金融危机对香港对外贸易影响比较研究》，《金融经济》2013 年第 2 期。

92. 赵永佳、叶仲茵：《香港青年“下流”问题：客观状况与主观感受》，《港澳研究》2015 年第 3 期。

93. 郑德平、方安媛：《面对 WTO 的中国旅游业》，《中国地名》2002

年第3期。

94. 钟坚：《回归后香港经济发展的几个问题》，《深圳大学学报》（人文社会科学版）2007年第3期。

95. 综合开发研究院（中国·深圳）课题组：《以“双转型”引领粤港澳大湾区发展》，《开放导报》2017年第4期。

96. 《“深圳应该继续解放思想推进改革”——专访前广东省委常委、深圳市市委书记厉有为》，《中国新闻周刊》，2015。

97. 王会贤：《调研报告回顾香港NGO三十年：对内地贡献巨大望获合法身份》，《公益时报》2016年11月1日。

98. 张盼：《深度对接　并船出海》，《人民日报》（海外版）2018年2月5日，第4版。

99. 屠海鸣：《关于吸取国外和香港经验，严密加强上海城市公共安全管理的建议》，上海政协网，2015年1月24日，http：//shszx. eastday. com/node2/node5368/node5376/node5388/u1ai92630. html。

100. 郑小红：《内地首家香港独资医院深圳开业梁振英忆深港合作》，中国新闻网，2013年3月21日，https：//china. cankaoxiaoxi. com/2013/0321/181614. shtml。

101. 《中华人民共和国国民经济和社会发展第十三个五年规划纲要》，共产党员网，2018年5月10日，http：//www. 12371. cn/special/sswgh/wen/。

后　记

本书系中国（深圳）综合开发研究院的“粤港澳大湾区系列研究”丛书之一，由深圳市综研软科学发展基金会于2018年立项。

2018年是国家改革开放40周年。2018年11月12日，习近平在会见香港澳门各界庆祝国家改革开放40周年访问团时强调，在国家改革开放进程中，港澳所处的地位是独特的，港澳同胞做出的贡献是重大的，所发挥的作用是不可替代的。习近平总结了改革开放以来港澳同胞和社会各界人士发挥的主要作用，包括投资兴业的龙头作用、市场经济的示范作用、体制改革的助推作用、双向开放的桥梁作用、先行先试的试点作用和城市管理的借鉴作用。习近平指出，40年改革开放，港澳同胞是见证者也是参与者，是受益者也是贡献者。港澳同胞同内地人民一样，都是国家改革开放伟大奇迹的创造者。

港澳特别是香港，在国家改革开放初期发挥了“不可替代”的作用。尽管随着国家改革开放的推进，香港在国家发展中的功能和作用有所弱化，但仍是国家不可或缺、难以替代的宝贵资源，在国家治理体系和治理能力现代化建设、参与全球治理进程中，香港和澳门具有独特价值，能够发挥独特作用。尽管香港自2019年6月出现了“修例风波”，在促进香港居民国家认同、人心回归方面还有大量工作要做，但这些问题并未动摇香港在国家发展中的功能和价值。

中国（深圳）综合开发研究院的香港研究可以追溯到香港回归前。1996年，研究院举全院之力开展研究，于当年公开出版《深港衔接共创繁荣》一书，全面深入研究并提出香港回归后深港合作的具体方案。其中提出的政策建议，在相当一段时期都不过时，具有较强的前瞻性和预见性。近年来研究院在侧重香港经济社会民生问题、粤港、深港合作研究的基础上，延伸到香港政治问题、内地与香港民商事法律衔接问题等的研究。本书一定程度上体现了这些研究成果。

本书第一章为总论，是对国家战略与香港发展的总体回溯。第十二章为结语，是对未来国家与香港发展的展望。除此之外，主体部分分为三大板块。第一板块是第二章到第五章，重点论述国家改革开放初期香港发挥的作用、做出的贡献，如香港如何引导内地开放、如何促进内地改革、如何推动内地城市化发展、如何协助内地提升公共服务效能等。第二板块是第六章到第八章，重点论述香港回归特别是 2003 年以后，在自身经济发展的周期性规律、外部环境变化（亚洲金融风暴、SARS 等）冲击之下，中央和内地对香港的政策支持，包括支持香港经济增长、结构转型、解决社会问题等。第三板块是第九章到第十一章，着眼未来 40 年，论述香港如何融入国家发展大局、如何共建粤港澳大湾区、如何参与“一带一路”建设、如何在中华民族伟大复兴中共担责任和共享荣光等。

樊纲院长专为“粤港澳大湾区系列研究”丛书撰写了《多视角研究粤港澳大湾区的重要意义》（总序）。张玉阁、郭万达撰写的《香港在国家战略中具有重要地位和功能》作为本书的序。各章撰写者依次如下：第一章从国家战略看香港发展由张玉阁撰写；第二章香港推动内地对外开放、第六章中央和内地支持香港经济发展、第七章中央和内地支持香港结构转型由谢来风、李佳桧撰写；第三章香港促进内地体制机制改革、第十章共建粤港澳大湾区由文雅靖撰写；第四章香港推动内地城市化发展、第十一章深度参与“一带一路”建设由郑天骋撰写；第五章香港助力内地提升公共服务效能、第八章中央和内地支持香港解决社会问题由杨秋荣撰写；第九章香港融入国家发展大局的方向和路径、第十二章共担历史责任共享伟大荣光由王万里撰写。全书由张玉阁统稿。

感谢深圳市综研软科学发展基金会对本书写作与出版的大力支持和经费资助；感谢曾经委托撰写团队进行有关研究的相关机构，这些委托为本书的写作提供了重要支持。感谢樊纲院长为本丛书作序，与撰写团队多次讨论本书的逻辑框架；感谢郭万达常务副院长对本书具体论述的指导和写作过程的督导。

感谢社会科学文献出版社在本书出版方面的大力协助。

最后，本书错谬之处，欢迎方家不吝赐教。

作者

2020 年 2 月

图书在版编目（CIP）数据

新时代下的香港发展 / 郭万达，谢来风，郑天骋等著. -- 北京：社会科学文献出版社，2023.5（2025.4 重印）
（粤港澳大湾区系列研究）
ISBN 978-7-5228-1807-8

Ⅰ. ①新… Ⅱ. ①郭… ②谢… ③郑… Ⅲ. ①区域经济发展-研究-香港 ②社会发展-研究-香港 Ⅳ. ①F127.658

中国国家版本馆 CIP 数据核字（2023）第 086533 号

粤港澳大湾区系列研究
新时代下的香港发展

著　　者 / 郭万达　谢来风　郑天骋 等

出 版 人 / 冀祥德
组稿编辑 / 恽　薇
责任编辑 / 陈凤玲　宋淑洁
责任印制 / 岳　阳

出　　版 / 社会科学文献出版社 · 经济与管理分社（010）59367226
地址：北京市北三环中路甲 29 号院华龙大厦　邮编：100029
网址：www.ssap.com.cn
发　　行 / 社会科学文献出版社（010）59367028
印　　装 / 北京盛通印刷股份有限公司

规　　格 / 开 本：787mm × 1092mm　1/16
印 张：19.5　字 数：267 千字
版　　次 / 2023 年 5 月第 1 版　2025 年 4 月第 2 次印刷
书　　号 / ISBN 978-7-5228-1807-8
定　　价 / 148.00 元

读者服务电话：4008918866